A TERCEIRA MARGEM DA SAÚDE

Fermin Roland Schramm

A TERCEIRA MARGEM DA SAÚDE

Ética natural, complexidade, crise e responsabilidade no saber-fazer sanitário

EDITORA
UnB

Direitos exclusivos para esta edição:
EDITORA UNIVERSIDADE DE BRASÍLIA
SCS Q.02 - Bloco C - Nº 78 - Ed. OK - 2º andar
70300-500 - Brasília - DF
Fax: (061) 225-5611

Impresso no Brasil

EDITOR
Marcelo Carvalho de Oliveira
PREPARAÇÃO DE ORIGINAIS E REVISÃO
Wilma Gonçalves Rosas Saltarelli
ACOMPANHAMENTO EDITORIAL
Joelita de Freitas Araújo
EDITORAÇÃO ELETRÔNICA
Raimunda Dias
CAPA
Fernando Lopes
SUPERVISÃO GRÁFICA
Elmano Rodrigues Pinheiro

ISBN: 85-230-0385-1

Ficha catalográfica elaborada pela Biblioteca Central
da Universidade de Brasília

S377 Schramm, Fermin Roland
A terceira margem da saúde: ética natural, complexidade, crise e responsabilidade no saber-fazer sanitário / Fermin Roland Schramm. — Brasília: Editora Universidade de Brasília, 1996.

265 pp.

1. Ética natural. 2. Ética médica. 3. Sanitarismo. I. Título.

CDU 614.253
614.39

Às Germanas da minha vida
que me fizeram entender,
no afeto, os laços entre
o biológico e o simbólico

A minha avó Caterina
pela sua sabedoria

A Joyce, Elia e Sarah Caterina
pelo amor e paciência
demonstrados nesta viagem

Numa devida altura, tudo se une: os pensamentos do filósofo, as obras do artista e as boas ações

Friedrich Nietzsche, 1969:16

Uma moral vale na medida em que ela se propõe a nos colocar em jogo. Senão, ela só é uma regra de interesse à qual falta o elemento de exaltação (a vertigem do topo), que a indigência batiza com uma palavra servil: imperativo

Georges Bataille, 1945:50

Esta mania de tornar tudo pequeno, que domina um século açulado e açulante, não é quase mais a natural divisão da vida em vulgaridade e nobreza, mas, sim, um autolesionismo do espírito (...) não dessemelhante de uma apaixonada vontade de mentir para si mesmo

Robert Musil, 1978:306

Aqueles que lidam com a saúde são religiosos de duas maneiras: porque aceitam necessariamente um sistema ético e porque aderem (...), no bem e no mal, a uma mitologia (talvez isso deva valer também para todos aqueles que agem sobre os sistemas vivos)

Gregory Bateson, 1989:176-177

O problema ético tem a ver com o amor, não com a razão. Ao mesmo tempo, se não usarmos nossa razão, não nos damos conta das conseqüências dos nossos atos

Humberto Maturana, 1993

SUMÁRIO

INTRODUÇÃO

A pesquisa aqui apresentada propõe-se a delinear aquele que poderia ser definido como o "universo discursivo de uma ética em saúde" e a discutir seus fundamentos filosófico-epistemológicos, a partir de um ponto de vista "laico", no contexto da paradigmologia das Ciências da Complexidade.

A ética em saúde é concebida aqui como uma "bioética extensa" ou "ética natural" ou, ainda, como ética "ecológica", que pretende ter em consideração tanto a dimensão propriamente orgânico-ambiental da "moradia" do homem, entendida como *oikos* determinado pela *physis*, quanto a dimensão propriamente técnico-lingüística do "habitar", no sentido das transformações e reformas do *oikos* pelo *logos*, que configuram o *ethos*.

A proposta de "ética natural" tem, portanto, o objetivo principal de embasar um ponto de vista sanitário que seja ao mesmo tempo "autônomo", capaz de construir seu próprio universo de pertinência ao interior do debate ético-moral, e "complexo", capaz de "juntar aquilo que estava disjunto" (Morin, 1977:23), de ultrapassar conceitualmente as tradicionais dicotomias entre público e privado, unicismo e pluralismo, direitos e deveres individuais e coletivos, direitos humanos imediatos e direitos futuros, inclusive aqueles do mundo. Assim sendo, o ponto de vista de uma ética em saúde pública — como caso particular da ética natural — deve ser suficientemente "específico", para não se confundir com outros pontos de vista ético-morais, pertencentes de direito a outros tipos de saberes e práticas, como também bastante "geral", capaz de estabelecer as necessárias relações para com os problemas éticos individuais e para com aqueles coletivos e ambientais (Schramm, 1992; Buss, 1993).

Isso se torna hoje necessário, porque pensamos que também do ponto de vista das Ciências da Saúde, tanto teórica como praticamente — ou seja, "eticamente" —, o principal problema a ser resolvido seja aquele da inteligibilidade dos vínculos que intercorrem entre as partes e o todo, entre individualidades e coletividade, sistemas e ambiente, mundo natural e mundo tecnológico humano. Isto quer dizer: acreditamos que o principal problema interpretativo atual, também em campo sanitário, consista em dar-se conta do aspecto ético dos demais problemas. Aceitando esse ponto de vista, a crise em saúde torna-se essencialmente um problema de filosofia prática.

Mas a "ética natural" não deve ser entendida como um "naturalismo ético" — no sentido de uma subsunção de todas as dimensões do humano a um determinismo biológico *stricto sensu* —, mas concebida ao interior da reformulação conceitual de "natureza humana", que vem se configurando devido às profundas mudanças que afetam as relações entre "mundo natural" e "mundo tecnocientífico". Tais mudanças delineiam um novo "quadro epistêmico" (Piaget e Garcia, 1987:227-244), afetando não somente o estatuto propriamente cognitivo do saber, mas também as várias modalidades nas quais se atualiza a sensibilidade da antropologia humana. Logo, elas afetam também as "cosmovisões" (*Weltanschauungen*) e o "espírito da época" (*Zeitgeist*) que concorrem para "as bases metafísicas", que informam e formam o próprio saber científico da modernidade (Burtt, 1991), inclusive o saber-fazer tecnocientífico tardo-moderno, e que coexistem com o processo de "secularização";[1] em particular, com o seu aspecto arrazoador e redutor econômico, que se torna uma "nova ideologia vencedora e, perversamente, paradigma único de racionalidade" (Martignoni,

1. Com o termo "secularização", entendemos não somente a passagem do sagrado para o profano e dos laços orgânicos — típicos das "comunidades" pré-industriais (*Gemeinschaften*) — para as relações convencionais das "sociedades" industriais (*Gesellschaften*), caracterizadas pelo politeísmo dos valores e dos fins (Weber, 1921 e 1922), logo, por "um ambiente moral de conflitos e luta afinal irredutível entre fins ou valores alternativos" (Veca, 1982:289), mas também "um movimento de emancipação (...) da identificação metafísica do ser com a plenitude e a presença (...) da verdade com a absoluta autotransparência do sujeito, da racionalidade com a possibilidade de ter acesso a um fundamento 'último'" (Vattimo, 1986b:VIII). Sobre essa questão, ver a obra coletiva sobre a "secularização", organizada pelo próprio Vattimo (1986), como também as clássicas análises "desconstrucionistas" de Derrida sobre a "metafísica da presença", ou "logocentrismo", que recusa qualquer concepção pré-discursiva da realidade, qualquer dado pré-conceitual (Derrida, 1967; Descamps, 1990). Para uma crítica "pragmática" das posições de Derrida e, em geral, da crença "pós-moderna" que não admite nada além do "texto", ver Putnam (1992:86; 107-112).

1993:22). Isso afeta também a autocompreensão dos comportamentos individuais e coletivos, elaborada pela nossa época tardo-moderna, "consciente" da complexidade dos seus problemas, que se colocam tanto no nível "local" dos vários territórios vividos quanto no nível "global" do planeta, entendido (embora não de forma exclusivista) como casa do humano. Concerne, portanto, também à profunda unidade existente entre pensar e fazer, deslocando-a para novos territórios do saber-fazer humano, o que torna a teoria "ontologicamente operatória, situando a raiz do problema moral nessa profunda unidade" (Prodi, 1989:8-9).

Em particular, nessa constelação — delineada por um novo "quadro epistêmico", uma nova *Weltanschauung* e um novo *Zeitgeist* — o conceito de "natureza humana" vem sendo concebido de maneira "complexa", no sentido de uma realidade dinâmica, construída histórica e socialmente em níveis organizacionais inter-relacionados e interdefiníveis (Garcia, 1991), que corresponde às "possibilidades" realizadas pela "segunda natureza" humana: técnica, lógico-lingüística, mas inserida num ambiente evolutivo de "vínculos" naturais, que são de tipo bioecológico (ainda) constitutivos da "primeira natureza".

Inversamente, com a descoberta do "tempo profundo" (McPhee, 1980) ou irreversível, "a própria natureza torna-se um objeto histórico, resultado de bifurcações sucessivas" (Prigogine, 1986:XI). Mais do que isso: com a tecnociência que vem se tornando "sujeito da história", nós — humanos, criadores de história — nos tornamos "co-históricos" (Anders, 1992:3), pois, como sintetiza o oncologista italiano Giorgio Prodi, "o homem, como parte da natureza, a modifica, e isso é inevitável, porque o artifício faz parte da natureza, 'naturaliza-se' em continuação" (Prodi, 1989:153-154). Nesse sentido, como já afirmara Kant na *Terceira crítica* (1992: I, XX, 216), existiria uma "'técnica da natureza' pela qual essa se organiza em um todo (...) comparável à razão técnica que age com vistas a realizar fins" (Lebrun, 1993:94-101), embora essa analogia signifique muito mais uma continuidade, inscrita na razão prática, entre natureza e arte, entre necessidade e liberdade, do que "qualquer estipulação de um 'objetivo final da Criação'" (1993:101).

Assim sendo, essa "segunda natureza", que caracteriza a especificidade do humano como ser técnico e de linguagem, encontra, no seu operar, limites e potencialidades da "primeira natureza" — propriamente natural — que retroagem sobre ela, obrigando-nos a considerar, ambas, como co-necessárias, vínculo para a sua própria sobrevivência. Mas, dessa forma, ciências naturais e ciências humanas, tidas tradicionalmente como opostas — conforme a distinção formalizada por Wilhelm Dilthey entre ciências explicativas "da natureza" (*Naturwissenschaften*) e ciências compreensivas "do espírito" (*Geisteswissenschaften*) (Dilthey, 1883) — revelam-se, de fato, complementares, na difícil tarefa de dar conta daquilo que está "acontecendo" com o mundo e conosco, como parte desse mundo.

Edgar Morin, principal teórico atual do método da complexidade, sintetiza essa "nova aliança" como "relação circular onde uma ciência do homem postula uma ciência da natureza que, por sua vez, postula uma ciência do homem" (Morin, 1977:17).

O método adotado na nossa procura dos motivos pertinentes de uma ética em saúde é, por um lado, interdisciplinar — na medida em que na ética natural aliam-se modalidades discursivas vindas tanto da reflexão das ciências naturais como das ciências humanas — e, por outro lado, "indiciário" (Ginzburg, 1979),[2] sendo que, naquilo que diz

2. O historiador Carlo Ginzburg, que explicitou os princípios fundamentais desse "método" ("caminho"), fala em "paradigma indiciário" para indicar um método que, partindo da pressuposição da não-transparência do real, assume como pertinentes indícios, sintomas, pontos de vista individuais e locais, sem perder de vista a questão da totalidade, ou seja, a inteligibilidade do mundo. O método indiciário é, portanto, essencialmente qualitativo, individualizante, indireto e conjetural, distinguindo-se necessariamente do método "objetivo", tido como "rigoroso", das ciências naturais. Como escreve o autor: "Se as pretensões de conhecimento sistemático parecem cada vez mais como sendo veleidades, nem por isso a idéia de totalidade deve ser deixada de lado. Ao contrário: a existência de uma conexão profunda, que explica os fenômenos superficiais, vem sendo reforçada no exato momento em que se afirma que um conhecimento direto dessa conexão não é possível. Se a realidade é opaca, existem zonas privilegiadas — sinais, indícios — que permitem decifrá-la" (Ginzburg, 1979:91). Mas — como reconhece o próprio autor — o "método indiciário" não é rigoroso no sentido "objetivo" das ciências experimentais (legitimadas pelo paradigma cartesiano da necessária e suficiente distinção e separação entre observador e observação), nem naquele das disciplinas lógico-formais (preocupadas, de qualquer forma, com a consistência dos próprios algoritmos). Esse fato colocaria, assim, todas as ciências humanas perante o dilema seguinte: "ou assumir um estatuto científico fraco [do ponto de vista da objetividade

respeito ao "mistério" do nosso ser-aí, temos que lidar necessariamente com indícios, pistas, suposições sobre bifurcações possíveis e prováveis, mas, de toda forma, inscritos na incerteza da nossa condição ontológica de seres mortais, submetidos à lei da falta e da necessidade, constitutiva da "primeira natureza" do humano.

Esse segundo "método" — ou seja, o caminho "que ensina a aprender" (Morin, 1977:21) para sobreviver — tem uma longa tradição na cultura ocidental, pois se confunde com as estratégias do "gesto talvez mais antigo da história intelectual da espécie humana: aquele do caçador (...) perscrutando as pegadas da presa" (Ginzburg, 1979:69).

Em campo sanitário, a atuação desse "paradigma indiciário" confunde-se, na origem, com o próprio saber-fazer médico, a começar pela "semiótica" hipocrática, chegando, nos tempos modernos, a constituir-se como modelo explicativo que, a partir, por um lado, da semiologia geral de derivação lingüística (Saussure, 1974) e da semiótica de derivação pragmática (Peirce, 1965-1967), por outro, da psicanálise (Freud, 1948a), tornou-se um "método" significativo das chamadas Ciências do Homem, ou seja, de um saber que inclui necessariamente seu observador-produtor.

O primeiro capítulo constitui uma introdução epistemológico-filosófica geral às temáticas da "crise do *ethos*", do "paradigma da complexidade", do "paradigma bioético". A argumentação desenvolvida pretende justificar o ponto de vista de uma "ética natural", tendo em conta tanto o "valor em si" da vida de cada ser humano (e conforme à sensibilidade ecológica de cada forma de vida), sintetizável pelo "Princípio da Sacralidade da Vida" (a finalidade intrínseca, não-instrumental, da vida, implicando a integridade psicofísica do humano, fonte dos demais direitos), quanto a pluralidade dos interesses que sustentam os olhares constitutivos dos discursos do "Princípio da Qualidade da Vida". A "ética natural" apresenta-se, portanto, como

---

– consistência das ciências experimentais e das ciências formais] para atingir resultados relevantes [do ponto de vista da "vivência" concreta], ou assumir um estatuto forte para chegar a resultados de pouca relevância" (p.92). Em suma, o rigor "objetivo-formal" dos saberes ligados à experiência cotidiana (representado pelo saber-fazer relatado pelas ciências humanas) seria inatingível, devido à própria pertinência dos dados individuais, dificilmente formalizáveis num saber objetivo e, portanto, inseparáveis do ator da vivência.

"proposta laica não-exclusivista" (holista e integral, não necessariamente antiteológica nem antimetafísica), ao mesmo tempo "unicista e pluralista", para o campo da Saúde, entendida como uma integralidade bioantropossociocultural, atravessada, atualmente, tanto por problemas da ordem do "valor em si" da vida como um todo, quanto por problemas que dizem respeito às "qualidades" das vidas individuais, em que a condição ontológica do humano revela-se ser vinculada às demais formas biológicas. Mas a ética natural se quer também "complexa", na medida em que se propõe a juntar o aspecto dos vínculos naturais e as possibilidades socioculturais, sendo que estas devem ser vistas como pertencentes a um único campo individualizado pelo "conceito geral de biologia" (Prodi, 1989:3).[3] Nesse sentido, falamos em ética natural como "fundamento concreto", ou seja, como embasamento ontológico "natural" da moral. Como escreve ainda Prodi:

> O homem não pode ser fiel à sua norma, que é de necessidade, sem (...) ser livre, mas fidelidade à norma quer dizer moralidade, isto é, reconhecimento de um fato constitutivo (Prodi, 1989:178).

Essa proposta de uma "ética natural", cujo objeto é a norma humana na articulação "complexa" dos seus vários aspectos, parece-nos um ponto de vista pertinente para uma abordagem ética da saúde, na medida em que o campo da Saúde lida com seres humanos vivos, situados e atuantes num contexto concreto, que é o mundo definível em termos de geosfera (a Terra como sistema físico-químico), de biosfera (a Terra como sistema vivo), de antroposfera (a Terra como sistema constituído por humanos), de sociosfera (a Terra como sistema de humanos organizados socialmente), de noosfera e tecnosfera (a Terra como sistema transformado pelos humanos, como atores técnico-culturais). Nesse sentido, a ética da qual se faz questão aqui refere-se, em última instância, à "experiência pessoal", inclusive àquela dos cientistas, que implica uma "unidade diferencial" (Cazenave, 1987)

3. A "univocidade do campo biológico" constitui o *leit motiv* da reflexão de Giorgio Prodi (em particular: Prodi, 1977 e 1982). A mesma concepção é desenvolvida na obra de Hans Jonas (1974; 1979; 1987a e 1987b).

entre ciências, entendidas como modalidades pertinentes, ou fidedignas, de olhares socialmente constituídos e significativos, referentes ao real vivenciado por observadores concretos. Essa "unidade" das experiências faz com que seja possível unificar, num mesmo conjunto, as diferenças, os vários campos do *know-how* científico, incluindo a própria filosofia (Jonas, 1987b:8).

O segundo capítulo aborda a questão da Crise da Saúde Pública, tentando reconduzir seus vários aspectos ao denominador comum da "crise ética". Para isso, o paradigma indiciário será inicialmente aplicado a uma série de textos recentes da área sanitária, considerados representativos do ponto de vista "oficial" para detectar os principais pontos de vista sobre tal crise; em particular, sobre a crise sanitária latino-americana. No seu conjunto, tais textos apontam — implícita ou explicitamente — para o fundo ético da crise sanitária, constituindo, portanto, um *corpus* discursivo suficientemente unitário e abrangente da visão "interna" sobre a Saúde Pública e as formas concretas assumidas por suas crises. Tais crises serão abordadas por duas aproximações sucessivas, de complexidade crescente, como meio heurístico para fazer aparecer o aspecto ético da "crise", considerado responsável, direta ou indiretamente, pelos demais aspectos da crise. "Aspecto ético" quer dizer: relativo às relações humanas, às condutas necessariamente inscritas nas relações com o "outro", qualquer que seja a entidade concreta (ou imaginária) ocupante deste lugar (humano, outro ser vivo, biosfera...).[4] Como sintetiza a esse respeito Humberto Maturana:

4. Essa "ética ampliada" , que o filósofo e ecologista Klaus Michael Meyer-Abich considera como a condição de uma relação não-violenta com o mundo, constitui o princípio fundamental de uma "constituição dos direitos da comunidade natural" que considere a natureza como um todo, ou seja, como sendo uma "comunidade jurídica [onde] se unem a ordem da natureza e o direito humano [e onde] o homem (...) tem uma responsabilidade particular de preservar os interesses do todo como [seu] representante" (Meyer-Abich, 1984:190-191). Essa responsabilidade, para o autor, deve ser "radical", no sentido em que se aplicaria não somente ao presente, mas também à "herança do passado e [aos] interesses das gerações futuras (...), dando uma forma jurídica [à nossa responsabilidade] para com o mundo natural [*Mitwelt*] no próprio direito fundamental" (pp.296-297). Assim, "a paz com o todo da natureza [seria] a prova capaz de mostrar se as sociedades industriais da potência, que ganharam na natureza, cresceram [também] moral, espiritual e politicamente" (p.299). Essa problemática é também abordada em Kieffer (1979), Jonas

"A questão ética surge quando alguém se preocupa com as conseqüências que sua conduta tem sobre o outro. Para que haja preocupação ética é preciso ver o outro. Sem isso, a questão ética não existe" (Maturana, 1993).

O terceiro capítulo pretende, a partir de uma desconstrução da problemática modernidade/pós-modernidade/modernidade tardia, reconstruir, discursivamente, os motivos pertinentes à construção da "ética natural", considerados significativos do ponto de vista do campo da Saúde. Em particular, trata-se de dar conta da coexistência, nas sociedades contemporâneas "pós-moralistas", de duas práticas e de dois discursos aparentemente contraditórios, ou seja, "de um lado, aquele da revivificação da moral, do outro, aquele do precipício decadencial, que ilustra o aumento da delinqüência, os guetos onde dominam violência, droga e analfabetismo, a grande pobreza, a proliferação dos delitos financeiros, os progressos da corrupção na vida política e econômica" (Lipovetsky, 1992:12). Tornar inteligível essa contradição que perpassa o *ethos* constitui um dos maiores desafios das disciplinas que estudam o comportamento das sociedades contemporâneas "secularizadas", pois "o problema da humanidade, atualmente, está na cegueira decorrente da ambição, do sentimento de posse (a riqueza) e do domínio (o poder)" (Maturana, 1993).

Pensamos que essa "cegueira" concerne a uma verdadeira situação de "duplo vínculo" (*double bind*) (Bateson *et al.*, 1956), ou seja, a comportamentos e discursos contraditórios entre si, perpassando as nossas sociedades constrangidas entre, por um lado, a necessidade de uma "nova ordem mundial" — supostamente capaz de resolver os

---

(1979 e 1987), Apel (1985), Serres (1990) e, em geral, pela "filosofia ambiental" (*environmental philosophy*) e a "ética ambiental" (*environmental ethics*), desenvolvidas, a partir dos anos 1970, sobretudo pela reflexão filosófica anglo-saxônica. Em substância, o problema filosófico debatido é a necessidade, ou não, de uma ética que reconheça o valor moral das relações entre ser humano e natureza. O debate divide-se entre, por um lado, quem sustenta a necessidade de uma "nova" ética e, por outro, quem sustenta a extensão dos princípios da ética tradicional. Para uma revisão crítica dos anos 1970 e 1980, ver Bartollomei (1989). Para uma abordagem mais recente, ver Schramm (1992), Schramm *et al.* (1992), Carneiro Leão (1992) e Buss (1993).

principais desafios da humanidade[5] — e, por outro, a realidade de uma "ética" individualista, cínica e "pragmática" do "salve-se quem puder" (*lifeboat ethics*), contraditória com os interesses do conjunto. Essa situação de recalcamento dos vínculos, que unem o "eu" ao "outro" (indivíduo e coletividade, antroposfera e ecosfera, sistema e ambiente), merece uma atenção particular por parte de cientistas sociais e filósofos, podendo ser considerada o principal problema de macroética, devido aos perigos que tal recalcamento implica para a própria sobrevivência da espécie humana, numa situação de transformações aceleradas e definitivas do mundo natural ("primeira natureza") pela "segunda natureza", em condição de incerteza e de responsabilidade acentuada (Jonas, 1979; 1987a e 1987b).

Como escreveu também George H. Kieffer, na sua clássica introdução aos problemas bioéticos contemporâneos:

> A natureza, hoje como nunca, depende de nós; nossas atividades têm se tornado determinantes do futuro da natureza (...) tão potentes que a atividade humana tem que ser considerada o equivalente de uma força geológica (Kieffer, 1979:357).

Mas a "força geológica" transformadora é um fenômeno que, *de facto*, tem uma velocidade tal "que não se consegue entender aquilo que acontece com a mesma rapidez, [e] comportamentos que não eram tidos como problemáticos, até há alguns anos, são agora questionados decididamente" (Bartollomei, 1989:13). Essa situação inédita parece, portanto, precisar que se desenvolva um tipo de ética baseada numa "solidariedade antropocósmica" (Hottois, 1990:165) e num "cuidado menos episódico para com o bem-estar das gerações futuras" (Bartollomei, 1989:13).

5. Alguns autores que se referem, em particular, aos efeitos da crise sobre a dinâmica entre desenvolvimento e subdesenvolvimento falam, de maneira pertinente, em "nova desordem internacional" (Vizentini, 1992). Assim sendo, acreditamos que é preciso pensar a articulação entre as categorias de "ordem" e de "desordem", detectando quais seriam os efeitos auto-organizadores (desorganizadores?) que podem resultar.

Com efeito, se admitimos que a lógica do "dispositivo" (*Ge-stell*) tecnocientífico requer, em princípio, que tudo o que é realizável se realize *de facto* (Heidegger, 1990), o possível torna-se "praticamente" obrigatório, imposição. Nesse caso, "não só o que pode ser feito deve ser feito, mas também o que deve ser feito é inelutável" (Anders, 1992:11), ou seja, no nosso existir, que assume cada vez mais a forma imposta pelo arrazoamento tecnocientífico, aquilo que potencialmente sabemos produzir implica que seja necessariamente produzido, atualizado. Mas os perigos que decorrem desse arrazoamento, dessa lógica do "possível necessariamente realizável", são só aparentemente evidentes, pois, como mostra Jonas (1979; 1987a; 1987b), os maiores perigos situam-se justamente nos aspectos, à primeira vista menos negativos, do *know-how* tecnocientífico, como é o caso da assim chamada "engenharia genética", que, além de corrigir disfunções orgânicas pela "troca de peças" do corpo humano — em princípio a favor do bem-estar humano —, é também capaz, potencialmente, de produzir toda uma gama de seres e espécies inéditos, logo imprevisíveis e, portanto, não necessariamente em prol desse mesmo bem-estar. Assim, o *homo faber* torna-se literalmente *homo creator*, capaz de transformar a si mesmo em matéria-prima, isto é, em *homo* "matéria" (Anders, 1992:14).

Desta forma — escreve ainda Anders —, os produtos criados não são mais somente de tipo estritamente cultural (de "segunda natureza"), mas também genericamente "naturais", e a expressão "segunda natureza" pode então ser utilizada em sentido próprio, pois, "por meio da *techné*, tem se produzido *physis*" (p.15).

Contudo, essa situação de perigo teria suas raízes mais nos "limites internos da natureza humana" (Laszlo, 1990) ou, dito de outra forma, no caráter "antiquado" do humano (*Antiquiertheit des Menschen*: Anders, 1992), do que nos limites "externos" (esgotamento de recursos naturais e fontes energéticas não-renováveis, aumento populacional desenfreado, desenvolvimento socioeconômico desordenado: Meadows, 1972; Brundtland, 1991).

Tais limites "internos" tornam-se explícitos na crise de autocompreensão da própria civilização tecnocientífica, como é, atualmente, a crise ética apontada por todo lado e que implica uma incapacidade de entrever o real porte daquilo que está acontecendo. Existe, portanto, um vínculo profundo entre problemática ética e problemática epistemológica, entre os efeitos comportamentais do saber-fazer e as próprias formas pragmáticas que assumem as atividades cognitivas e metacognitivas. Por isso, se, por um lado, "os imperativos morais atuais vêm da técnica e tornam risíveis os postulados morais dos nossos antepassados, não só aqueles da ética individual, mas também aqueles da ética social" (Anders, 1992:11), por outro, "interpretar não é hoje a especialidade dos 'cientistas humanistas' mas tem-se tornado o dever moral de todos nós" (p. 399).

Para entender essa crise serão abordadas, neste capítulo, as questões do "niilismo" e da "hermenêutica", que têm se tornado fundamentais no debate sobre os desdobramentos da modernidade, na medida em que elas nos informam sobre as raízes teóricas longínquas, legitimadoras da assim chamada "pós-modernidade", tendo a ver com os fundamentos do relativismo das sociedades "pós-moralistas" que, aparentemente, se situam — para utilizar uma famosa expressão de Nietzsche — "para além do bem e do mal" (Nietzsche, 1968a).

De fato, o debate sobre moderno/pós-moderno enraíza-se no processo designado "niilismo moderno", cuja avaliação remonta pelo menos até Friedrich Nietzsche, se não a Friedrich Heinrich Jacobi (1799), que usou o termo para referir-se tanto à filosofia racionalista de Kant quanto ao idealismo de Fichte, já que estes filósofos teriam negado a realidade como dimensão independente da consciência pensante, isto é, por torná-la essencialmente um "nada" (Severino, 1981:93). No nosso entender, a filiação niilista do pós-modernismo informa, em particular, a atual crise ética, bem como as "insuficiências" próprias, apontadas na ética "tradicional", para enfrentar convenientemente os desafios à vida e à saúde, presente e futura, lançados pelo poder cada vez mais "autônomo" da tecnociência (Jonas, 1987b:32-46). No entanto, o niilismo é indissociável da hermenêutica, na medida em que esta, ao impor-se como um dos caminhos fundamentais da meditação filosófica contemporânea sobre o estatuto ontológico da realidade e o estatuto epistemológico de verdade e certeza, pode ser considerada um método responsável da "nadificação" do real (Severino, 1981). Esse "excesso" está, aliás, sempre presente no assim chamado "construtivismo radical" (Glaserfeld, 1988), o que o torna altamente questionável, se referido à realidade sanitária, que pode, dificilmente, ser reduzida a um mero "efeito" de interpretação, uma produção textual. Essa crítica vale, aliás, para o próprio pós-modernismo, pois, como afirma o filósofo pragmático Hilary Putnam: "Não penso que a crença 'pós-moderna', segundo a qual 'só existe o texto', represente uma opção real para os seres humanos" (Putnam, 1992:107, nº 14).

Com efeito, a realidade sanitária, sobretudo no que diz respeito à degradação das condições de saúde decorrentes do vínculo perverso com as desigualdades, impõe-se atualmente como o principal problema "real" de macroética em saúde (Leal *et al.* 1992a; 1992b), tornando praticamente todo texto, toda interpretação, um epifenômeno discursivo desse real.

Do ponto de vista da "ética natural", os excessos niilistas da hermenêutica pós-moderna podem ser "temperados", assumindo a postura da "epistemologia não-cartesiana" bachelardiana que, sem desmerecer a importância do *cógito* cartesiano, recusa o seu "reducionismo" dos fenômenos naturais a unidades racionais "simples" e "separadas" (Bachelard, 1985:121-126). Nesse sentido, uma abordagem não-reducionista implicaria, sem abrir mão das necessárias distinções cognitivas que dependem do ponto de vista adotado — que se tornaram epistemologicamente legítimas graças à meditação cartesiana[6] —, uma também necessária vinculação entre o "natural" e o "cultural" no humano, que faz dele um ser responsável por uma totalidade formada por ele, pelos outros e pelo ambiente em que vive e opera (Jonas, 1987b).

No quarto capítulo, a "ética natural" aplica-se, mais especificamente, ao campo da saúde, sendo abordada por meio dos dois instru-

6. Num outro âmbito — a filosofia analítica —, Gilbert Ryle (1955), ao individualizar os "erros categoriais" como fonte dos principais dilemas filosóficos, aponta a tradição cartesiana, derivada, por sua vez, da tradição escolástica, como principal responsável da disjunção entre matéria e espírito, o que a tornaria, literalmente, o "mito fundador" da "doutrina oficial" sobre o agir e o pensar humanos. Mais recentemente, Jean Guitton (1992), baseando-se nas concepções da física quântica e da lógica do estranho, propôs os termos "metarrealismo" e "metalógico" para indicar uma nova "síntese", capaz de integrar os problemas da transcendência, ou seja, uma "nova forma de pensar" capaz de superar, "apagando-a", a dicotomia cartesiana entre espírito e matéria.

mentos heurísticos seguintes: o Princípio da Sacralidade da Vida (PSV) e o Princípio da Qualidade de Vida (PQV) (Mori, 1990:193-198), ou seja, o princípio de derivação kantiana que "impõe o dever 'absoluto' de respeitar o finalismo intrínseco do corpo no seu conjunto e daqueles órgãos (em particular os da reprodução), cujo fim não está subordinado ao finalismo complexivo" (p.194), e o princípio que submete as normas morais à conservação e ao desenvolvimento das possibilidades de bem-estar humano.

Na nossa abordagem "natural", os dois princípios revelam-se, portanto, co-necessários do ponto de vista da ética, ou melhor: é essa relação de co-necessidade que os torna princípios éticos. Com efeito, ambos, juntos, informam sobre as principais questões éticas em saúde, sendo que o PSV enfoca essencialmente o aspecto do valor único de cada indivíduo (no sentido lógico da sua "identidade numérica"), ao passo que o PQV considera também a "identidade genérica" de cada indivíduo, a saber, o fato de ele pertencer à espécie dos humanos, o que o torna necessariamente "público", submetido às normas e valores válidos, em princípio, universalmente. Isto quer dizer, após ter passado pelo "livre e público exame pela razão" ou pela *Aufklärung* ("esclarecimento") que exige "de fazer um uso público de sua razão em todos os sentidos" (Kant *apud* Guillermit, 1979:20;25).

De fato, vínculos e possibilidades dizem respeito mais a relações (indivíduos consigo, relações médico — paciente, relações de indivíduos e populações com o ambiente natural e/ou o ambiente cultural...) do que a objetos dessas relações, ou seja, a uma interpretação complexa que informa tanto sobre o agir como sobre o pensar este agir, unificando-os como objeto principal da ética natural, considerada aqui a "terceira margem" da saúde. Por isso, acreditamos que as questões éticas não são subsumíveis nem a questões meramente comportamentais nem a questões meramente cognitivas, mas resultam da necessária mediação entre prática e teoria, isto é, incorporam-se no *ethos*, formado pela convivência entre seres vivos (humanos), conscientes da própria precariedade que os submete à lei da necessidade e da própria responsabilidade que os "obriga" à liberdade.

CAPÍTULO I
A ÉTICA NATURAL

1. A emergência dos paradigmas bioético e complexo

Hoje, o questionamento ético emerge, ou reemerge, em vários âmbitos da vida: pessoal, interpessoal, coletivo e ecológico, de tal forma que se pode falar, num verdadeiro "sinergismo" de efeitos combinados (Haken, 1981),[1] sobre as várias dimensões da complexa e incerta vida do homem contemporâneo. Mais especificamente, o questionamento ético — longe de ser um simples "modismo"[2] — atinge o fazer política (nos seus níveis local, nacional e internacional) e a administração pública; os relacionamentos entre as "duas culturas" (a humanística e a tecnocientífica: Snow, 1959) e, ao interior do dispositivo tecnocientífico, a relação entre liberdades do saber científico e limites do fazer tecnológico; o *know-how* e o *know-what* (o "saber-como" comportar-se e o "conhecimento 'de' e 'a respeito de'": Dewey, 1922:177; Varela, 1992:20-22; ou, mais simplesmente, o "saber-fazer" [*knowing how*] e o "conhecer" [*knowing that*]: Ryle, 1955:22-30); os relacionamentos intra-específicos (dos humanos entre si), interespecíficos (dos humanos, como espécie, com as outras espécies) e ecológicos (dos humanos com o mundo, enquanto "junto aos humanos" [*Mitwelt*] e não somente como "ambiente" [*Umwelt*]: Meyer-Abich, 1984:14).

---

1. A "sinergética", ou "ciência dos efeitos combinados (...), dos comportamentos ordenados, auto-organizados e coletivos (...), sujeitos a leis gerais" (Haken, 1983:8-19), preocupa-se em detectar estruturas ordenadas emergentes do caos. Seu problema central consiste, portanto, em saber "como nasce a ordem das ações combinadas dos vários componentes de um sistema" (p.156), isto é, como é possível a ordem a partir da desordem. No entanto, pode-se falar em sinergias tanto positivas quanto negativas, conforme o efeito final, ou seja, tanto num caos ordenador quanto numa ordem caótica, sintetizável pela expressão "caos determinista", que constituiria "a terceira grande revolução científica deste século, depois da relatividade e da mecânica quântica" (Casati, 1991:8).
2. Verdu (1993).

Nesse contexto, qualquer discurso sobre a saúde, e *a fortiori* sobre a Saúde Pública, como condição concreta, física, institucional e cultural do bem-estar geral de populações num "território" (espaço público, socialmente organizado: Habermas, 1984b), encontra, necessariamente, a questão da ética aplicada às novas condições de vida, que afetam, direta ou indiretamente, a complexa realidade sanitária. Pode-se, portanto, falar na emergência de um "paradigma bioético" (Hottois, 1990), como ponto de vista específico e unitário (ou conjunto pluralista de pontos de vista) da ética sobre a realidade multidimensional e entrelaçada — "complexa" — do campo da Saúde. Tal paradigma emerge num contexto bioantropossociocultural em que se colocam também questões (*know-why*) sobre o estatuto e os efeitos do saber (*know-what*), necessariamente entendido como saber-fazer (*know-how*), razão pela qual se pode afirmar que questões éticas e questões epistemológicas devem ser consideradas inseparáveis praticamente, ou seja, como parte da "nova constelação geral, que está se esboçando (...) do novo macroparadigma (...) de envergadura histórico-universal" (Küng, 1992:7).

Por essas razões, como se expressa Morin, "deve[ríamos] *reaprender a pensar*, pois se trata de uma *tarefa de saúde pública* que começa por nós mesmos" (Morin, 1991:233 — grifo nosso). Dessa forma, as questões éticas, que se constroem em campo sanitário (o "paradigma bioético"), revitalizam a reflexão ética que, por sua vez, renova o discurso filosófico em particular, assim como o debate contemporâneo em geral,[3] embasando a problemática ética numa verdadeira "ética da vida" ("bioética"), tornando a bioética um fundamento laico de qualquer discussão sobre "eticidade" (referente aos comportamentos "virtuosos" preocupados com o que é "bem") e "moralidade" (referente aos valores e aos deveres que informam sobre tais compor-

3. Assim, para Stephen Toulmin, a medicina teria salvado a vida da ética por ter introduzido, no debate ético contemporâneo, a questão dos casos particulares, com os quais, na prática, lida o profissional em saúde, na realidade (Toulmin, 1982). A pertinência, para a ética, dos casos particulares permite ultrapassar a dicotomia entre igualdade e diferença pelo princípio de "eqüidade", fundamental nas discussões atuais em bioética.

tamentos e que definem o que é justo), relacionando-se ao bem-estar de indivíduos e populações.[4]

Essa possibilidade de fundamentação laica da ética e da moral pela bioética representa, a nossa maneira de ver, a contribuição específica da reflexão atual das ciências da saúde para o ecumenismo do "projeto de ética mundial" (Küng, 1992), respondendo, em parte, à "necessidade de uma ética para toda a humanidade" (Küng, 1992:8), quer dizer, como proposta de uma "ética básica", referida ao primeiro dos direitos "naturais" humanos, que é o direito à vida, no seu dúplice aspecto de bem inalienável de cada pessoa (indicado aqui como Princípio da Sacralidade da Vida) e de bem-estar para todas as pessoas (que chamamos Princípio da Qualidade da Vida). Veremos (*infra*, cap. IV) que tais princípios, aparentemente contraditórios, devem ser considerados complementares, a fim de não incorrer em dilemas como aqueles de ter que escolher independentemente da situação concreta, quase sempre "complexa", como acontece de fato na maioria das escolhas feitas em condições de incerteza. Dito de outra forma, do ponto de vista ético, os dois princípios só podem ser pensados, numa relação de tipo complexo — em que eles se *inter-relacionam* e se *interdefinem* —, como maneira de ultrapassar dicotomias mutiladoras da experiência concreta, dos seus dilemas e escolhas dolorosas.

Essa hipótese representa um dos dois eixos principais da nossa reflexão (o outro sendo aquele da continuidade evolutiva do fenômeno da vida) e insere-se no contexto da "secularização do mundo", caracterizável pela sinergia de três motivos fundamentais: a) a crise do *ethos*; b) a crise das ideologias todo-poderosas; c) a globalização tecnocientífica (Berti, 1991). O "conjunto" (*Zusammenhang*) dessas sinergias delineia a forma complexa e problemática do mundo secularizado contemporâneo, constrangido ao mesmo tempo por uma plurali-

---

4. A clássica oposição entre "moralidade" e "eticidade" (*Moralität* versus *Sittlichkeit*), que distingue a tradição kantiana da tradição hegeliana, informa ainda o debate ético contemporâneo, tendo como representantes ilustres Jürgen Habermas (1986a; 1989b) e John Rawls (1971) por um lado, Charles Taylor (1989) e Francisco Varela (1992), por outro. A respeito desse debate, Taylor escreve: "Muita filosofia moral contemporânea (...) tem enfocado, quase que exclusivamente, a moralidade [privilegiando] o que é justo fazer antes do que é bem que seja, definindo o conteúdo dos deveres antes do que a natureza da vida virtuosa" (1989:3).

zação de comportamentos, normas e valores (politeísmo), e uma uniformização dos mesmos por padrões de consumismo e de normas tecnocientíficas impositivas, que tornam o homem "unidimensional" (Marcuse, 1964), com todos os desdobramentos e abusos, sempre possíveis, tanto contra o Princípio da Sacralidade de Vida (PSV) (em nome do politeísmo) como contra o Princípio da Qualidade de Vida (PQV) (em nome do fundamentalismo).

Em particular:

a) a crise do *ethos* tradicional, ou da "ética espontânea", resulta da destruição das relações de proximidade e solidariedade, ou seja, da substituição da ética intencional e individualista da "convicção", ou "das últimas finalidades", por uma "ética da responsabilidade" (Weber, 1921:138-153; 1922:170-183), como macroética da civilização "pós-tradicional", global e tecnocientífica, preocupada com as implicações e os perigos a longo prazo, que ameaçam o mundo e a própria estrutura da vida humana e não-humana (Jonas, 1974; 1979; 1987a e 1987b; Anders, 1992);

b) a crise e a falência, *de facto*, das grandes ideologias históricas do século XIX (como o liberalismo e o seu "corretivo" comunista), como cosmovisões globais e sistemáticas capazes de resolver todos os problemas e responder a todos os aspectos da vida, *a priori*, a partir de um único ponto de vista, implicam a necessidade de reinventar novas formas de viver e conviver entre humanos e "junto com" a biosfera, responsabilizando-se por elas;

c) o desenvolvimento contínuo e acelerado da tecnociência que, como *Ge-stell* ("dispositivo", "implante", "armação", "arrazoamento": Heidegger, 1990), toma conta da totalidade da *Lebenswelt* ("mundo vivido" como contexto em que se inscrevem os saberes e a normatividade: Husserl, 1959) e permite intervir na própria constituição física e psíquica do humano, transforma o *homo faber* em *homo creator* (Anders, 1920) e implica uma vigilância e uma prudência inéditas, devidas à situação de incerteza em que se dá boa parte das escolhas relativas à vida e ao bem-estar de pessoas e populações, num ambiente natural reformado pelo *know-how* humano.

Os problemas levantados por essa nova etapa na "secularização" da condição humana, a saber, a desvinculação do agir da legitimação pelo sagrado e pelo absoluto, e a conseqüente legitimidade da pluralidade de pontos de vista e comportamentos, são inúmeros e não parecem ser abordáveis com os instrumentos descritivos tradicionais da racionalidade científica e, no caso sanitário, das ciências biomédicas, na medida em que é o próprio "dispositivo biotecnocientífico" que vem sendo questionado tanto pelo "paradigma bioético" (Hottois, 1990) como pela "epistemologia complexa" (Morin, 1992:501s.), sendo considerado o único saber-fazer não-secularizado atual (Berti, 1991:581) e, portanto, a principal causa — ou com-causa — da secularização do mundo vivido, vivenciada quase sempre como perda ou falta de sentido da nossa experiência.

Mas, lembra Morin (1992:501), é preciso também evitar "uma das doenças infantis" do saber, que consiste em reduzir tudo, inclusive o conhecimento científico, às "suas raízes socioculturais", pois, se é verdade que existem sempre postulados metafísicos atrás da atividade teórica, inclusive a científica (Popper, 1972; Holton, 1985; Burtt, 1991), é também verdade que a ciência estabelece um diálogo crítico com a realidade que constrói, a partir do real, explicitando seus pressupostos e pontos de vista, verificando-os ou refutando-os, o que a distingue dos conhecimentos de tipo ideológico (Prieto, 1975) e das outras atividades cognitivas, como a estética (Prodi, 1983; Guattari, 1992) e a religiosa.

Assim, se uma epistemologia complexa pode afirmar que não existe mais "uma instância soberana (...) um senhor epistemólogo que controle (...) todos os saberes [e que cada instância] é decisiva [e] insuficiente [então] *o problema da epistemologia consiste em fazer comunicar tais instâncias separadas*" (Morin, 1992:504-505). O problema principal para a epistemologia não é, portanto, "que cada um perca a sua competência, [mas] que a desenvolva bastante para articulá-la sobre outras competências que, encadeadas, formem um anel acabado e dinâmico, o anel do conhecimento do conhecimento" (p.505). Dessa forma, recupera-se o sentido originário grego de epistemologia, que condensava os conceitos de conhecimento, ação e habilidade (Hintikka, 1974), o que permitiria pensar numa "epistemologia operativa" (Munari, 1992), capaz de ter uma "competência sensório-motora", junto com a capacidade de "sobreestar" (*épistanein*) constituída pelo "autocomportamento" (*Eigenbehavior*) que consiste em "compreender a compreensão" (Foerster, 1992:443-444).

Parece, portanto, haver necessidade de uma reflexão filosófica, pelos vieses do "paradigma bioético" (Hottois, 1990) e do "paradigma complexo" (Morin, 1992:503), a respeito do impacto do dispositivo da biotecnociência sobre o mundo vivido, do ponto de vista da sua finalidade intrínseca (Princípio da Sacralidade da Vida) e do bem-estar de indivíduos e populações (Princípio da Qualidade de Vida). Do ponto de vista sanitário, essa reflexão deverá contemplar, no seu saber-fazer, os dois princípios, suas inter-relações e a sua interdefinibilidade, pois "à vitória da ciência acompanha-se a redescoberta da ética, o único saber prático, não-secularizado, compatível com a ciência" (Berti, 1991:581). É essa vinculação (ou "co-necessidade") entre bioética e ciências da complexidade, entre o que é "bem" (eticidade) e o que é "justo" (moralidade) para o fenômeno da vida, por um lado, aquilo que é pertinente (ou "verdadeiro") para as ciências da vida, por outro, que permite falar numa ética natural que inclua tanto os temas tradicionais do "bem" e do "justo", abordados pela ética, como aqueles emergentes da cultura contemporânea, relativos aos nexos entre natureza, cultura e sociedade, encarados pelas assim chamadas "ciências da complexidade".

2. A filiação filosófica e epistemológica da ética natural

A "bioética extensa", ou "ética natural", não se relaciona tanto — embora não o exclua — com o sentido tradicional de uma "ciência da moral" ou de uma "metafísica dos costumes [*Sitten*]" (Kant, 1785), ou seja, de uma "metafísica" auto-reflexiva da *práxis* que busca esclarecer os princípios racionais que agem no mundo vivido, formado, portanto, por costumes (Höffe, 1983:170s.).

Como já alertara Friedrich Nietzsche em *Para a história natural da moral* (Nietzsche, 1968b:83-104), "ciência" seria um termo "demasiado vaidoso e contrário ao bom-gosto" (p.83) porque remeteria às tentativas dos filósofos de fundar a moral e que teriam, no entanto, acabado por confirmar e legitimar a moral dominante, por escamotear a própria problematicidade da moral. Para o filósofo, todas essas tentativas metafísicas teriam de fato consistido em negar que uma moral "pudesse ser concebida como problema", esquecendo que "os verdadeiros problemas da moral (...) emergem todos somente da confrontação entre 'muitas' morais" (p.84). Assim, a eticidade (a *Sittlichkeit* de Kant) pertenceria a um mundo que já existe e que não precisa, portanto, ser "fundado" por uma moralidade (*Moralität*); ou ainda, a eticidade chamaria a atenção sobre "uma racionalidade integral que já está em ato em nível do mundo vivido" (Grondin, 1986:54).

A "ética natural" relaciona-se muito mais com aquela "ecologia filosófica, que deveria ser cultivada num quadro não-moralista (...), crucial para o nosso mundo moderno, tão confuso e desnorteante" (Varela, 1992:VII-VIII), ou seja, com uma ética "mais próxima da sabedoria que da razão, mais próxima da compreensão daquilo que deve ser o bem do que da formulação de princípios corretos" (p.5), embora não se deva desconhecer a importância da razão para darmos "conta das conseqüências dos nossos atos" (Maturana, 1993). Em suma, a eticidade referida pela "ética natural" relaciona-se mais com a ética da responsabilidade para com as conseqüências do agir (bem ou mal) do que com a ética da convicção sobre a justeza (ou não) das ações, subsumível à moral.[5] Dito de outra forma, a ética natural é necessariamente uma moral "encarnada" (*embodied*: Varela *et al.*, 1991), uma "competência" atuante do próprio agir, constitutiva da subjetividade, da norma humana.

Com isso, não queremos desmerecer o papel da ética como reflexão crítica sobre os problemas morais e os deveres que, em cada vivência, informam o agir concreto, nem a tradição "racionalista" que de Kant (1785) leva a Rawls (1971) e Habermas (1986), mas, antes, indagar qual seria um possível ponto de vista ético para uma bioética *lato sensu*, que aqui chamamos "ética natural" e que, ao invés de limitar-se ao que é "justo fazer", recupere o que é "bem que seja", isto é, que se ocupe da "vida virtuosa" como "objeto do nosso amor ou da nossa devoção (...) centro privilegiado da nossa atenção ou vontade" (Taylor, 1989:3). Nesse sentido, para utilizar as palavras de Francisco Varela, "uma pessoa sábia (ou virtuosa) [seria] *aquela que conhece o que é o bem e o aplica espontaneamente*" (Varela, 1992:6). A eticidade aqui referida seria, pois, da ordem do comportamento virtuoso, ao passo que a moralidade seria da ordem do juízo justo, sendo que am-

5. Ver *supra* nota 4.

bas devem situar-se na condição concreta da nossa contemporaneidade tecnocientífica laicizante e pragmática, dilacerada entre o imperativo utilitarista da "melhor performatividade" (Lyotard, 1979) e os desafios ético-morais do bem e do justo, que as sociedades colocam necessariamente ao agir responsável.

Assim sendo, a "ética natural" deve ser entendida, antes, no sentido originário e polissêmico da palavra *ethos*, que condensa os significados de: a) morada do homem (*oikos*) por ele mesmo construída, seu "gênio protetor" (*daímon*) regido pelo *logos*; b) modo de proceder do homem como dono de seus "hábitos adquiridos" pela repetição (*héxis*) e não regidos pela "natureza" (*physis*) (Vaz, 1988:11-12). O conteúdo da ação ética seria, portanto, a "virtude" (*areté*), no seu aspecto subjetivo, e a "lei" (*nómos*), no seu aspecto objetivo, ambos vinculados à "liberdade" (*eleutheria*).

O *ethos*, como lei, seria, dessa forma, a morada da "liberdade" ao ordenar a "sociedade política" (*politéia*), de acordo com o *ethos* próprio da "comunidade" (*pólis*). Assim, o "agir" (*práxis*), ao mediar costume e hábito, encontraria o seu ponto alto na "virtude política", no exercício da liberdade sob a soberania da lei justa. Portanto, para os gregos, o *ethos* teria sido o "corpo histórico da liberdade [e] o bem próprio do homem (...), o de sua *pólis* regida por leis justas [ou seja] o bem universal e racional" (Menezes, 1991:561). Assim sendo, o *ethos* constitui o aspecto da cultura voltado para o dever-ser como "bem", que, no entanto, se transmite pela tradição e por meio da "educação" (*paidéia*), que é da ordem daquilo que há de ser.

De maneira geral, a questão ética em saúde ou, dito de forma mais precisa, uma "ética da saúde que não seja mera deontologia médica atualizada, nem reflexão acerca dos limites extremos da vida e da morte, mas que esteja também ligada aos princípios e à prática de todos os atores e todos os assuntos da saúde cotidiana" (Berlinguer, 1993b:2), pressuporia o reconhecimento de vínculos existentes entre: uma "sacralidade" da vida (o seu valor "em si", que proíbe usar o homem como mero meio para um fim que o objetiva: Kant, 1787b:I,8); uma "qualidade" de vida (definida do ponto de vista laico daquilo que afeta o processo de saúde/doença e determina o "bem-estar" de indivíduos e populações); um "contexto" de vida (definido como ambiente vivível, ou *oikos*, desse sistema) e uma "situação" de vida (definida pela totalidade das comunicações e significações simbólico-imaginárias ao interior do sistema e entre o sistema e o seu ambiente).

Resumindo, embora o bem-estar esteja sempre ameaçado pela experiência da dor e pela condição ontológica "incondicional" da "mortalidade", que é sempre vivida pessoalmente (*Jemeinigkeit)* como possibilidade pessoal permanente e co-essencial de ser-para-a-morte e como impossibilidade de todas as outras (Heidegger, 1929:289-324, § 46-53), ela se dá também num ambiente de relações determinadas pelos outros humanos (a socioesfera), os outros seres vivos (a bioesfera), o mundo como um todo (ecoesfera e geoesfera) e a cultura (noosfera e tecnosfera) (Morin, 1977; 1980; 1986; 1992b).

Em particular, a condição de bem-estar dá-se num universo de referência marcado pela evolução da tecnociência, em que o humano "reforma" historicamente a própria naturalidade, criando literalmente uma "segunda natureza", assim como no universo adaptativo da linguagem em que os sujeitos concretos questionam, interpretam e expressam a própria vida, procurando um sentido, tendo expectativas, estabelecendo normas reconhecidas como necessárias ou consideradas oportunas, para manter ou melhorar o próprio bem-estar, inseparável do bem-estar alheio (outro, comunidade, sociedade, mundo).

Vivendo "humanamente", ou seja, sendo ao mesmo tempo consciente do próprio operar e da própria mortalidade, o indivíduo humano encontra necessariamente "vínculos" que projetam "essa vida para além da sua própria individualidade [aventurando-se] no caminho que, para ela, tem valor de constrangimento" (Henrich, 1981: 971-972). Embora a experiência seja sempre, em última instância, um viver a própria precariedade e mortalidade, ela se dá numa situação concreta (contexto, ambiente) que é, de fato, também social, pois mesmo a distinção entre individual e social é já social, na medida em que "fazer experiências e ter níveis de coerência pressupõe interação em domínios consensuais. Eis por que precisamos do "outro" para fazer nossa própria experiência" (Schmidt, 1992:486).

Em suma, de maneira geral, a ética diz sempre respeito a um universo comportamental, no qual emerge a "constelação conceitual do vínculo e da possibilidade" (Ceruti, 1989:6), a saber, as relações entre autonomia e dependência, individualidade e sociabilidade, liberdade e determinismo, que são aspectos complementares e co-necessários do fenômeno/processo "complexo" ("que reúne") e *auto-referencial* que é a vida para o humano (Morin, 1983).[6]

Enquanto vivida por um ser vivo, cuja norma específica é a "qualidade emergente" da "competência lógico-lingüística" (Prodi, 1989:89) ou "lógico-analógica" (Morin, 1986:139), a vida no humano torna-se sujeito e objeto de transformação projetual (técnica) e de interpretação (lingüística), pois faz parte da "necessidade" de o humano fazer perguntas e construir respostas para "sustentar a própria perdição" do seu ser-aí (Valadares, 1993, comunicação pessoal). Dito de outra forma, liberdade e necessidade, autonomia e heteronomia encontram-se vinculadas no humano que, vivendo, se constitui como ser de projeto, como ser cujo destino consiste em ter que transformar o mundo em que vive para sobreviver, sendo também responsável pelos seus projetos e realizações, inclusive pelos relacionamentos com os outros e com o próprio ambiente natural e sociocultural.

As grandes religiões, interpretando cada uma, de forma peculiar, essa situação da condição humana, mostraram-se sensíveis à angústia do humano e têm indicado caminhos para uma reconciliação deste com a própria "mortalidade", propondo cosmovisões "complexas"

6. Para Morin, a "complexidade" é um fenômeno do real, implicando um jogo de ordem/desordem/organização, que, para ser entendido, precisa de um método "transdisciplinar", nem "fantasioso" nem "mutilante", e que ajude a ocultar, "o menos possível, a complexidade do real" (Pessis-Pasternak, 1989:35). Por outro lado, todo ser vivo, e, *a fortiori*, todo ser humano, é um ser auto-referencial, na medida em que constrói o mundo construindo-se a si mesmo (Piaget, 1937) e, portanto, ao referir-se ao mundo refere-se às suas próprias construções, tanto materiais como simbólico-imaginárias. Assim, o ser humano pode ser considerado tanto sistema *autopoiético* (Maturana e Varela, 1980), capaz de se produzir e operar, necessariamente auto-referencial e fechado do ponto de vista da sua organização interna, quanto *alopoiético* (Varela, 1987), aberto do ponto de vista da sua dependência de um contexto, ou seja, do ponto de vista termodinâmico, das trocas de matéria, energia e informação com o ambiente. Tudo depende, portanto, do ponto de vista adotado, mas isso não exclui que "ontologicamente" autopoiese e alopoiese possam estar referidas ao "mesmo" ser concreto. Morin sintetiza esse aparente paradoxo escrevendo: "Um paradigma complexo (...) pode compreender o humano como sendo contemporaneamente associado e oposto à natureza" (Morin, 1992:503).

("unificadoras")[7] sobre esse mundo e o "outro", oferecendo um sentido que vinculasse a imanência da condição humana precária e mortal à transcendência da sua emancipação libertadora. Hoje, contudo, depois da longa estação "anti-humanista", caracterizada pela cultura da crítica e da "suspeita" (inaugurada por Marx, Nietzsche e Freud no Ocidente moderno) — que se tornou por sua vez "suspeita"[8] pelo retorno de temas milenaristas e escatológicos de fim dos tempos (como nas previsões de catástrofes tecnocientíficas e ecológicas), assim como pela persistência/retorno do fundamentalismo religioso e do etnocentrismo —, assistimos também ao primado das temáticas da contingência, do relativismo e do ceticismo nas discussões "pós-modernas", ou "tardo-modernas", sobre normas e valores relativos à realidade concreta do viver e aos comportamentos a serem adotados. No caso que nos interessa, esse processo de "enfraquecimento" do pensar (Vattimo e Rovatti, 1983) acabou corroendo o próprio estatuto "unitário" da eticidade por um politeísmo ou "pluralismo radical" (Welsch, 1988:39 *apud* Küng, 1992: 188, nº 7).

Ao contrário, Kant considerava a eticidade ainda uma "necessitação prática" (*praktische Necessitation*), de tipo "objetivo", "categórico", "válida universalmente" "em si e por si", determinada unicamente pelo entendimento e o livre-arbítrio, ou seja, enquanto racionalização do *ethos* (Kant, 1991:14-23). Nesse sentido, para Kant, o caráter ético de uma ação faria dela algo particular e constrangedor, distinguível de "qualquer outra ação pragmática e patológica", quer dizer, "o *motivum morale* deve ser (...) considerado em si e por si, distin-

7. O teólogo "ecumênico" Hans Küng, autor de um *Projeto de ética mundial. Uma moral ecumênica em vista da sobrevivência humana* (Küng, 1992), pode afirmar que "esse mundo uno necessita de uma ética básica, [não] de uma religião unitária, nem de uma ideologia única, [mas] de normas, valores, ideais e objetivos que interliguem todas as pessoas e que todas sejam válidas, [e] a credibilidade de todas as religiões, também das pequenas, vai depender em que medida acentuam mais aquilo que une e menos aquilo que as divide" (pp. 8-9).

8. Segundo essa "escola da suspeita" (Ricoeur, 1965), toda interpretação só seria uma construção ideológica, ou "falsa consciência", que encobriria de fato interesses (Marx-Engels, 1932); uma ilusão do espírito norteado por instintos "vitais" (Nietzsche, 1970) ou por pulsões amplamente "inconscientes" (Freud, 1948b). Mas, atualmente, essa atitude de "suspeita" estaria sendo posta sob suspeita por sua vez (Ferraris, 1983).

guindo-o dos outros motivos da prudência e dos sentidos", o que o tornaria "algo tremendo" (1991:21).

Já para Nietzsche — "filósofo da suspeita" e crítico de Kant —, a moral entendida à maneira de Kant seria "contranatural" e "decadente" (Nietzsche, 1970:77-83), pois "toda moral sadia é dominada por um instinto de vida [que] nos obriga a estabelecer valores" (pp. 80-81), ao passo que "uma condenação da vida por parte de um ser vivo acaba por [ser] nada mais que o sintoma de uma determinada espécie de vida" (p.81). Em suma, "a própria vida avalia, por intermédio de nós, quando estabelecemos valores" (1970:81). Como não existiriam "fatos morais", a moral seria assimilável a uma "falsa interpretação", útil somente como "semiótica" ou "sintomatologia" (1970:94) de uma decadência "altruísta", que estaria contida no princípio: "não procurar a própria vantagem" (p.131). Esta se oporia à "vida ascendente" (1970:132), capaz de escolher seus objetivos e o momento da morte que, como o autor sugere no aforismo "Moral para médicos", deve ser digna, decidida por um sujeito livre e consciente, no momento certo (pp.132-134).

Certamente, a concepção moral de Kant e aquela de Nietzsche opõem-se: à moral *da* "tremenda" *liberdade* de Kant — em que a liberdade estabelece as normas da vida — opõe-se a "moral" da vitalidade de Nietzsche, que encontra suas normas na própria vida. Porém, não faltam nos próprios textos, tanto de Kant como de Nietzsche, indícios (como a referência comum à "qualidade" que a vida deve ter para ser vivível: Kant, 1991:189; Nietzsche, 1970:132-134) que permitam matizar as diferenças entre as duas posições filosóficas e considerar as duas morais como sendo, de fato, dois pontos de vista complementares sobre o *ethos*. Assim, teríamos um ponto de vista que chamaremos *autopoiético* ou "autônomo" (relativo à capacidade de autoconstrução e de autonomia do humano em dar-se suas próprias leis como é, fundamentalmente, a moral de Kant) e um ponto de vista *alopoiético* ou "heterônomo" (relativo aos vínculos que submetem o humano ao fenômeno da vida e às "leis" que dela emergem, como aparece, de uma certa maneira, na "moral" de Nietzsche).

Pensar numa complementaridade entre os dois pontos de vista, aparentemente antagônicos, mas concreta e cotidianamente coparticipantes na sabedoria do viver, torna-se hoje possível sem fazer necessariamente referência aos debates ético-morais, estritamente filosóficos e teológicos, do passado e que, por si, não permitem ultrapassar o antagonismo "politeísta". Com efeito, é no campo teórico, emergente das assim chamadas "ciências da complexidade", que as dicotomias se revelam ser, de fato, construções de pontos de vista parciais (e muitas vezes pertencentes a tipos lógicos diferentes, causa de erros categoriais: Ryle, 1955:15-20) que, como produções da preocupação em definir objetos distinguíveis, fazem perder de vista a possibilidade de estudar as "relações" que existem entre tais objetos e, portanto, o que os pode unificar (Bateson, 1972, 1979; Bateson e Bateson, 1987) sem necessariamente confundi-los pelo recalcamento das diferenças.

No interior das ciências da complexidade, a possibilidade de detectar uma "unidade diferencial" (Cazenave, 1987), uma "unidade necessária" (ou "metapadrão", ou "padrão que liga": Bateson, 1986) torna-se possível a partir do assim chamado "paradigma da auto-organização" — aplicável a qualquer sistema vivo e, segundo alguns autores, à Terra como um todo ("Gaia": Lovelock, 1979; 1988) e ao próprio universo (Jantsch, 1980).

Com relação aos sistemas humanos, a capacidade em auto-organizar-se vem identificada como competência para a "autonomia" (Dumouchel e Dupuy, 1983). Esse paradigma tem seus desdobramentos conceituais em várias disciplinas, e fala-se, então, em "auto-referência" e "autopoiese", que reformulam tanto o conceito de "vida" e de "organismo", quanto as concepções de "eticidade" e de "liberdade".[9]

9. Todos esses conceitos remetem à idéia comum do sistema vivo que, como tal, goza de um certo grau de autonomia e liberdade com relação ao seu meio, sendo capaz de transformá-lo, adaptando-o às suas necessidades, tornando-o assimilável pela capacidade de escolher, entre os estímulos, aqueles que são pertinentes para manter a própria organização interna (Piaget, 1967:220-222; 1975:11). Todo ser vivo seria, portanto, autônomo do ponto de vista da sua organização interna, embora dependente do ponto de vista das trocas de matéria, energia e informação, o que implicaria níveis organizacionais diferentes e pontos de vista que, a rigor, "embora complementares (...) concernem a sistemas diferentes" (Varela, 1979:262). Dito de outra forma, "a passagem da perspectiva do controle para a perspectiva da autonomia leva a considerar as influências ambientais de um sistema como perturbações mais do que como *input* e [isso significa reconhecer] a irredutível pluralidade dos pontos de vista na definição e na construção de um sistema (...), o reconhecimento

Por exemplo, para o sociólogo Niklas Luhmann, a auto-organização, como auto-referência, constitui o "sentido", que é a "contínua atualização das possibilidades" (Luhmann, 1990:153). Mas, tradicionalmente, a auto-referência ter-se-ia limitado, como em Descartes, à esfera humana da consciência, baseada na distinção e oposição sujeito/objeto (*res cogitans/res extensa*), ao passo que, no estágio atual do conhecimento, torna-se "sujeito" todo ente biológico (Morin, 1980:162-170). Entretanto, para Luhmann, o conceito de "sistema auto-referencial" seria menos abusivo do que aquele de "sujeito", pois adequar-se-ia mais à concepção atual de mundo acêntrico (Luhmann, 1990:673) sem prejudicar, todavia, o aspecto construtivo, necessariamente autocentrado, do conhecer,[10] nem o aspecto vinculante do viver,

---

do fato que todo sistema é um verdadeiro plurissistema" (Ceruti, 1985:86-87). Mas, dessa forma, pode-se inferir que a competência técnica seria já esboçada no reino animal (o próprio Kant fala em "técnica da natureza (...) comparável à razão técnica que age com vistas a realizar fins, mas fins que podem ser apenas relativos": Lebrun, 1993:101), no sentido da capacidade de qualquer sistema vivo em transformar o ambiente para torná-lo assimilável naquilo que serve para a autopoiese do próprio sistema. Contudo, com o surgimento do ser vivo humano, essa competência técnica torna-se "racional" e "projetual", razão técnica, portanto, tecnocientífica, ao passo que o esboço de autonomia assume o caráter forte da "liberdade", ou a capacidade em "dar-se suas próprias leis" (Castoriadis, 1988:43). Isso implica necessariamente "responsabilidade", inclusive para com o conhecido, pois "aquilo que conhecemos determina amplamente nosso comportamento" (Glaserfeld, 1992:430). Assim, a realidade conhecida seria literalmente "inventada" (Watzlawick, 1988; Glaserfeld, 1988), ou seja, a própria percepção torna-se construção e interpretação (Roth, 1987), e o mundo real um "expediente regulador, ou heurístico, absolutamente necessário, mas que não pode nunca ser experimentado pelo sujeito cognitivo" (Schmidt, 1992:485). Por isso, os sistemas vivos humanos são "observadores" no sentido de sistemas autopoiéticos que fazem parte daquilo que descrevem e "representam" (Foerster, 1974; 1982; Maturana e Varela, 1986). Para uma crítica da concepção da realidade como mera invenção, ver Putnam (1992).

10. De um ponto de vista sistêmico-autopoiético (como aquele desenvolvido por Luhmann), o conceito de auto-referência permite, aliás, considerar o dispositivo tecnocientífico um subsistema *de facto* autônomo com relação aos sistemas da sociedade e do mundo (contexto, ambiente). Isso permite ao sociólogo alemão equacionar a legitimidade do caráter autônomo da tecnociência nas sociedades modernas, pois, nestas, seria a própria tecnociência que estabeleceria suas leis próprias e determinaria, portanto, os conhecimentos e os procedimentos pertinentes a

que "liga" o sistema vivo ao seu ambiente. Em suma, vínculo e possibilidade, autonomia e dependência são co-necessários, e é essa característica que permite considerar a ética como um ponto de vista essencial do viver humano concreto. Para ilustrar o teor dessa co-necessidade, vale a pena nos determos no debate filosófico, começando pelo próprio Kant.

Para Kant, a vida "não pertence" ao homem (no sentido do "ter"), porque o homem não teria o direito de fazer dela uma "coisa" sem assimilar "o proprietário com a propriedade", "uma coisa e uma pessoa", entrando, portanto, em contradição com a própria dignidade inerente à pessoa humana, que estipula que a "pessoa" tem um valor em si e não pode ser considerada um mero ente objetivável (Kant, 1991:189). A categoria "pessoa", que qualifica o "ser" titular de direitos e sujeito de deveres, é importante para a bioética, pois funciona como "critério suficiente" para os direitos humanos fundamentais (naturais, contratuais), que definem a tradição universalizante ocidental (desde o cristianismo até a Ilustração [*Aufklärung*]) e que são formulados tanto pela Declaração de 1789 como por aquela aprovada pela Assembléia das Nações Unidas em 1948. Nessa tradição, que a partir da obra de Kant pode ser chamada "personalista", o mais alto bem humano não seria tanto a vida em si, mas, antes, a vida "dignificada" pela pessoa como fonte desse valor, ou seja, a pessoa como entidade viva com uma finalidade intrínseca. Como se expressara o próprio Kant, "a humanidade na nossa pessoa (...) merece o mais alto respeito e constitui (...) algo inviolável" para o qual se deveria, se necessário, sacrificar até a própria vida (1991:178). Em suma, o que qualificaria a dignidade da vida humana para Kant não estaria na vida

---

tais sociedades (Luhmann, 1990:727). Mas essa autonomia implicaria o abandono das tentativas racionalistas-transcendentais de tipo kantiano (inclusive as "fundacionais" como aquelas desenvolvidas por Karl Otto Apel:1973; 1976; 1979; 1981; 1986a), legitimadoras do *know-how* tecnocientífico, e a emergência de epistemologias não-normativas, tanto no sentido de um construtivismo "pós-epistemológico, em que a noção tradicional de verdade ontológica vem substituída pela noção de *viability* no campo da experiência" (Glaserfeld, 1992:421), como de epistemologias "naturalistas" (Quine, 1969; Ceruti, 1986) ou "operativas", caracterizadas por serem um "terreno de ação, visando à 'tomada de consciência', ou seja, a experiência do conhecimento mais do que a *performance* cognitiva" (Munari, 1992:515-517).

em si, o que pode ser traduzido para os termos do nosso discurso: o Princípio da Sacralidade de Vida qualifica-se tão-somente pelo Princípio da Qualidade de Vida.

O mesmo texto de Kant explicita ainda que o homem não pode dispor da própria vida, que ele tem deveres para com a vida, em particular, para com o próprio corpo, pois "não é possível fazer uso da nossa liberdade sem nos servir dele" (1991:170). Por isso, Kant condenara o suicídio, na medida em que este consistiria em utilizar a liberdade para "suprimir a si mesma", logo, em utilizar a vida "para suprimir a vida" (p.170). A vida seria, portanto, também um fim em si, do qual o homem não poderia dispor como dono. No texto kantiano subsiste, portanto, uma contradição entre duas concepções da vida aparentemente excludentes, ou pelo menos uma alternância entre valor em si e valor por si. A razão disso é que a autonomia do livre-arbítrio não poderia ser absoluta, pois estaria submetida, no caso em que é a própria vida que está em jogo, ao princípio da não-contradição performativa (Apel, 1973:II, 405ss.).

Traduzindo novamente para os termos da nossa argumentação, o Princípio da Qualidade de Vida (PQV) fundamenta-se no Princípio da Sacralidade de Vida (PSV), e, desta forma, os dois Princípios podem ser considerados co-necessários, sendo que a sacralidade fundamenta formalmente a qualidade, e esta, por sua vez, qualifica, fornecendo seus conteúdos, a primeira. Desta forma, teríamos uma definição circular, característica de uma epistemologia complexa, que só nos autorizaria a distinguir, metodologicamente, os dois princípios (PSV, PQV) sem poder separá-los.

Existe, portanto, um diálogo possível, no interior do próprio debate filosófico, entre a moral kantiana (sobretudo se temos em conta suas reformulações e explicitações feitas por Apel e por Habermas) e a moral nietzschiana, na medida em que, tanto para Kant como para Nietzsche, a vida é, sim, um bem, mas que precisa ter uma certa "qualidade" para ser vivida, o que, aliás, a distinguiria da mera sobrevida, insuficiente para considerá-la como um bem "de" e "para" pessoas.

Para além do diálogo interno ao campo filosófico, atualmente o ponto de vista da filosofia pode também dialogar com o ponto de vista das ciências da complexidade. Na nossa interpretação, isto é possível fazendo interagir a tradição cartesiana, como aquela bachelardiana dos "cortes epistemológicos" (que permite individualizar as várias disciplinas científicas e seus avanços no campo do saber), com uma outra tradição, espinosista (Spinoza, 1677), que chamaremos "suturas epistemológicas" (que permite detectar as preocupações comuns entre disciplinas), capaz de vincular ponto de vista *autopoiético* (ponto de vista da autonomia do sistema) e ponto de vista *alopoiético* (ponto de vista do ambiente) no interior de um mesmo "paradigma evolutivo" e "complexo".[11]

Mas o filósofo que talvez mais reúna as condições para este diálogo entre ciência e filosofia é José Ortega y Gasset (1958, 1987), pois ele permite pensar a "sutura" entre dever moral e imperativo ético-vital, quer dizer, entre aquilo que ele chama o "eu normativo" e o "eu ontológico" (1958). Tal possibilidade deve-se à sua meditação sobre a vida, como "realidade radical", a saber, a vida vivida por cada ser humano como síntese entre "destino", "projeto" e "vocação", pois para ele se, por um lado, o universo é "essencialmente estrangeiro", ao qual o humano se entrega existindo, por outro, este tem que agarrar a mão que o universo lhe oferece e "apertá-la com entusiasmo, se quer viver com autenticidade" (1987:64). O destino humano implicaria, então, uma concepção da vida "como aceitação da circunstância" (1987:67), um diálogo entre sujeito e objeto, isto é, "o *logos* desde o ponto de vista do 'outro', do próximo" (1987:16). Nesse sentido, o autor pôde inferir que "a vida é, por si, ética [sendo que], no homem, o imperativo faz parte da sua realidade" (1958:406). Preocupado em superar tanto o intelectualismo idealista quanto o empirismo relativista (1987:98-105), em particular os excessos idealistas da fenomenologia de Husserl, o autor considerara que "o decisivo [é] a interpretação da fenomenologia em sentido oposto ao idealismo, a evasão do cárcere que tem sido o conceito de 'consciência' e a sua substituição por aquele de simples coexistência de 'sujeito' e 'objeto'" (1987:63).

Nesse sentido, a vida não seria mero fato subjetivo mas, necessariamente, objetivo, pois, vivendo, o sujeito, encontrar-se-ia "necessariamente" com "minerais, pessoas, triângulos, idéias" (1987:57) e o

11. O próprio Bachelard, em *O novo espírito científico* (1934), destacara a "complexidade essencial da filosofia científica", afirmando que "é de uma verdadeira síntese das contradições metafísicas que se ocupa a ciência contemporânea" (Bachelard, 1986:9-13).

que "verdadeiramente há [é] a realidade" (p.59). Essa coexistência de sujeito e de suas "circunstâncias" (o mundo, os outros) seria um "acontecimento absoluto", nem "fusão" nem "separação", mas "mútuo dinamismo de um acontecer", "acontecimento recíproco" das coisas para o sujeito e deste para as coisas (1987:60-61). Tal encontro tornaria o viver uma *rés dramática*, um "naufrágio", na medida em que ele estaria, sem saber, "submergido precisamente naquilo que não é ele, no puro 'outro', que é a sua circunstância" (1958:400). Nesta "circunstância", ele teria que se descobrir para não afogar, ou seja, distinguir-se "ensimesmando-se" (1963:10-13), sendo que o ser humano "não existe porque pensa, mas, ao contrário, pensa porque existe" (1987:61). Traduzindo: o ser humano, como sujeito definível pela relação com o outro de si (*sub-jectum*), deveria descobrir seus níveis de determinação pelas circunstâncias, mas também criar as condições da própria autonomia para não afogar nas circunstâncias, quer dizer, construir-se na sua individualidade (*individuum*).

Para Ortega y Gasset, isso constituiria um destino a ser aceito, pois "o homem não pode salvar-se se ao mesmo tempo não salva o seu contorno" (1987:67). Assim sendo, para viver de maneira autêntica neste contorno, o humano deveria ser também "projeto", "missão", "vocação", o que o tornaria um Jano "de duas caras — a biológica e a espiritual — (...) duas instâncias que se regulam mutuamente e se corrigem [sendo que] a vida deve ser culta, enquanto a cultura tem de ser vital" (1987:107).[12] Tratar-se-ia, portanto, de "ordenar o mundo desde o ponto de vista da vida (...), fazendo [dela] um princípio e um direito" (1987:119-120). Mas isso seria uma missão "inédita" na história do pensamento, pois a vida teria sempre sido considerada "um caminho ou instrumento" para algo transcendente a ela (1987:129).

Como para Nietzsche (1970) — e contra Kant — esta "instrumentalização" da vida seria de fato um "equívoco", uma "hipocrisia inveterada", na medida em que se utilizaria o argumento segundo o qual

12. Essa problemática é também abordada, do ponto de vista das ciências da vida, por Arthur Koestler (1980), para quem o "princípio de Jano" aplica-se ao humano, na medida em que este seria uma totalidade "quase autônoma": um indivíduo único, mas integrado em totalidades mais amplas e hierarquizadas. Para o autor, essa polaridade entre "tendências auto-afirmativas" e "tendências integradoras" deve equilibrar-se para que não apareçam fenômenos patológicos.

para viver é preciso interessar-se por algo como a ciência, a arte e a justiça, o fato da necessidade de ter um projeto, para afirmar que "o interessante são estas coisas e não o próprio interessar-se por elas" (Ortega y Gasset, 1987:130). Poder-se-ia pensar, então, que a vida é pretexto, esquecendo que ela é, ao contrário, "admirável generosidade" que precisa "entusiasmar-se com algo alheio (...) que a vitalidade cria para o seu próprio uso" (1987:131). A reforma filosófica, proposta por Ortega y Gasset, consiste, portanto, em considerar a vida como "totalidade (...), síntese (...), *Zusammenhang* ["con-junto"]" (1987:35), e tratar-se-ia, pois, de corrigir "um erro incalculável", que consiste em "sustentar que a vida, deixada a si mesma, tende para o egoísmo, quando é na sua raiz e essência (...), inevitavelmente altruísta (...), perpétua emigração do Eu vital para o Outro" (1987:130).

Apoiando-se nas concepções de Goethe — para quem "a vida existe simplesmente para ser vivida" — e de Meister Eckhart — para quem a vida "vive do seu próprio fundo e emana da sua mesmidade (...), sem porquê (...) sem mais a si mesma",[13] Ortega y Gasset considera que é essa auto-suficiência, perante as valorações extrínsecas, que liberta a vida do "servilismo em que erroneamente era mantida", propondo uma "reforma" que partiria do princípio de que a vida "vale por si mesma", sem precisar de "nenhum conteúdo determinado" para ter valor, pois seria "a própria vida que seleciona e hierarquiza os valores" (1987:133). Assim, a vida tornar-se-ia ponto de vista absoluto, em que a imanência do biológico e a transcendência do cultural, "vitalismo" e "racionalismo", se integrariam numa única substância, literalmente "complexa".

Para Ortega y Gasset, é por isso que a vida seria necessariamente "ética". Com efeito, sendo a condição ontológica humana um "naufrágio", o humano deveria tornar-se um ser que, desvelando pela cultura a própria condição, encontra nela a única possibilidade de salvação, o "movimento natatório" para não afogar (1958:397).

Assim sendo, a vida seria sempre um projetar-se em que "*se vive desde el porvir*" (1958:396), uma obrigação "de realizar o projeto de existência que cada qual é" (p.400). Tratando-se de um "destino", este projeto precederia a vontade e a liberdade humanas, o que implicaria

---

13. Essa referência será também retomada por Heidegger (1957:73).

uma "luta frenética com as coisas e com o nosso caráter, para conseguir ser de fato o que somos em projeto" (1958:400). No entanto, o homem possuiria também "uma ampla margem de liberdade com relação ao seu eu ou destino" (1958:401), o que o tornaria capaz de escolher não vir a ser o projeto que haveria de ser. Mas, nesse caso, ele tornar-se-ia um ser "inautêntico", traidor da própria vocação, que consiste num "programa íntegro e individual de existência" e que assimila "o nosso eu à nossa vocação" (1958:401). Este "eu" não deveria ser confundido com o eu normativo e "genérico" da moral, que seria sempre discutível "como tudo aquilo que é intelectual" (1958:406). Como para Nietzsche, Ortega y Gasset considera que o eu da moral seria algo que se justapõe à vida ("eu normativo"), ao passo que o eu da ética faria parte da própria estrutura da vida ("eu ontológico"). Em suma, para Ortega y Gasset, não se deveria confundir "o dever ser da moral, que habita na região intelectual do homem, com o imperativo vital, com o "ter que ser" da vocação pessoal, situado na região mais profunda e primária do nosso ser" (1958:406).

Em conclusão, o ser ético seria um ser "conforme" o próprio destino e não "conformado" com uma norma externa, um ser que aceita o próprio destino, a própria vocação, o próprio projeto como aquilo que há de ser. Dessa forma, para Ortega y Gasset, desconstruir-se-ia uma das principais formas metafísicas da ética e, na nossa interpretação, construir-se-iam as condições para uma "ética laica não-redutora", na medida em que a tradicional dicotomia entre ser e dever ser seria substituída por uma "relação complexa" entre ser e dever ser. A esse propósito Ortega y Gasset antecipa, em campo filosófico, tanto o discurso atual, vindo do campo científico das ciências da complexidade, sobre a necessidade de uma "nova aliança" (Prigogine e Stengers, 1979) entre as chamadas "duas culturas" (Snow, 1959), quanto a possibilidade de operar essa sutura, graças ao assim chamado "paradigma evolutivo" (Laszlo, 1985). Com efeito, o filósofo escreve:

> o dia, talvez menos longínquo do que o leitor suspeite, em que será elaborada uma biologia geral, da qual aquela utilizada seria apenas um capítulo, a fauna e a fisiologia celestiais serão definidas e estudadas biologicamente como tantas formas "possíveis" da vida. (Ortega Y Gasset, 1987:132-133).

Essa "antecipação" pode ser considerada o indício precursor de um novo *Zeitgeist*, ou, como escreveu Francisco Pina Prata, "o solo conciliador da razão e da espontaneidade" que produz "uma 'sensibilidade metafísica', [onde] se manifestam e completam (...) o 'loiro meditativo' do Norte e o 'homem do Sul', apaixonado pelo concreto" (Pina Prata, 1962:38).

A conseqüência epistemológica que podemos tirar da ontologia "complexa" de Ortega Y Gasset é que o próprio conhecimento não pode ser senão ontológico (Varela, 1986), uma "qualidade emergente" da vida como norma humana, que não pode ser subsumida a características que estariam já presentes nas normas dos sistemas auto-organizados e autopoiéticos pré-humanos, nem no *real* do mundo independente do humano. É por isso que, do ponto de vista "natural" aqui elaborado, *a vida que pensa e se pensa* constitui a norma específica do humano, uma dimensão essencial da sua ontologia. Mas, acoplada à dimensão ontológica do conhecer — que é um "co-nascer" do ser humano junto às coisas que conhece (constrói), num processo em que a inteligência organiza o mundo, organizando-se a si mesma (Piaget, 1937) — a dimensão ética pode também ser considerada ontológica, na medida em que o conhecer é uma das formas do agir humano, um "construir" mundos e que, portanto, implica um ser responsável por esse tipo de construção.

De fato, a norma específica do humano inclui tanto a qualidade da *episteme* (a capacidade de "pensar" o pensamento) como aquela do *ethos* e da "moral", tidas como co-necessárias para a emergência do ser humano concreto, um ser que vivendo, age, pensa e pensa sobre o seu viver, agir e pensar, tendo que tirar as conseqüências "prováveis", em termos de responsabilidade, destas práticas. Nesse sentido, não existiriam inconvenientes epistemológicos maiores em se pensar numa "ética natural" (ou "vital", no sentido de Ortega y Gasset e de Nietzsche), correlativa de uma "epistemologia natural", a ser entendida no sentido da tradição piagetiana de uma biologia humana extensa, que inclui os processos culturais como construção simultânea do "objeto" mundo e do observador (Piaget, 1937; 1967). A principal vantagem desse tipo de naturalismo "extenso", tanto epistemológica como axiológica, consiste no seu valor de mediação.[14] Nesse sentido, pensamos que, de um ponto de vista laico, "não-redutivo" das várias dimensões propriamente "religiosas" do humano, uma "ética natural" não contradiz nem o "valor em si" kantiano (inscrito no Princípio da Sacralidade da Vida), nem o "valor por si" nietzschiano-orteguiano (encarnado no Princípio da Qualidade da Vida), com a condição, entretanto, de referi-la à concepção projetual da vida, entendida como vocação em ser o que há de ser, ou seja, referindo-a à "vida virtuosa", que já saberia o que a preserva e a faz "evoluir". Assim sendo, pode-se também falar numa "bioética" como fundamento da moral.

Este nos parece um ponto de vista defensável para uma ética em saúde, desde o momento em que esta tem a ver com o bem-estar da vida humana, nas suas "circunstâncias" que constituem o ambiente indispensável ao sistema vida humana, tanto individual quanto coletivo e ecológico. A bioética extensa, ou "ética natural", seria, portanto, o estágio primordial da ética, em que se concebem juntas (não diferenciadas funcionalmente) a dimensão da naturalidade humana *stricto sensu* (bioecológica ou orgânica) e aquela sociocultural como qualidade emergente. Dessa forma, pensamos, a ética em saúde encontraria (ou recuperaria) o próprio lugar, isto é, tornar-se-ia uma "ética do próprio lugar" (Weil, 1982:230) ou daquilo que "há de ser", situada num mundo, como corpo e texto de múltiplas leituras, múltiplos valores e normas, mas, também, embasada na condição humana de precariedade e mortalidade, entendidas como vínculo e limite das outras possibilidades, como "motivo" suficiente para uma aliança entre prudência no agir e responsabilidade nas escolhas, no que diz respeito ao bem-estar dos humanos, do ponto de vista da saúde.

3. Crítica da "ética natural"

A denominação "ética natural" é problemática, pois pode-se responsabilizá-la por criar mais problemas do que resolvê-los. Contudo,

14. Como escreveu Odo Marquard (1964), "a filosofia é procura de mediação (...) só se legitima na base da sua *performance* de mediação, da sua contribuição em realizar fins determinantes para a vida humana" (1964:110 *apud* Kortian, 1981:1141).

se tais problemas existem, estes são de outro tipo, na medida em que a "ética natural" propõe rejuntar aquilo que a filosofia moderna, por vias da reflexão cartesiana, conseguiu separar, isto é, porque complexifica um sistema de pensamento tido até então como legitimamente "simples".

Essa operação de complexificação justifica-se, hoje, tanto pelas questões bioéticas *stricto sensu* como pelas questões ecológicas. Com efeito, em ambos os casos, trata-se, quando possível, de saber distinguir (para não confundir) sem separar (para não tornar a compreensão das relações impossível).

Em bioética, essa preocupação está claramente expressa, por exemplo, em Giovanni Berlinguer, quando o autor, preocupado em relacionar o individual e o coletivo do ponto de vista da saúde, afirma que o principal desafio em saúde, no plano social, é o da "eqüidade", justificando-a pelo argumento personalista kantiano: "Falo em eqüidade, no lugar de igualdade (...) para criticar uma tendência niveladora que tem ignorado o significado positivo das diferenças individuais e coletivas [isto é] o valor intrínseco de cada pessoa singular" (Berlinguer, 1993b:14).[15]

Com relação à ecologia, o mesmo tipo de preocupação expressa-se, por exemplo, em Edgar Morin, que propõe um "pensamento ecologizado", ou uma "ecologia geral", como uma nova maneira de pensar e de fazer ciência (1980:15-97). Para Morin, a "ecologia geral" seria uma "ciência nova" (Vico,1967), uma "ecobiossociologia", em que cada dimensão retroagiria sobre o conjunto de tal forma que nenhum "objeto" poderia ser isolado do seu contexto ou ambiente. Retomando uma idéia contida nos *Manuscritos econômico-filosóficos de 1844*, de Karl Marx, sobre a implicação recíproca entre ciências naturais e ciências humanas, o autor afirma que "a ecologia geral coloca o problema da

---

15. O conceito de "eqüidade" é também central na "teoria da justiça" de John Rawls (1971), que a apresenta como alternativa tanto do utilitarismo como do intuicionismo em campo moral. Para o autor, preocupado sobretudo em evitar os excessos coletivistas, "cada pessoa possui uma inviolabilidade fundada na justiça que não pode ser transgredida nem em nome do bem-estar do conjunto da sociedade" (Rawls, 1971:29-30). No prefácio à tradução francesa (1986), Rawls acrescenta que a "justiça", "como eqüidade", constitui a base de uma democracia constitucional, capaz de considerar os cidadãos pessoas livres e iguais de direito (pp. 9-16).

relação entre homem e natureza no seu conjunto, (...) naquela comunicação entre 'fato' e 'valor', entre ciência e consciência, que tinha sido quebrada a partir do século XVIII" (Morin,1980:91).

Se o resgate da dimensão "natural" para a ética tem, por um lado, uma dimensão problemática — pois parece sugerir um determinismo orgânico-ecológico (Lovelock, 1979; 1988) das escolhas necessárias em campo moral —, por outro, ela se justifica pela sua dimensão de "vocação", tal como definida por Ortega y Gasset, e que utilizamos no duplo sentido da palavra *Beruf* ("profissão" e "vocação"), que Max Weber outorgara às profissões-vocações modernas do político e do cientista (e poderíamos acrescentar também o sanitarista: Campos, 1991), sendo elas paradigmáticas da nova condição ética, caracterizada pelo princípio de responsabilidade no agir (Weber, 1921; 1922). Para Hans Jonas, leitor de Weber (Jonas, 1987b:7), o Princípio de Responsabilidade (Jonas, 1979) constitui o fundamento da ética também concebida "naturalmente" e generalizável a todo presente e futuro (Jonas, 1987a:42-52). O próprio Nietzsche, num aforismo de crítica à modernidade, já apontara (1888) para uma responsabilidade "sobre os séculos futuros, de solidariedade expressa por cadeias de gerações, para frente e para trás, *in infinitum*" (Nietzsche, 1970:139).

Mas, assim tematizado, o termo "ética natural" é necessariamente polêmico, "provocatório", na medida em que pretende impor a integração dos argumentos ecológicos do ponto de vista da "filosofia natural" (*Naturphilosophie*) — do qual partem tanto Nietzsche e Ortega y Gasset por um lado, quanto Hans Jonas e as éticas "antropocósmicas", por outro lado (Meyer-Abich, 1984) — nas críticas meramente socioculturais da modernidade, feitas pelos pensadores "pós-modernos", que consideram inviável teoricamente fazer referência a algum real pré-discursivo (ver *infra* cap. III). Dito de outra forma, e referindo-nos ao campo específico da saúde, o ponto de vista da *Naturphilosophie* constitui um requestionamento das abordagens meramente socioculturais da saúde feitas sob o ponto de vista das "ciências sociais em saúde" que, legitimamente preocupadas, no momento da própria auto-afirmação como disciplinas científicas, em evitar o "reducionismo" biomédico, acabaram por subsumir, na dimensão "pública" ou "coletiva", a própria dimensão biomédica da saúde, obliterando no próprio campo de estudo a questão das "normas" naturais e estabelecendo, *mutatis mutandi*, uma nova forma de "reducionismo" em nome da sua superação.

É certamente legítimo, metodologicamente, concentrar-se no aspecto "público" do campo da saúde sem fazer, necessariamente, referência ao "privado" individual e à "síntese" do fato total antropossocial, nem aos seus demais correlatos (como o "biomédico" e o "ecológico"), pois pode-se sempre achar legítimo aplicar ao pé da letra o ensinamento construtivista do lingüista Ferdinand de Saussure, segundo o qual "é o ponto de vista que cria o objeto" (Saussure, 1974:23). Mas, dessa forma, se esquece que Saussure se referia ao "objeto" língua e que, portanto, tratar-se-ia, antes, de mostrar em que e por que todo objeto pode ser considerado um mero "objeto" de linguagem.[16] De toda forma, o nosso "objeto" de investigação aqui é outro, na medida em que o ponto de vista adotado consiste em considerar, como uma das causas da "crise da Saúde Pública", a incapacidade de abordar o "real" saúde pelas relações complexas que fazem do objeto "Saúde Pública" um campo multi, pluri, inter ou transdisciplinar, e que implica, portanto, que não se deixe de considerar pertinentes os seus aspectos "naturais" ou "vitais", mesmo que estes se apresentem cada vez mais sob a inelutável mediação e reconstrução simbólica, encarnada pelo "efeito" de linguagem e pelo dispositivo biotecnocientífico, como acontece, atualmente, graças às manipulações e criações biotecnológicas. Isto quer dizer, artefatos produzidos, simultaneamente, por um saber-fazer terapêutico — essencialmente empírico — e um saber — principalmente teórico — construído com os modelos engendrados pela especulação

16. Com isso não queremos desmerecer a importância epistemológica da lingüística contemporânea de matriz saussuriana, nem aquela da hermenêutica heideggeriano-gadameriana, pois tornou-se um lugar-comum, praticamente aceito na reflexão filosófica contemporânea, aceitar a centralidade da linguagem na "construção" do mundo e da subjetividade humana. A própria tentativa nossa de justificar uma ética natural, baseada na concepção extensa de natureza, que inclui os fatos de linguagem, não deveria deixar dúvidas sobre as nossas intenções. O que está em questão aqui é um possível ponto de vista das ciências da saúde sobre a realidade sanitária que, devido às crises que esta atravessa, e que parecem ser de ordem mais estrutural do que meramente contingencial, não pode, no nosso entender, fazer a economia de uma reflexão sobre o "real", a ser entendido como aquilo que se subtrai à simbolização e, portanto, ao controle. Essa questão será abordada mais detalhadamente nos capítulos II e IV.

que visa ter alguma forma de controle sobre o real, sabendo, no entanto, que este "controle" só pode ser um "controle do controle", quer dizer, uma forma de razionalização *de segunda ordem* do próprio processo de racionalização do real, formado pelo consentimento, entre partes, daquilo que é tido como "razional", comunicável a outrem e constitutivo de alguma forma de agir comunicativo compartilhável.

Essa abordagem "complexa" é, por si só, um problema ético, na medida em que ela aponta para as "atitudes" da teoria perante a realidade, isto é, das relações que a "segunda natureza" humana, representada pela vida social e cultural (inclusive tecnocientífica), estabelece com aquilo que permanece da "primeira natureza" do animal humano no contexto da biosfera (real).

Os riscos da denominação "ética natural", sobretudo se considerarmos suas conseqüências epistemológicas, são importantes do ponto de vista do sentido, na medida em que ela pode ser assimilada, em primeiro lugar, a alguma forma de "naturalização", isto é, a uma concepção representacionista e pré-construtivista, que faria depender diretamente do objeto "naturalidade humana" o estabelecimento dos valores éticos, sem mediação da cultura, do projeto e da liberdade humanas, como acabamos de ver na apresentação de Kant, Nietzsche e Ortega y Gasset. De fato, isso corresponderia a uma regressão pré-kantiana da concepção ética, ao invés de uma integração entre esta e a moral "vitalista" que detectamos em Nietzsche e Ortega y Gasset. Tratar-se-ia, em suma, de uma nova forma de disjunção. Nessa "regressão" teórico-epistemológica, a "ética natural" poderia, então, ser confundida com a falácia do "naturalismo ético", de matriz positivista, o que implicaria subestimar as transformações impostas pela espécie humana à natureza, inclusive a si, enquanto natureza. Significaria esquecer a "reforma" sociocultural da natureza feita graças à emergência do humano no processo evolutivo. Assim, se concebemos o "natural" referido ao humano que, vivendo, transforma o mundo transformando-se, não vemos por que não se possa considerar este autotransformar-se como emergência, que é parte integrante e imanente da própria natureza no seu processo auto-organizador e auto-referencial.

Por outro lado, é também preciso especificar que, embora adotemos o ponto de vista "construtivista" — que consiste essencialmente em incluir o observador nas suas descrições —, este não poderia ser entendido, do nosso ponto de vista "natural", no sentido do "construtivismo radical", que subsume todo o real à norma técnico-lingüística, apesar da constante preocupação ética deste em responsabilizar o homem por tudo aquilo que faz e pensa (Glaserfeld, 1988:17), isto é, apesar da simpatia que possamos ter pelo reconhecimento da centralidade da ética da responsabilidade no construtivismo radical. Com efeito, o construtivismo radical acaba por afirmar que toda a realidade, que só se dá ao humano, enquanto ela é "construída" pela prática (técnica ou cognitiva), não existiria em si, mas tão-somente como efeito da organização autopoiético-cognitiva da norma humana emergente. Mais prudentemente, o construtivismo aqui assumido é do tipo kantiano-piagetiano, que reconhece tanto a "realidade" construída pelo sujeito epistêmico quanto a existência da realidade em si, que podemos chamar de "real",[17] na medida em que só se dá ao humano como excesso ou subtração (ver, *infra*, cap. II). A conseqüência desse construtivismo "mais prudente" (mas nem por isso menos perturbador) é a coexistência do ponto de vista autopoiético e do ponto de vista alopoiético, ou seja, do ponto de vista cognitivo auto-organizador do sistema e do ponto de vista alopoiético da vinculação (dependência) deste do seu ambiente ou contexto (real). Em suma, a co-significação entre "natureza" e "cultura" para o próprio sujeito (individual ou coletivo), que constrói a realidade e se constrói a si mesmo, tanto no saber como no agir, mas que tem que se "dar conta" de algo que o excede, enquanto "real".

A ética natural tenta, portanto, recuperar, na integralidade, o "paradigma perdido" da "natureza humana" (Morin, 1973), quer dizer, tenta pensar uma "nova *physis* [como nova forma de] habitar a terra" (Ceruti e Lazslo, 1988), preocupada com uma matéria que existe e que, nas suas emergências, pensa e age, mas, sobretudo, sabe pensar este pensar e este agir na indigência do real, estabelecendo relações e

17. Como afirma Bärbel Inhelder, "não devemos esquecer que Piaget, apesar de todo o seu relativismo construtivista, considera-se um realista crítico. Ele diz que, mesmo quando se ocupa de biologia e quando estuda os seres humanos, não são só sistemas enquanto tais que estuda, mas que deve igualmente referir-se a uma realidade, embora saiba que não conseguirá nunca conhecê-la inteiramente" (Coccimiglio *et al.*,1985:98).

relações de relações, sem se achar desvinculada das próprias raízes orgânicas que a tornam um organismo atingido pela necessidade, precariedade e mortalidade (Jonas, 1987b:32-46).

Como já lembramos, hoje esse pensamento "integral" (que se diferencia do "integrismo" na medida em que não "exclui" nem o outro, nem a diferença) ou "holonômico" (Koestler, 1980) torna-se possível não somente em campo filosófico, mas também em campo científico, pois a "ciência, pela primeira vez, coloca-nos o problema da relação entre a humanidade e a natureza vivente" (Morin, 1980:91). Mais precisamente, essa possibilidade de uma biologia extensa, já imaginada por Ortega y Gasset, dá-se graças às chamadas "ciências da complexidade". Estas incluem a "Teoria Geral dos Sistemas" (Bertalanffy e Rapoport, 1956s.; Boulding, 1956; 1962; Rapoport, 1966; Bertalanffy, 1968; Klir, 1972), a "teoria da informação" e a "cibernética de primeira ordem" (Shannon e Weaver, 1949; Wiener, 1948; Ashby, 1956; Neumann, 1958), a "cibernética de segunda ordem" (Foerster, 1971ss.), a "termodinâmica do não-equilíbrio" (Prigogine, 1955 e 1986; Katchalski e Curran, 1965), a "teoria da macroevolução" (Weiss *et al.*, 1971; Laszlo, 1972), a "cosmologia do *big bang* (Weinberg, 1976; Hawking, 1988), a "teoria do caos" (Gleick, 1989; Casati, 1991; Barreau *et al.*, 1991; Ruelle, 1993), a "teoria das catástrofes" (Thom, 1977 e 1980; Abraham e Shaw, 1984), entre outras disciplinas/hipóteses.

A importância dessas teorias, do ponto de vista compreensivo, é que elas tornam possível uma "nova aliança" entre cultura científica e cultura humanística (Prigogine e Stengers, 1979), graças àquilo que Ervin Laszlo chama "novo paradigma evolutivo", e outros, como Jantsch (1980), chamam "paradigma da auto-organização", cujas leis valeriam para os sistemas físicos, biológicos, ecológicos, humanos e sociais (Laszlo, 1972 e 1986). Este "paradigma evolutivo" constitui o principal instrumento heurístico comum às várias ciências da complexidade, que Ervin Laszlo (1986) reúne sob a denominação de Teorias Sistêmicas Gerais da Evolução (TSGE).

As TSGE seriam essencialmente "sintéticas" e tentariam costurar, pelo método da interdisciplinaridade, as duas culturas, aproximando-se, desta maneira, tanto das visões orientais, como a taoísta e a budista, quanto das intuições dos pré-socráticos Tales, Anaximandro e Anaxímenes sobre a origem comum de todas as coisas (Varela, 1992). Como escreve Laszlo:

> A invariância que as leis evolutivas gerais mostram em todos os campos da complexidade nos deixa esperar que (...) podemos, enfim, ultrapassar a antiga separação entre ciências naturais e estudos humanísticos, atingindo, então, uma compreensão mais integrada, mais iluminante e, ao mesmo tempo, mais confiável da natureza, da mudança e da conservação daqueles sistemas que mais nos interessam: as comunidades e as sociedades de seres humanos (Laszlo, 1986:110).

Assim, ao invés de proceder a uma separação entre "natural" e "sociocultural" no humano, as TSGE os integram, sem, entretanto, confundi-los (por isso utilizamos a metáfora da "sutura"), concebendo a evolução como "oportunidade, nunca [como] destino (...), lógica e compreensível, mas não predeterminada nem previsível" (Laszlo, 1986:23). Em particular, as TSGE conceberiam "o modo em que sobrevivemos, evoluímos ou perecemos [como] aberto às nossas escolhas" (1986:8). A natureza assim concebida não seria, portanto, "uma *natura naturata*, mas *natura naturans*" (Spinoza, 1677 *apud* Laszlo, 1986:22) e, desta forma, as TSGE permitiriam também resolver a aparente oposição entre irreversibilidade termodinâmica (entropia) e irreversibilidade biológica (complexidade) por meio da termodinâmica do não-equilíbrio e da cosmologia do *big bang*, conseguindo estudar "o aparecimento, o desenvolvimento e o funcionamento de sistemas complexos independentemente do campo de pesquisa ao qual pertencem" (1986:30).

A concepção geral da evolução tornar-se-ia, assim, um sistema explicativo referente tanto ao Cosmo e à vida ("primeira natureza") como à história e às sociedades ("segunda natureza"). Para isso, as TSGE postulam, ao lado de uma "seleção natural", uma "seleção cultural", relativa aos sistemas representados pelas sociedades humanas e suas produções técnicas, simbólicas e imaginárias, responsável pelo "cumprimento de normas culturais e de convenções sociais" (Laszlo, 1986:86) e, portanto, pela "evolução cultural". Esta se daria, em particular, devido às revoluções tecnocientíficas, que permitiriam reduzir a complexidade ambiental aumentando a auto-organização do sistema, isto é, tornando-o capaz de utilizar, de maneira cada vez mais eficiente, "quantidades cada vez maiores de uma variedade cada vez mais ampla" de recursos de vários tipos, vindos do ambiente (1986:101). Entretanto, adverte Laszlo, estaríamos vivendo atualmente num patamar evolutivo dos nossos sistemas socioculturais que, não sabendo mais ter sob controle a própria complexidade, teriam atingido um ponto de "bifurcação catastrófica" (p.103). Este "descontrole" não seria nenhum acidente de percurso em si corrigível, mas uma característica estrutural, devido à própria lógica evolutiva, orientada irreversivelmente para uma maior complexidade e instabilidade, que precisaria, portanto, de um patamar organizacional, hierarquicamente mais elevado, para resolver a turbulência, pois, de qualquer forma, uma sociedade não poderia permanecer no caos por muito tempo sem implodir. Seria por isso que uma "nova ordem", mais complexa e menos entrópica, nasceria de cada bifurcação catastrófica, embora a direção sobre o rumo que, de fato, ela tomará permaneça indeterminada. A menos que a bifurcação desemboque na implosão do sistema, que, também para Laszlo, é sempre possível.

Em suma, a longo prazo, "a irreversibilidade estatística das inovações tecnológicas prevalece sobre a indeterminação das bifurcações individuais e 'guia' os processos históricos na direção que vemos: das tribos primitivas às sociedades tecnoindustriais e informatizadas modernas" (Laszlo, 1986:103). Isso é possível porque as revoluções, tanto tecnológicas como políticas, nunca constituíram rupturas completas com o passado, mas "fenômenos funcionais" que teriam dado as respostas adequadas à desestabilização do sistema. Todavia, as mudanças não são necessariamente nem vantajosas para a humanidade nem auspiciáveis moralmente, pois "as conseqüências éticas das revoluções aparecem como ambivalentes, quer dizer, não levam necessariamente para uma maior liberdade nem para um maior bem-estar" (1986:104). Essa situação seria patente na "difusão descontrolada e imprudente das tecnologias modernas e [nos] conseqüentes desequilíbrios no interior das sociedades e entre sociedade e sociedade" (1986:114). Com efeito, as inovações tecnológicas transformam as próprias bases existenciais das sociedades contemporâneas, desestabilizando sistemas sociais, políticos e econômicos, criando expectativas e frustrações, desafiando hábitos e crenças.[18] Por exemplo, reduzindo a mortalidade infantil e aumentando a esperança de vida, a tecnologia favoreceria uma explosão populacional que implicaria uma intensificação da pressão sobre o meio ambiente e uma superação da demanda de recursos diante da oferta.[19] Nesse caso, do ponto de vista da evolução cultural, a única solução consistiria numa utilização mais adequada de recursos e energias, o que requer transformações sociais e institucionais que, na maioria dos casos, não se dá de maneira uniforme nem gradual, mas somente por bifurcações catastróficas. Como tais bifurcações possuiriam um alto grau de liberdade (ou aleatoriedade), para que os membros de uma sociedade possam interferir eficazmente nelas, seria preciso possuir uma "enciclopédia de bifurcações", isto é, um "conhecimento específico das respostas do sistema a condições alternativas, mesmo em situações de indeterminação e perto do caos" (Laszlo, 1986:115). Seria preciso, portanto, uma informação adequada a mudanças descontínuas, pois nenhuma sociedade, mais fechada e estável que seja, poderia afastar definitivamente a eventualidade do caos.

Para Laszlo, os sistemas sociais poderiam, no entanto, "favorecer" os êxitos desejados, combinando "o nível mais elevado de estabilidade dinâmica da sociedade com o máximo grau de liberdade para o indivíduo" (1986:131). Mas, para isso, tornar-se-ia indispensável a cooperação entre as estratégias das lideranças sociais e as iniciativas individuais, cooperação baseada nos "laços de solidariedade e de interesse recíproco", assim como na transformação dos "próprios códigos de comportamento" (1986:135).

18. O problema apontado por Lazslo, relevante antropologicamente, é a divergência entre a série dos ritmos cada vez mais acelerados do crescimento, sem limites, do progresso tecnológico, da explosão e acumulação do conhecimento, e a série dos ritmos, mais lentos, das mudanças sociais e dos comportamentos individuais. Embora nos últimos tempos se tenha afirmado uma certa conscientização ecológica "difusa" a respeito de uma realidade comum, cada vez mais "planetária", na avaliação de alguns autores, esta tomada de consciência permaneceria amplamente condicionada por limites de tipo tribal, racial e nacional, que funcionam, portanto, como verdadeiras resistências psicológicas (Banathy, 1988).

19. Essa hipótese não tem evidentemente em conta um outro cenário possível, a saber, a redução do aumento populacional, devido a fatores reguladores como o nível de instrução e de qualidade de vida.

Resumindo: para ser moralmente responsável, uma ação deveria basear-se em conhecimentos válidos e confiáveis. Mas uma sociedade não produz automaticamente as respostas corretas, sobretudo quando são postos em jogo seus fundamentos e comportamentos. Nesse caso, entrariam em jogo muitas forças dinâmicas e, entre as soluções funcionais possíveis, existem sempre também as totalitárias, pois, segundo Lazslo, "a funcionalidade é neutra no plano moral" (1986:138). A estabilização de uma sociedade mexe, por outro lado, com a população, à qual interessa "o tipo de valores que são realizados (...) e quais as conseqüências sobre os direitos e as liberdades dos indivíduos" (1986:138). Do ponto de vista das iniciativas individuais, a ação transformadora pode iniciar "fazendo da própria pessoa o arquétipo para aqueles que o rodeiam", tornando-se "o núcleo de um novo movimento, uma flutuação inicialmente pequena mas destinada a um rápido crescimento, e capaz de substituir, com o tempo, instituições não mais funcionais" (1986:138). Contudo, "um indivíduo realmente culto e moral" (1986:138) tentaria superar o estágio da iniciativa individual, comunicando, por vários meios, os valores e comportamentos desejáveis e os modelos institucionais adequados. Em suma: "uma ação historicamente responsável tem início com a pessoa [do] indivíduo [que] transforma a si mesmo, como condição essencial para transformar quem está ao seu redor [podendo] 'trucar o dado' da história em favor de objetivos conscientes e humanitários [servindo-se da liberdade] para o maior bem do maior número de pessoas [e satisfazendo] os ideais supremos da justiça e da moral" (1986:139).

Em conclusão, Laszlo sugere que as TSGE constituem, atualmente, a base científica para compreender a evolução tanto dos sistemas naturais *stricto sensu*, como dos sistemas bioantropossocioculturais, compreensão indispensável para qualquer ação eticamente responsável. Com efeito, seus resultados, além de poder ser "gratificantes" intelectualmente, na medida em que "a mente humana procura estruturas e regularidades no meio do ruído da experiência cotidiana" (1986:140), podem revelar-se também "importantes", na medida em que podem realizar uma compreensão "mais profunda e confiável dos modelos dinâmicos que selecionam a trajetória evolutiva das sociedades humanas", permitindo "o terreno de encontro entre a ciência teórica e a política prática", cuja investigação constitui "o desafio mais importante que espera a comunidade internacional de cientistas e decisores políticos" (1986:140-141).

Optamos por apresentar, neste capítulo, os aspectos mais importantes das TSGE, por eles nos servirem de justificação "indiciariamente" ético-científica da nossa escolha para com a denominação de "ética natural", da mesma forma como apresentamos Ortega y Gasset para nos justificar ético-filosoficamente. Com efeito, se decidimos por adotar a expressão "ética natural", é porque julgamos que os riscos de confusão com um "naturalismo ultrapassado" podem ser superados. Nesse sentido, a escolha corresponde a uma provocação, porque o "naturalismo" aqui pressuposto implica uma concepção de natureza que, como vimos com a "continuidade" entre "evolução natural" e "evolução sociocultural", não se opõe em si ao processo tecnocientífico, seja este entendido como expressão da "vontade de poder" (que para Nietzsche faz parte da "natureza" humana), seja como "emergência" na evolução que leva ao humano (como aparece nas TSGE). Ao contrário, a tecnociência pertenceria "naturalmente" ao humano como uma das formas da sua norma específica, isto é, imanente a ela, ao seu construir-se. Contudo, em se tratando de uma forma de "reforma" da naturalidade, isto é, de "controle" da natureza, atualmente se coloca a questão desafiadora do "controle do controle", que, no nosso entender, é um problema de liberdade e escolha, logo um problema ético *stricto sensu*. Para nós não existiria, portanto, necessariamente, contradição entre natureza e cultura, sendo esta uma qualidade emergente daquela no processo evolutivo que leva do "caos ... à consciência" (Prattico, 1989). A cultura e a sua encarnação na tecnociência, como produtos da matéria que pensa, age e se pensa, ou, ainda, como projeto para lidar com a condição humana de necessidade, decorrente da sua situação orgânica de ser prematuro ou "neotênico" (Bolk, 1926), pertenceriam a um mesmo processo, precisamente evolucionário, de complexificação crescente, que inclui tanto fenômenos determinísticos como estocásticos, mas que estariam de qualquer forma submetidos ao tempo e à história da vida no Universo.

Dito de outra forma, se, por um lado, o conhecimento moderno não permite mais ter certezas absolutas, nem perspectivas definitivas, para dirimir a maioria das grandes questões que afligem o homem contemporâneo, por outro, a história do universo, assim como aquela dos seus subsistemas como os humanos, consiste num aumento constante de complexidade, devido à emergência da vida e das suas "qualidades", das quais o sistema cérebro — mente, ou "sociedade da mente" (Minsky, 1989), constituiria atualmente a sua mais alta manifestação unitária. Dessa forma, pelo menos *a posteriori*, pode-se sempre encontrar uma lógica não-contraditória entre processos consideradas antes não-conciliáveis, como puderam sê-lo "natureza" e "cultura" no momento da emancipação das "humanidades" (ciências humanas e sociais, ou ciências do espírito), das ciências naturais, constitutivas da epistemologia do final do século XIX.

Todavia, admitir a universalidade de alguma forma de evolução, tanto para os fenômenos materiais como para os processos culturais, não significa negar a peculiaridade de cada forma de evolução nem excluir "rupturas de simetria" aleatórias, que fizeram com que o Universo atual se tornasse aquilo que é, provido do humano com a sua "especialidade de generalista", mas que poderia ter tomado outro rumo, impensável para o observador do final do século XX.

A emergência do humano no processo evolutivo, obrigado a ser, pela sua "imaturidade" neotênica, uma espécie de observador "especialista em generalidades", faz com que observador e realidade só adquiram um sentido na relação recíproca, o que significa que a evolução cria, de uma certa forma, suas próprias condições de ser conhecida. Como já afirmara Jean Piaget (1937), a inteligência humana organiza o mundo organizando-se a si mesma.

A questão é efetivamente complexa e, provavelmente, indecidível, pois a evolução poderia ter tido outros desdobramentos, produzindo outra "coisa" ao invés da vida e da inteligência que pensa e se pensa, isto é, o "real" poderia ter-se complexificado de outra forma, ou não se ter complexificado da forma como nós o concebemos. Contudo, o fato de que exista neste universo hoje algo definível como um observador, com as características construtivistas-operativas que começamos a conhecer, coloca restrições ao "possível" e às leis que governam a evolução do Universo. Como fez observar o epistemólogo George Gale "o Universo tem as propriedades que observamos hoje porque, se estas tivessem sido diferentes, não estaríamos aqui a observá-las" (Gale, 1982 *apud* Prattico, 1989:41).

Deve-se, portanto, admitir a pertinência do "princípio antrópico" (Dicke, 1961) segundo o qual existiram e existem vínculos tais de permitir a evolução assim como ela se deu e se dá atualmente, no lugar de outra.[20] Como afirmou também John Archibald Wheeler, "a mecânica quântica nos levou a considerar (...) que o observador é tão essencial à criação do Universo quanto é o Universo para a criação do observador" (*apud* Prattico, 1989:44). Contudo, o "princípio antrópico" encontra resistência na medida em que parece questionar o "princípio de realidade" e sugerir a "necessidade" determinista (ou alguma forma de finalismo)[21] no aparecimento do homem no Universo, contrariando o princípio copernicano que a exclui, assim como o caráter aleatório dos sistemas abertos e longe do equilíbrio.

Em síntese, o princípio antrópico, embora baseado no argumento da "tão imensa improbabilidade, que só admitindo uma teleologia guiando tal processo sumamente improvável podemos encontrar-lhe uma explicação razoável" (Ávila, 1993), pode sempre ser assimilado a uma ideologia antropocêntrica, não verificável cientificamente e somente aceitável (ou não) na base da fé religiosa, ou das nossas projeções imaginárias e "metafísicas".[22] Uma primeira resposta de tipo metodológico a esta objeção pode ser aquela do filósofo da ciência Brandon Carter: "mesmo que não devamos supor ocupar gratuitamente

---

20. Alguns cientistas, mais prudentes, falam em "princípio antrópico fraco" (Davies, 1982; Barrow e Tipler, 1986) como forma de evitar os excessos do antropocentrismo. Esta é, por exemplo, a opinião de John D. Barrow (1991:437-461), para quem este princípio afirma uma "relação simbiótica entre o Universo e seus observadores" (p. 440), sendo que não se trataria de uma teoria nem de um teorema, mas de "um princípio metodológico, que pode ser ignorado, a próprio risco e perigo" (p.443). O princípio antrópico é, portanto, "fraco', porque consiste numa condição necessária, não-suficiente, do mundo como se apresenta a nós: "O princípio àntrópico fraco não afirma que o Universo seja construído especificamente para a vida (humana ou de outro tipo), mas somente que pode ser necessário ter em conta a existência da vida para uma avaliação correta das suas propriedades globais" (p.457). Assim sendo, "somos capazes de observar os resultados que observamos somente porque eles acontecem de tal forma a permitir a sucessiva aparição de observadores" (p.459).

21. Ver, por exemplo, a obra de Teilhard de Chardin (1956-1965) e, para uma primeira avaliação, Vaz (1967).

22. Sobre a possibilidade de um diálogo entre ciências e metafísica, ver Guitton (1992).

uma posição central no Universo, isso não implica, entretanto, que a situação dos observadores não possa ser de alguma maneira privilegiada" (*apud* Prattico, 1989:45). De toda forma, a hipótese do Universo "programado", para permitir a evolução que leva até o observador, implica falar numa história natural do Universo, como faz, entre outros, Ilya Prigogine ao longo dos seus trabalhos (1979; 1981; 1988). Essa história dar-se-ia como evolução, sintetizável pela metáfora da "flecha do tempo" (Gould, 1987), que torna o tempo irreversível, e como complexificação, cujo ponto de chegada atual seria o "eu", a ser considerado como um "atrator", referido não somente à mente mas ao corpo inteiro, contrariamente à tradição escolástico-moderna que os considerara como separados.

Como sustenta Franco Prattico, "talvez a raiz da antiga dicotomia entre matéria e espírito" deva ser procurada na nossa obstinação em acreditar mais "nas mensagens ambíguas do mundo externo do que em nós mesmos" (1989:153). Para este autor, talvez esteja chegando a hora de renunciar a este tipo de separação, reconduzindo os processos, como a mente e a consciência, à estrutura material dos nossos corpos, o que implicaria reconhecer "a complexidade incrível percorrida por aquilo que chamamos matéria e prestar uma homenagem ao fato de que o verdadeiro e extraordinário milagre do Universo é a própria existência da matéria" (1989:153). Assim, desde o seu aparecimento, a matéria ter-se-ia tornado "o tijolo de todo o crescimento da complexidade", aprendendo a "incorporar e transmitir informação" (1989:154). Portanto, a dicotomia entre matéria e espírito, corpo e mente, natureza e cultura, *natura naturans* e *natura naturata*, só seria superável reconhecendo à matéria a capacidade de transmitir "algo" imaterial (mas nem por isso menos concreto), que permanece quando a matéria decai ou se transforma.

Em suma, "aquilo que chamamos matéria é talvez a matriz de uma informação em crescimento contínuo, e isso implica um gigantesco "aumento de sentido" na história do nosso Universo" (Prattico, 1989:154). Esse sentido se dá, no nosso entender, tanto no conhecimento do sujeito epistêmico quanto no agir do sujeito ético, pois ambos, enquanto atores, permitem que o sujeito, individual ou coletivo que seja, co-evolua junto ao próprio objeto, material ou não, mas de toda forma "natural" no sentido extenso aqui definido, que torna co-necessários tanto o ponto de vista *autopoiético* como o ponto de vista *alopoiético*.

São essas questões que nos levam a abordar, no próximo capítulo, a questão da crise da Saúde Pública, do ponto de vista da concepção "naturalista", desenvolvida nesta primeira parte. Tentaremos, portanto, mostrar de que forma esta crise se insere no debate sobre a crise de mediação, acarretada pelo paradigma disjuntivo, como aquele desenvolvido pela tradição moderna que optou, essencialmente, por separar aquilo que, na experiência, só se dá junto, embora não necessariamente sem dor nem percepção da falta.

CAPÍTULO II

A CRISE DA SAÚDE PÚBLICA

1. A noção de crise: da "decisão" à "indecisão"

Quando falamos em "crise da Saúde Pública", situamo-nos num contexto semântico que tem uma longa história: a história das vicissitudes da noção de crise. Esta começa na Antiguidade grega — quando a palavra *krísis* aparece na linguagem religiosa com o sentido de "decisão" —, chegando em nossa época de "transição paradigmática" (Santos, 1989:11) a ter o sentido de "indecisão". Hoje, a palavra vem sendo utilizada com tal freqüência, que não existe praticamente nenhum âmbito da vida individual e coletiva, nenhuma ordem discursiva, que não seja declarada "em crise". Essa constante "estrutural" da autocompreensão contemporânea, que se percebe eternamente em crise e que pode ser pensada como época da "modernidade tardia",[1] cria uma verdadeira "inflação semântica", tornando a noção praticamente inutilizável analiticamente, devido tanto à sua genericidade como à sua generalidade. Pode-se, portanto, falar em "crise do conceito de crise", de acordo com uma sugestão feita, em meados dos anos 1970, pelos redatores de um número temático da revista francesa *Communications* dedicado à noção de crise. O objetivo era delinear uma "crisologia" (Morin, 1976), uma teoria da crise que, pondo em crise a genericidade da noção de "crise", a tirasse da posição inconfortável de "buraco negro" em que seus usos e abusos a teriam colocado, criando, desta maneira, as condições para o uso operativo de um instrumento confiável para pensar e, se for o caso, para transformar a realidade. Na opinião de um dos redatores responsáveis pela revista, "a

---

1. No debate sobre modernidade — objeto do terceiro capítulo —, é oportuno distinguir entre uma época sucessiva (ou "posterior") à modernidade, chamada pós-moderna, e uma época conclusiva (ou "em acabamento") da modernidade, dita tardo-moderna. A modernidade tardia implica, portanto, um aprofundamento e um aperfeiçoamento dos motivos da modernidade: sentido desenvolvido tanto por Habermas (1980; 1988; 1990) como por Luhmann (1990).

palavra crise serve infelizmente para nomear o inominável, [remetendo para] uma dupla brecha [*béance*]: brecha no nosso saber [e] brecha na própria realidade social em que aparece a 'crise'" (Morin, 1976:149). Embora considerada referente *de facto* a uma "verdade inquietante" — relativa à nossa relação com o mundo e com nós mesmos —, a noção ter-se-ia tornado estranha, sendo utilizada de modo indiscriminado e tornando-a só "intuitivamente evidente". Edgar Morin — autor dessas considerações — concluía então:

> É cada vez mais estranho que a crise, tornando-se uma realidade cada vez mais evidente, intuitivamente, um termo utilizado cada vez mais, de múltiplas maneiras, permaneça uma palavra tão grosseira e vazia que, ao invés de despertar e explicar, contribui em fazer dormir (...). Trata-se, hoje, de aprofundar a crise da consciência para, enfim, fazer emergir a consciência da crise, [pois] a crise do conceito de crise é o começo da teoria da crise (Morin, 1976:163).

Assim, se na sua origem *krísis* significara, sem ambigüidade, "decisão", atualmente, depois de ter passado por uma longa mutação, ela sofreria uma reversão de sentido, vindo a significar "indecisão", devido ao seu estender-se a "todos os horizontes da consciência contemporânea" (Morin, 1976:149), afetando inclusive o significado da noção de "solução" que, logicamente, lhe está associada, tornando-se uma espécie de previsão que se auto-realiza (*self fullfilling prophecy*: Merton, 1968).[2]

Entretanto, a ambigüidade da noção não é um mero acidente, mas antes um sintoma da complexificação crescente das sociedades "tardo-modernas". Assim sendo, a ambigüidade depende da própria polissemia que afetou a palavra ao longo da sua história, quando "crise" deixou o campo mítico-religioso do qual emergiu, no qual tinha o significado de "interpretação" do vôo das aves e dos sonhos, assim como de "escolha" das vítimas nos ritos sacrificiais. Tais significados remetem

---

2. Mais precisamente, uma *self fullfilling prophecy*, conhecida também como "teorema de Thomas" (Merton, 1968:182-183; 475-496), diz respeito às conseqüências pragmáticas de enunciados tidos como reais: "quando uma situação é definida como real, suas conseqüências são também reais" (p.495).

para o núcleo semântico original de "decisão". O sentido alastrou-se, em seguida, para a linguagem retórico-jurídica com o significado suplementar de "julgamento" — sendo a "decisão" um ato não decorrente, necessariamente, do valor referencial das provas — e para a linguagem teatral com o significado de "evento" decisivo, contendo todo o passado e todo o futuro da ação cênica.

Mas é na linguagem médica hipocrática que *krísis* adquiriu, definitivamente, o significado de "fase decisiva" num processo mórbido, podendo evoluir tanto para a melhora como para a piora do paciente. É com esse sentido de "ruptura ao longo de uma tendência" — que pôde significar tanto "baixa num período de crescimento" como "declínio (reversível) durante uma época de estabilidade" (Le Roy Ladurie, 1976:19) — que a noção foi importada nas análises das nascentes ciências sociais do século XVIII, nas quais, entretanto, ela será utilizada, sobretudo, de maneira analógica. A sociedade será, então, encarada, "reducionisticamente", como um organismo, com todas suas crises, fases de crescimento e decadências (Starn, 1976).[3] Essa aplicação ao social aumentará a sua polissemia, vindo a indicar uma situação de incertezas e tensões sociais. No século XIX, "crise" entrará na linguagem da economia política para designar o aspecto cíclico dos fenômenos econômicos, participando, assim, do paradigma evolucionista aplicado aos fenômenos e processos socioculturais e, em particular, vindo a caracterizar-se como fenômeno típico da dinâmica da economia capitalista (Kovalik, 1978).

---

3. Mais radicalmente, para Catherine Merchant (1980), a atual crise — considerada sobretudo sob seu aspecto ecológico — deve ser encarada como o efeito de uma "redução" ainda maior, acontecida no surgimento da ciência moderna, que marcaria a passagem de uma concepção da natureza como organismo para uma concepção maquínica. Para a autora, nesta passagem se entrelaçariam essencialmente três planos correlatos: o "socioeconômico" — referente ao projeto de alteração e apropriação dos recursos naturais; o "político" — referente à instauração da nova ordem burguesa baseada no individualismo e no contrato social; o "cultural" — referente à concepção tecnológica da natureza como desordem e hostilidade a ser domada e que instauraria a ideologia moderna da objetividade. Esta passagem para a modernidade tecnocientífica corresponderia a uma transição do imaginário — tipicamente feminino — de "natureza viva" para aquele de "natureza morta". Para uma apresentação global dos problemas acarretados pelo reducionismo e suas metáforas, ver Busino (1982).

Para André Béjin (Béjin, 1976), desde o final do século XIX, a palavra crise vem sendo utilizada nas análises das mutações culturais. Desde então, fala-se em "crise dos valores" (a partir da "transmutação de todos os valores" do *Zarathustra* de Friedrich Nietzsche: Nietzsche, 1968); de "crise geral dos valores", que inclui também os instrumentos de medida (Valery, 1957:1036); de "crise dos fundamentos" do conhecimento — a partir de uma integração na teoria do conhecimento das considerações epistemológicas, vindas da teoria da relatividade de Albert Einstein (1916), da teoria quântica de Niels Bohr (1918), do princípio de indeterminação de Werner Heisenberg (1930) e do teorema da incompletude de Kurt Gödel (1931); de "crise de civilização" (com seus desdobramentos econômicos, políticos, sociais e culturais: Sachs, 1978); de "crise da razão" (Gargani, 1979).

Recentemente, no meio dessa verdadeira "crisogonia", aponta-se para uma "crise ética" — ou "crise do *ethos*" — em vários níveis da existência. Tal crise deveria, portanto, ser compreendida tanto no sentido estrito dos "costumes", dos "hábitos" e do "caráter" dos indivíduos na própria vivência em comum, como naquele, mais amplo, decorrente dos vínculos entre o *ethos* e o *oikos* que determinam o "morar" humano na Terra, entendida como "casa" (Heidegger, 1990).[4]

Esse sentido amplo de "crise" é patente tanto no Brasil como no exterior. Ele se refere ao mundo dos negócios e das profissões, da vida política e administrativa, da degradação ambiental e das relações intersubjetivas, dos efeitos iatrogênicos e "insustentáveis", tanto da tecnociência como das formas assumidas pelo desenvolvimento na nova (des)ordem internacional, do reinar da assim chamada "lei de Gerson". Essa generalização da "crise" na particularidade de cada esfera de atuação (relações interpessoais, de grupo, territoriais, internacionais, globais,...) faz com que ela possa ser considerada sintoma de uma profunda mudança na "qualidade" desse "morar".

4. Para Jantsch (1980:263-274), essa crise refere-se a uma realidade "multinível" (*multilevel*) que precisaria, portanto, de uma ética conseqüente: uma *multilevel ethics*. Mas tal ética seria muito complexa, devido à responsabilidade "integral" e "radical" do humano para com a totalidade de suas "criações" (sociedade e cultura). Esta ética multinível deveria, pois, integrar a ética individual com uma ética dos "sistemas globais" (*whole systems*) e uma "ética geral da evolução como um todo [*overall evolution*]" (1980:17). Essa "radicalização" da ética é também proposta por Meyer-Abich (1984) e Jonas (1979; 1987).

Em 1992, o Brasil hospedou a Conferência das Nações Unidas para o Meio Ambiente e o Desenvolvimento (CNUMAD, 1992), que inscreveu a problemática ecológica na ordem jurídica, tornando suas questões principais (preservação ambiental e da biodiversidade) suscetíveis de serem sancionadas pela lei, reconfigurando — pelo menos simbolicamente — parte dos objetivos de uma nova ordem mundial pelo conceito de desenvolvimento "sustentável" — ou "auto-sustentado" — (Brundtland, 1991). Nesse sentido de inscrição de comportamentos individuais e coletivos — julgados prejudiciais para o bem-estar geral — na ordem simbólica da lei, deve ser destacado também o esforço do Conselho Regional de Medicina do Estado do Rio de Janeiro (CREMERJ) que, nos últimos cinco anos, vem tentando resgatar os fundamentos éticos da deontologia médica.[5]

De forma ainda indiciária, embora crescente, a questão da ética está também apontada no Movimento Pela Ética na Política, que levou, em 1992, ao processo contra a corrupção na *res publica* e ao *impeachment* do ex-presidente da República, desdobrando-se, atualmente, nas Comissões Parlamentares de Inquérito (CPIs) e na Ação da Cidadania contra a Miséria e pela Vida. No exterior, este movimento de moralização dos costumes políticos atinge vários países do chamado Primeiro Mundo, como o Japão, a Alemanha, a França, a Espanha, mas o exemplo mais clamoroso tem sido a Operação Mãos Limpas na Itália, com seus desdobramentos em renúncias de cargo, prisões e suicídios de políticos e empresários, assim como a perda de poder dos partidos tradicionais implicados. A moralização das atividades públicas constitui também o principal objetivo da organização "Transparência Internacional" (Michaelles, 1993) que, entretanto, considera a corrupção política como um fenômeno universal, sendo que a corrupção dos "países em desenvolvimento" teria raízes nos próprios "países desenvolvidos", acumulando um terço da dívida externa global. A corrupção, sob suas várias formas, constitui, portanto, o maior predador da economia de muitos países ditos "subdesenvolvidos".

5. Nesse sentido deve ser lido também o recente lançamento da revista *Bioética*, feito pelo Conselho Federal de Medicina (CFM, 1993). A revista denota a vontade de não se limitar às questões éticas tradicionais da deontologia médica, tentando integrar, com prudência, os questionamentos éticos mais recentes, como demonstra a coletânea do primeiro número (Assad, 1993).

Contudo, tanto o movimento nacional e internacional pela "transparência" política e administrativa quanto o movimento ético contra a miséria e pela vida no Brasil constituem indícios ainda difíceis de serem avaliados. Por um lado, tais movimentos são relativamente recentes e, por outro, os contramovimentos ou "anticorpos", tanto a persistência da corrupção político-administrativa — e a correspondente impunidade[6] — quanto as práticas de violência quotidiana aparecem de tal forma e tamanho que seria, talvez, prematuro e imprudente considerar os movimentos em prol da ética mais do que indícios significativos de resgate da ética tradicional, ou epifenômenos da realidade social conturbada. Com efeito, até prova contrária, tais movimentos podem sempre ser vistos como mero ajustamento das sociedades pluralistas modernas ou, mais especificamente, como meros indícios das contradições do "agir administrativo" que, conforme as análises de Max Weber sobre a "racionalidade instrumental" do Ocidente (Weber, 1920-21) — e desenvolvidas por Claus Offe —, caracterizariam o Estado Moderno como "organismo complexo", dividido em esferas funcionais em luta entre si, que não poderiam ser vistas como mero reflexo da matriz do poder social, mas deveriam ser encaradas como indício de uma relativa autonomia das várias administrações burocráticas, ou serviços, que operam com tipos de racionalidades distintas e potencialmente contraditórias, conforme os vários grupos de interesse ou corporações em jogo (Offe, 1989).[7]

Em resumo, tais movimentos são certamente indícios de uma crise ética, um sintoma de tensões reais na dinâmica de contínua desestruturação/reestruturação do *ethos* das nossas comunidades humanas em rápida complexificação, mas é difícil dizer se representam uma neces-

6. Para Gurgel (1992), o problema moral principal não é a corrupção em si, mas a impunidade que a acompanha. Como solução, o autor propõe um "Decálogo do representante do poder público": 1) servir ao povo e não ser seu senhor; 2) ser honesto e incorruptível; 3) ser transparente nas suas atividades; 4) conciliar independência e colaboração; 5) devoção ao bem comum; 6) priorizar as reais necessidades do povo; 7) saber dividir e cobrar responsabilidades; 8) ser aberto às opiniões alheias e às críticas construtivas; 9) fomentar a atuação participativa da comunidade; 10) privilegiar os que "não têm vez nem voz".

7. Uma abordagem sistêmica da "diferenciação funcional" nas sociedades contemporâneas encontra-se também em Luhmann (1981; 1990). Para uma aplicação das análises de Offe ao campo das políticas públicas em saúde, ver Ribeiro (1993).

sidade claramente identificável — inscrita na ordem do simbólico —, portanto, "internalizada", com a força suficiente para se tornar norma vinculadora para o comportamento individual e coletivo.[8]

Dessa rápida panorâmica histórica sobre o configurar-se da noção atual de crise, pode-se inferir que esta tem-se tornado "onipotente mas ambivalente", designando o momento de "verdade" de um sistema ("decisão") que, no entanto, permanece paradoxal e totalmente "indecidível". A crise pode, portanto, ser considerada como sendo uma "bifurcação", suscetível de levar tanto para uma catástrofe — e neste caso a crise seria o período de latência que antecede e anuncia o instante patente da catástrofe (Thom, 1976:34) — como para a emergência de novas soluções satisfatórias para os vários tipos de conflitos.

Nesta bifurcação, como afirma Emmanuel Carneiro Leão — que retoma uma sugestão feita pela releitura heideggeriana de Friedrich Hölderlin —, "tanto as grandes catástrofes como as grandes paciências podem ser previstas com a mesma facilidade" (Carneiro Leão, 1992:220).[9]

Este conceito de "bifurcação" — que deriva da anatomia do século XVI (Robert, 1984:183) — junto com o "paradigma da auto-organização" (Jantsch, 1980) adquiriu grande importância, nos anos 1980, tanto nas teorizações das ciências naturais como naquelas das

---

8. Max Weber (1921; 1922), ao analisar os processos de modernização nas sociedades pós-tradicionais, individualiza uma pluralidade de éticas no lugar de um único "bem comum". Esse "politeísmo" de valores e de fins últimos seria característico de um mundo secularizado, em que as várias éticas estariam em conflito permanente e irredutível. O autor qualifica essa mudança como passagem de uma "ética da convicção" (ou dos "fins últimos") para uma "ética da responsabilidade". A ética da responsabilidade caracterizaria as sociedades pluralistas e politeístas que só reconhecem o enfrentamento entre concepções antagônicas do Bem. Nestas, a argumentação racional e o raciocínio pragmático sobre fins e valores se tornariam precários, quando não impossíveis, passando a valer somente a racionalidade estratégica. Embora o autor reconheça a relevância da questão ética, nas sociedades "pós-convencionais" esta só se apresentaria sob a forma de um campo de conflitos, implicando a crise da racionalidade clássica. A conclusão de Weber é, então, o inelutável relativismo ético, logo o fim da ética. Para uma crítica dessa redução "estratégica" da racionalidade, ver Habermas (1986a; 1988; 1989b; 1990).

9. O poema referido é o canto Patmos, onde se lê "Perto/e difícil de compreender é o Deus/Mas onde há perigo, cresce/também o que salva [*Nah ist/Und schwer zu fassen der Gott,/Wo aber Gefahr ist, wächst/Das Rettende auch*]" (Hölderlin, 1943:II,165. Grifo nosso).

ciências sociais. Em substância, uma bifurcação representa o ponto crítico — ou "de mutação" (Capra, 1982) — em que qualquer sistema aberto e longe do equilíbrio — ou "estrutura dissipativa" (Glansdorff e Prigogine, 1971; Nicolis e Prigogine, 1977) — pode evoluir de maneira irreversível para um novo estado de organização mediante uma flutuação mínima de energia. Dessa forma, existiria uma "lógica" da auto-organização, distinguível da mera evolução (adaptação e sobrevivência num ambiente considerado externo), na medida em que se considere a vida mais do que simples sobrevivência adaptativa e o ambiente como sendo também evolutivo e adaptável às perturbações vindas do sistema "vida". Nas relações entre sistema e ambiente teríamos, portanto, uma "co-evolução de sistema e ambiente", numa perspectiva não-dualista, capaz de dar conta da autotranscendência [*self-transcendence*] que se estende para além da existência do indivíduo.[10]

Em suma, "o paradigma emergente da auto-organização permite a elaboração de uma visão baseada na interconexão da dinâmica natural em todos os níveis dos micro e macrossistemas evolutivos" (Jantsch, 1980:XIII). Assim, o paradigma da auto-organização seria aplicável desde os sistemas físicos até os sistemas políticos (Dumouchel e Dupuy, 1983) e deveriam, todos, ser considerados como sistemas em constante situação de não-equilíbrio, instáveis, em que a bifurcação (a crise) representaria a potencialidade de todo sistema aberto (sistemas vivos, sociais, culturais) em ser atraído para um estado de menor entropia, de maior capacidade auto-organizadora. Além disso, tais sistemas deveriam ser considerados capazes de utilizar o "ruído" (ou desordem) para auto-organizar-se como sistemas mais complexos (Atlan, 1979).[11] Os sistemas abertos seriam, assim, irreversíveis, submetidos à

10. O conceito de "autotranscendência" pode ser considerado uma generalização do conceito de "auto-apresentação", introduzido em biologia por Adolf Portmann (1989), e que indica as raízes biológicas da ética humana (Schramm, 1993:53-57). Por outro lado, a "co-evolução" implica a "co-vinculação" de sistema e ambiente, sendo que por "vínculo" deve-se entender não somente aquilo que limita as possibilidades, mas também oportunidade "que não se impõe simplesmente do externo a uma realidade preexistente, mas que participa da construção de uma estrutura integrada e determina, eventualmente, um espectro de conseqüências ao mesmo tempo inteligíveis e novas (Prigogine e Stengers, 1981:1076).

11. A teoria da "evolução como auto-organização" deve-se, inicialmente, a uma sinergia entre conceitos vindos da cibernética — a "ordem pelo ruído" (*order from*

"flecha do tempo" (Morris, 1984; Gould, 1987), isto é, produtos da própria história (Prigogine, 1986; Prigogine e Stengers, 1979; 1988;) pontuada por crises, ou bifurcações, responsáveis por esta história.

Sob a roupagem da "bifurcação", a "crise" voltaria, portanto, a ter um valor heurístico para o "movimento convergente (...), que atravessa as várias ciências da natureza e até as ciências sociais (...) de vocação transdisciplinar" (Santos, 1987:28-29). Nesse movimento, o conceito de permanência — ou "eternidade" (Prigogine e Stengers, 1988) — seria substituído por aquele de história; o determinismo por aqueles de imprevisibilidade, auto-organização e interpenetração; a reversibilidade por aqueles de irreversibilidade e evolução; a ordem pela desordem negentrópica; a necessidade pela criatividade e o acidente. Esse movimento, que chamamos "Ciências da Complexidade", inclui ainda a "sinergética" (Haken, 1977); o conceito de "hiperciclo" (Eigen e Schuster, 1979; Jantsch, 1980);[12] o conceito de "autopoiese" (Maturana e Varela, 1973; 1980); a teoria das "catástrofes" (Thom, 1977; 1980); a teoria da "ordem implicada" (Bohm, 1980); a teoria da "matriz-S" e a filosofia do *bootstrap* (Chew, 1968; 1970; Capra, 1979; 1982; 1988); a teoria do "agir comunicativo" (Habermas, 1986a); a teoria de "Gaia" (Lovelock, 1979; 1988); a teoria da "ecologia das idéias" de Gregory Bateson (1972; 1979; 1987) e Edgar Morin (1992b), entre outros. *Tal convergência de intenções, entretanto, não exclui a diferença.*

Com efeito, enquanto Prigogine fala em "nova aliança" entre cultura científica e cultura humanística (Prigogine, 1979), Michel Ser-

noise) de von Foerster (1971) — e da pesquisa teórica em biologia — a "complexidade pelo ruído" (Atlan, 1972). Nesse movimento inserem-se também Piaget (1967) e Bateson (1972). Para uma apresentação detalhada da evolução dessas pesquisas, em campo biológico, ver Bourguignon (1990), que sintetiza o seu sentido, escrevendo: "Sabemos, a partir de agora, que o mundo é ordenado, que toda relação, determinista ou aleatória, obedece a leis" (p.101).

12. O conceito de "hiperciclo"refere-se à capacidade funcional ("lógica organizacional") dos sistemas vivos em auto-organizar-se "ciclicamente", a saber, em que um círculo fechado de transformações ("processos catalíticos") do sistema vincula-se ao ambiente por meio de outros processos capazes, pela redundância, de escapar dos erros da autocatálise (Jantsch, 1980: 32-34; 185-196). Dessa forma, à auto-organização, "estruturalmente" fechada, de um sistema dinâmico (*autopoiese*), associa-se a sua abertura processual (*alopoiese*).

res fala em "passagem do Norte-Oeste" e "obstrução epistemológica" entre ciências exatas e ciências humanas (Serres, 1980) assim como de "contrato natural", como generalização do contrato social (Serres, 1990); Félix Guattari em "ecosofia", "caosmose" e "novo paradigma estético" (Guattari, 1990; 1992); Fritjof Capra em "nova física" e "Tao da física" (Capra, 1974; 1982); Eugene Wigner em "mudanças do segundo tipo" (Wigner, 1970); Raymond Ruyer de "nova gnose" (Ruyer, 1977). Em suma, esse "paradigma emergente (...) de um conhecimento prudente para uma vida decente" (Santos, 1987:37) constituiria uma "revolução científica (...) que ocorre numa sociedade ela própria revolucionada pela ciência", sendo que não deveria ser considerado apenas "um paradigma científico" ou "paradigma de um conhecimento prudente", mas também "um paradigma social" ou "paradigma de uma vida decente" (p.37). Nesse sentido, mais do que em mudança de paradigma, dever-se-ia, talvez, falar numa verdadeira mudança do "quadro epistêmico" (Piaget e Garcia, 1987), correlativa de uma transformação em curso da própria *Weltanschauung* ("cosmovisão") da nossa época.

Pode-se concluir, então, que, flutuando entre os sentidos de "decisão" e de "indecisão", a noção de "crise" vem adquirindo, ao longo da sua história, uma polissemia que conota forças implícitas, subjacentes e em constante conflito entre si, ameaças e promessas de salvação que, apesar de uma sobredeterminação conotativamente negativa de perda e desequilíbrio (Stourdze, 1976), podem, de fato, indicar a emergência de um novo patamar evolutivo provido de uma coerência global, quer sob a forma da "sociedade pós-industrial" (Touraine, 1969; Bell, 1976) quer sob aquela de um "conhecimento não-dualista (...), que se funda na superação das distinções tão familiares e óbvias que, até há pouco, considerávamos insubstituíveis" (Santos, 1987:39), tais como natureza/cultura, subjetivo/objetivo, individual/ coletivo, matéria/mente, local/global, autonomia/heteronomia.[13] Em suma, e em última instância, a crise assumiria "o aspecto de uma crise de linguagem" (Regnier, 1974:13), patente nos vários dis-

13. Como lembra Gould (1987: cap. 1), as dicotomias são uma forma de pensar abstrata e cômoda, que pode ser útil ou despistante para "organizar" mentalmente o mundo, mas nunca aspectos do mundo.

cursos que acompanham os vários âmbitos do nosso ser e do nosso fazer, atingindo também a linguagem científica e seus paradigmas, pois estaríamos numa fase de transição, isto é, substancialmente de crise. Como escreve o próprio Boaventura de Souza Santos:

> Precisamente porque vivemos um estágio de turbulência, as vibrações do novo paradigma repercutem-se, desigualmente, nas várias regiões do paradigma vigente, e por isso os sinais do futuro são ambíguos (Santos, 1987:40).

É nesse contexto de "crise dos valores e das medidas" (Béjin, 1976), no qual "nada escapa, nem na ordem econômica, nem na ordem moral, nem na ordem política" (Valery, 1957:1036), que inserimos a crise da Saúde Pública, tentando demonstrar que ela pode ser considerada como sendo fundamentalmente uma "crise ética", na medida em que os vários aspectos, detectados como indícios de crise, remetem ao fundo das próprias condições necessárias da vida, tanto na sua dimensão meramente orgânica de sobrevivência como naquela da "qualidade de vida", definível somente de forma holística, referida ao ser humano enquanto ser bioantropossociocultural. Nesse sentido, as condições que tornam possível a "qualidade" da vida são simultaneamente humanas e ambientais; individuais e coletivas; reais, simbólicas e imaginárias; afirmativas e negativas, ou seja — para utilizar uma referência da linguagem freudiana —, pertencentes tanto à esfera de *eros* como àquela de *thanatos*, numa dialética complexa entre vida e morte, bem-estar e mal-estar.

O ponto de vista da ética referido ao processo de saúde/doença, enquanto determinante da "qualidade de vida" ou "bem-estar geral" (Frankena, 1973), define, no nosso entender, o lugar em que os vários níveis da crise da Saúde Pública se enraízam e adquirem um sentido global.

É evidente que "abrir um caminho entre o biológico e o social nunca foi uma atividade inocente" (Dupuy, 1986:18), mas pensamos — como escreve Friedrich Nietzsche no *Livro do filósofo* — que "a uma devida altura tudo se une: os pensamentos do filósofo, as obras do artista e as boas ações" (Nietzsche, 1969:16), a saber: a complexidade dos saberes, o trabalho poiético-poético da criatividade humana e as normas do seu agir. Com efeito, "a pulsão para o conhecimento [*Trieb zur Erkenntnis*] tem uma fonte moral" (Nietzsche, 1969:102), porque o conhecimento teria um compromisso com a verdade — enquanto necessidade social, no sentido de útil à vida da própria sociedade — e com o "princípio de beneficência" (Frankena, 1973). Por outro lado, "a verdade mata — mata a si mesma (na medida em que reconhece que o seu fundamento é o erro)" (Nietzsche, 1969:202).

É por isso que, para nós, tanto a questão da globalidade — mesmo que possa ser reconhecida só retrospectivamente *a posteriori* e como conjunto de particularidades — quanto a questão dos fundamentos — mesmo que se apresente como ausência de fundamentos — permanecem incontornáveis, pois representam a finalidade e as raízes, ambas igualmente necessárias à razão prática que orienta as ciências e as práticas em saúde. Em suma, tanto nas "alturas" do pensamento como nas "profundezas" da precariedade do viver permanece a interrogação sobre a legitimidade do agir, sobre suas normas e seus valores.

Afirmando isso, situamo-nos numa posição aparentemente "inatual" perante o "relativismo cultural não-relativizado" (que abordaremos no próximo capítulo, no quadro das discussões sobre a modernidade), o contingencialismo das normas e dos valores que parece indicar o termo infeliz de "pós-modernidade". "Inatual" porque, por um lado, interpretamos os movimentos socias pela ética como sendo um sintoma de crise da própria "pós-modernidade" (fazendo um jogo de palavras poderíamos chamá-lo "pós-pós-modernidade"), devido àquilo que Husserl chamara o retorno "às coisas mesmas",[14] requerido pela urgência com que tais "coisas" se impõem à nossa atenção, e porque, por outro lado, do ponto de vista da "ética natural", aqui sustentado, a questão dos fundamentos parece impor-se por si mesma.

Antecipando sobre as nossas conclusões, consideramos que a ética natural pode vir a ser o contexto normativo em que se enraíza a discussão sobre os vários aspectos (ou dimensões) da Saúde Pública. Assim sendo, a "bioética extensa" ou "ética natural" dificilmente poderia ser "pós-moderna", no sentido relativista e contingencialista

14. Para Edmund Husserl, "voltar para as coisas mesmas" constituía o próprio programa da fenomenologia (Husserl, 1913).

deste termo, pois ela se tornaria uma forma de legitimação potencial de qualquer abuso contra a vida como um todo, ou seja, abuso tanto contra o Princípio de Sacralidade da Vida como contra o Princípio de Qualidade da Vida, em nome de uma instrumentalidade e de uma estratégia que podem assumir as razões mais variadas para os interesses mais escusos. Afirmando isso, não queremos defender uma posição de tipo "fundamentalista", pois, neste caso, a ética natural opor-se-ia, indiscriminadamente, a tudo aquilo que faz evoluir a vida e suas "qualidades", em nome de uma "norma" considerada estaticamente, isto é, contrária ao próprio processo evolucionário que implica um conjunto de normas (Canguilhem, 1966) e até novas normas, substituindo as antigas — quando consideradas insuficientes para dar conta do novo patamar alcançado pela hominização ao tornar o *homo faber* um *homo creator* (Anders, 1992).[15] Além disso, a legitimação de uma norma, não suscetível de evoluir, só parece pertinente num Estado de tipo "teocrático", fundamentalmente oposto às sociedades pluralistas e secularizadas do tipo das democracias complexas modernas. Porém, o "projeto" sociocultural de "reforma" da vida só pode dar-se no respeito de certos limites, que são também de tipo bioecológico. Como escreve o prêmio Nobel de medicina Renato Dulbecco: embora um organismo vivo derive de "uma unidade simples [o DNA], que gera complexidade", nos organismos superiores, o DNA age "como um

15. Para dar conta deste estágio, Jantsch propõe uma "ética evolucionária" (*evolutionary ethics*) ou "processual" (*process-oriented*), opondo-a a uma ética "estrutural", meramente adaptativa, válida em absoluto e como *a priori* lógico. Essa concepção evolutivo-processual implica que "a ética não é dada *a priori*, mas emerge com a evolução e segue um desenvolvimento que, em princípio, é amplamente aberto" (1980:263). Dessa forma, a cada nível "autopoiético" — ou patamar evolutivo — surgiria uma nova ética interagindo com as que já existiam, as categorias de "bem" e "mal" podendo reverter-se de um nível para o outro (p.272). O exemplo citado pelo autor é o que é bom tecnologicamente e que pode ser ruim socialmente. Assim, respostas não-ambíguas sobre o bem e o justo só seriam possíveis quando dadas a um nível específico da realidade "multinível", e uma forma de resolver os conflitos entre níveis seria aquela de colocar questões a vários níveis como maneira de "abrir nossa consciência para uma realidade multinível" (p.274). O autor acrescenta que, numa realidade evolucionária e "multinível", as oposições desaparecem numa "síntese dialética de opostos, sendo que, no pensamento processual, só existe "complementaridade" onde os opostos se incluem um ao outro" (p.274).

ditador benevolente, que tem deixado parte do seu poder aos organismos, permitindo-lhes escolher o próprio destino, mas *dentro de limites estritamente determinados*" (Dulbecco, 1989:10, grifo nosso).

Assim, do ponto de vista da Saúde Pública, a bioética extensa (como reflexão sobre o conjunto de normas "vitais") opõe-se ao relativismo radical das normas, sobretudo quando a considerarmos sob o seu aspecto "cotidiano" do "público", relativo aos problemas de saúde que afetam "globalmente" a maioria da população mundial e "localmente" as populações de regiões e nações. Essa "maioria" é formada, "em princípio", por cidadãos livres, responsáveis e com direito à dignidade (direitos fundamentais ou "naturais"), mas que, *de facto*, dependem da lei de necessidade, ou seja, essencialmente do subdesenvolvimento, em particular, da persistência e do aprofundamento das iniqüidades sociais, contrárias ao "princípio do bem-estar geral" (ou princípio de "eqüidade"). Dito de outra forma, se do ponto de vista biológico *stricto sensu* existem, a cada estágio evolutivo, normas que não podem ser transgredidas sem prejudicar a existência "normal" de um sistema vivo (e até a sua existência *tout court*), do ponto de vista biológico *lato sensu* — específico do humano como animal "estruturalmente" sociocultural e "reformador" da biologia humana *stricto sensu* — existem normas também, além de valores, embora menos rígidas, que, se ultrapassadas para além de um certo limite, geram o caos do sistema e, conseqüentemente, a sua implosão. Por essas razões, pensamos que o relativismo radical "pós-moderno" não tem cabimento em bioética, não pode servir como padrão de avaliação e, *a fortiori*, não se aplica aos sistemas sanitários, quer sejam abordados sob sua dimensão das ciências biomédicas, quer sob aquelas das ciências socioculturais (ciências sociais em saúde).

Nesse sentido, valem as palavras provocatórias de uma recente entrevista sobre o niilismo dada por Ernst Jünger a *Le Monde*: "Eu considero o niilismo terminado. A ação tornou-se tão forte que não há mais tempo para o niilismo [pois] o niilismo é uma questão de tédio, bom para os ricos" (Jünger, 1993). Fim do niilismo quer dizer aqui resgate da "realidade radical da vida" (Ortega y Gasset, 1957), mas também desta realidade secularizada em que "o social é irredutivelmente o âmbito do príncipe deste mundo", mais "pelo sucedâneo de bem que ele contém do que pelo mal que o mancha" (Weil, 1972:247 *apud* Esposito, 1988:231). Em suma: resgate duma realidade complexa em que o bem sem o mal não tem sentido, mas também onde o escândalo nasce da quantidade e qualidade deste mal sobre a Terra — sobretudo no seu aspecto visível do "público" —, o que coloca a eterna questão de Job, à qual toda resposta só pode ser um gaguejar atônito. Como escreve ainda Nietzsche — deslegitimando, à nossa maneira de ver, as interpretações apressadas sobre o aforismo "para além do bem e do mal" —, "a pulsão de conhecer [*Erkenntnistrieb*] sem discernimento [é] indício de 'baixaria' [*Gemeinheit*]" (Nietzsche, 1969:40), ou seja, um conhecimento não vinculado a normas e a valores — quaisquer que eles sejam — só pode aprofundar as conseqüências do mal que atinge, entre outros domínios da "realidade radical" da vida, aquele primordial da saúde individual e coletiva.

Mas qual é a realidade específica da Saúde Pública que constitui o objeto do saber-fazer (*know-how*) sanitário? Este será objeto das próximas páginas, em que a "crise da Saúde Pública" é delineada por duas aproximações sucessivas que apontam para a centralidade da "ética natural".

2. Os níveis operativo-conceitual e real-simbólico da crise da Saúde Pública e o seu contexto discursivo brasileiro

Se entendermos por Saúde Pública "o que uma sociedade faz para se sentir saudável" (Minayo, 1993, comunicação pessoal), por "crise da Saúde Pública" — em particular se referida à América "ao sul do Rio Grande" — entende-se a "incapacidade das sociedades desta região em promover e proteger a saúde das suas populações" (Ferreira, 1992:233), ou seja, literalmente, uma "indecisão". Esta "incapacidade" valeria também para um país de fronteira como o México que, apesar da sua integração ao NAFTA (Acordo de Livre Comércio da América do Norte), conservaria um nível de vida (renda *per capita* e oportunidades de emprego, instrução e amparo social) dez vezes inferior ao dos Estados Unidos e Canadá.

Como se pode ler na Introdução ao texto coletivo da Organização Pan-Americana da Saúde, "A crise da Saúde Pública: reflexões para o debate" (OPS, 1992), se durante os anos 1970 as causas dessa incapacidade podiam ainda ser detectadas nas insuficiências educacionais, hoje teríamos que falar num conjunto de causas, incluindo o contexto econômico, político e social, isto é, a crise econômica nos seus múltiplos desdobramentos, assim como a precariedade do exercício de uma autêntica cidadania, tanto nos seus aspectos de participação política como de responsabilização individual e coletiva. Essa situação concreta de aprofundamento da crise estaria sobredeterminada por dificuldades encontradas pelos sanitaristas (ou qualquer outro profissional legitimado em lidar, de uma forma ou de outra, com a Saúde Pública) em utilizar os instrumentos de análise disponíveis nesta área para enfrentar a complexificação prático-teórica crescente do seu campo de atuação. Isso significa lidar, ao mesmo tempo, com as linguagens analíticas específicas das suas subáreas — ou disciplinas — e com uma indispensável compreensão global da problemática sanitária, pois, de fato, a crise da Saúde Pública implicaria abordagens disciplinares sim, mas de forma integrada e numa perspectiva "holística", sendo esse tipo de compreensão uma condição necessária para a solução de seus problemas (OPS, 1992:1-3). Em particular, a contextualização da crise da Saúde Pública dar-se-ia no relacionamento com os anseios crescentes de participação social — exercício da "cidadania" — e com as mudanças que vêm ocorrendo no quadro de morbidade, devido, por um lado, à redução das "tradicionais" doenças infecciosas e, por outro, ao aparecimento de novas doenças infecciosas e ao aumento das doenças crônico-degenerativas, ao envelhecimento da população e à emergência de doenças de origem ambiental e ocupacional, ao estresse, à iatrogenia tecnológica, sem esquecer outros fatores — não mencionados pelo documento — como a dependência de medicamentos e drogas e as várias formas de violência, urbana ou não.

2.1. O nível da crise "por defeito" operativa e conceitual-metodológica: crise da prática e da teoria

Num primeiro nível de aproximação, a crise da Saúde Pública pode ser descrita como uma crise "por defeito", tanto "operativa" quanto "conceitual-metodológica", ou seja, crise da prática e crise da teoria sanitárias.

2.1.1. Crise da prática

Com respeito à prática, a crise pode ser caracterizada como uma verdadeira "hipercrise sanitária" (Arouca, 1993), pois estaríamos, de fato, lidando com uma situação intricada, determinada por uma relação complexa entre novos problemas de saúde (como as doenças crônico-degenerativas, as doenças de origem ambiental e as novas doenças infectocontagiosas como a pandemia da AIDS) e velhos problemas de saúde (como a cólera, a peste, a tuberculose). Mas a "hipercrise" adquire todo o seu sentido e relevância, do ponto de vista ético, quando a referimos aos problemas sanitários decorrentes da indigência e da miséria, pois estas, além de tornar a competência tecnocientífica praticamente irrelevante — nadificando suas *performances* —, constituem um verdadeiro atentado à dignidade humana, logo à imagem que o humano tem de si, tornando impossível aquela continuidade humana que só se dá na "reverência constitutiva a ser feita ao outro por mais pungente que possa esse ato nos ser" (Valadares, 1992:273).[16]

2.1.2. Crise da teoria

Com respeito à teoria, a crise não parece ser somente "referencial", uma vez que se trataria de saber se os novos e os velhos problemas de saúde são problemas para todos — relativos ao "bem-estar" geral ou do *publicum* — ou se eles revelariam, de fato, uma sociedade dividida sob esse aspecto — contraditória com o "princípio do bem-estar geral" — e se, portanto, os problemas requerem os mesmos instrumentos de análise ou instrumentos diferentes (Arouca, 1993), mais performantes do ponto de vista da capacidade de "dar conta" da realidade sanitária.

16. O sociólogo Emile Durkheim, no seu estudo sobre o suicídio, apontou a centralidade da questão ética para entender os desajustes da sociedade moderna, escrevendo: "É certo que, em todos os graus da hierarquia social, o bem-estar médio aumentou, embora esse aumento talvez não tenha sempre ocorrido segundo as proporções mais equânimes. O mal de que padecemos não decorre, portanto, de que as causas objetivas dos sofrimentos tenham aumentado em número ou intensidade: ele não é indício de uma miséria econômica maior, mas de uma alarmante indigência moral" (1982:310).

A crise pode ser considerada também como sendo "semântica", porque ela tem a ver com a pertinência da expressão "Saúde Pública", como parecem indicar as inúmeras discussões sobre "saúde pública"/"saúde coletiva"/"medicina social" e seus desdobramentos sobre a significância e relevância em se distinguir o "público" e o "privado", quando referidos ao sofrimento e ao desamparo vividos na solidão inerente à mortalidade de cada "cidadão"; sobre o valor intrínseco e integral da pessoa e da vida de cada ser vivo, assim como sobre os "novos direitos e deveres" que resultariam dessa valorização, encarados tanto pela bioética *stricto sensu* (referente às várias dimensões do humano como ser vivo) como pela bioética animal (Castignone, 1985; Singer, 1991) e ambiental (Bartollomei, 1989), assim como pela própria ética *tout court*.

A crise é ainda "epistemológica" e "metodológica", como revelam as discussões sobre as aproximações pluri, multi, inter ou transdisciplinares, indispensáveis para se ter uma visão significativa da "realidade complexa" da saúde, sendo que se deveriam articular seus aspectos físico, biótico, psicológico e sociocultural, num contexto tecnocientífico de especialização acelerada e inexorável.[17]

---

17. A complexidade do campo da Saúde pode ser definida — conforme a definição de complexidade dada por Winiwarter — pela sinergia entre quatro atributos dos sistemas auto-organizados, a saber: 1) a grande variedade de componentes com funções especializadas; 2) a organização desses componentes em níveis de valor diferentes; 3) a alta conectividade entre tais níveis; 4) as forças de interação entre níveis. A complexidade de um sistema pode, portanto, ser definida pelo grau da sua "coerência interna" — dado tanto pela "redundância" informacional como pela "fidedignidade" em resistir às perturbações aleatórias — ou seja, pela sua capacidade de lidar com as perturbações internas e externas (Winiwarter *apud* Bourguignon, 1990:100-101). Querendo reduduzir os quatro atributos a um só conceito — aplicando o princípio de "simplicidade da complexidade" (Dupuy, 1986: 185) —, pode-se dizer que a característica determinante da complexidade é o vínculo que existe entre heterogeneidade dos componentes — que pode ser abordada pela multi e pluridisciplinaridade — e a homogeneidade do sistema total, dado pela mútua dependência dos subsistemas — que só pode ser abordado pela inter e transdisciplinaridade. Num sistema complexo teríamos, portanto, uma "interdefinibilidade" (Garcia,1991:2) entre todo e partes, capaz de integrar diferenças funcionais e identidade total. É este, à nossa maneira de ver, o principal desafio teórico em pensar a saúde como um todo "público" (um "campo") sem subsumir suas partes significativas (suas "disciplinas"). Nesse sentido, move-se também a

2.1.3. Crise e desafios da Saúde Pública

Como referência textual desse primeiro nível de aproximação, utilizaremos o texto coletivo da Organização Pan-Americana da Saúde (OPS) de 1992, devido, por um lado, ao seu esforço de mapeamento e de síntese em individualizar os problemas significativos que permitem delinear os contornos da crise sanitária, por outro, à sua abertura para a hipótese do caráter ético dessa crise.

Para Robin F. Badgley, em *Saúde Pública: tendências e desafios* (Badgley, 1992:57-73), os três principais desafios de Saúde Pública para os países em desenvolvimento seriam, atualmente, a pobreza, a dívida externa, a falta de cooperação entre si, para um desenvolvimento saudável, e aquilo que constituiria seu "calcanhar-de-aquiles", ou seja: a questão dos custos e da maximização dos benefícios. Desse ponto de vista, os objetivos contidos na Declaração de Alma-Ata (1978), sintetizados no princípio consistente em desenvolver um sistema integral de cuidados primários em Saúde para todos os países e, em particular, para os grupos sociais menos favorecidos, "podem constituir imperativos morais ideais, mas inalcançáveis" (Badgley, 1992:62). Segundo o autor, a falta de pragmatismo desse importante documento da Organização Mundial da Saúde (OMS, 1979) sobre a estratégia mundial a ser seguida para alcançar a meta proposta da "saúde para todos até o ano 2000" confirmar-se-ia pelo fato de que seus ojetivos principais só se fundamentariam num princípio moral de responsabilidade de indivíduos, comunidades, nações, sem indicar, no entanto, como realizá-los. Na nossa avaliação, essa crítica, embora

reflexão teórica do biólogo Ernst Mayr (1988), que propõe uma "nova filosofia da biologia" e considera uma dupla "natureza" de cada organismo — um programa genético representado pelo genótipo e um "corpo extenso ou soma" (fenótipo) "produzido sob as instruções do programa genético" (Mayr, 1988:2) — como forma de responder tanto à questão do "porquê" quanto àquela do "como" e de resolver a dicotomia mecanicismo/antimecanicismo, preservando ambos, pois "em biologia não é suficiente procurar uma única causa no estudo de um fenômeno" (p.2). Mayr, desenvolvendo uma sugestão de Waddington (1960), propõe também uma teoria sobre a origem biológica animal da ética humana (pp.75-91), baseada no "altruísmo inclusivo" (*inclusive fitness altruism*) que teria representado uma vantagem evolutiva nas "famílias extensas" (*extended families*) de tipo animal e, posteriormente, humanas.

pertinente, é unilateral, redutora da mensagem do documento. De fato, a declaração destaca textualmente "as grandes diferenças entre países em desenvolvimento e países desenvolvidos", assim como "diferenças análogas (...) ao interior dos países, qualquer que seja seu grau de desenvolvimento" (OMS, 1979:4). Sublinha igualmente a necessidade "social, econômica e técnica" de "reduzir o abismo (...) entre os 'privilegiados' e os 'despossuídos'" como medida concreta para alcançar o objetivo da "participação livre e consciente (...), sem prejuízo da responsabilidade geral que incumbe aos governos" (OMS, 1979:14.). Os indivíduos, as famílias e as comunidades são igualmente chamados a que "assumam uma maior responsabilidade para com a saúde, incluída a auto-assistência" (p.14). Portanto, o argumento "moral", que para o autor norte-americano é apontado como um limite do documento, constitui, na nossa interpretação, a condição necessária, embora não suficiente, de qualquer reversão no preocupante quadro de saúde da maioria da população mundial. O documento, aliás, não emite "só" juízos morais, mas indica os vínculos e os desdobramentos entre moral e política, apontando, implicitamente (para não ofender a suscetibilidade das nações), os caminhos a serem seguidos: aqueles da prática da justiça social. Mas, por outro lado, não se pode silenciar o fato de que essa "utopia" onusiana tem tido resultados escassos, senão nulos, devido principalmente às mudadas "condições político-socias que teriam podido permitir aproximar-se ao objetivo" (Berlinguer, 1993b:3), como reconheceu recentemente a própria OMS durante a Conferência de Sundsvall em 1991.

O argumento "moral" conserva a sua pertinência e relevância no documento da Comissão Mundial sobre Meio Ambiente e Desenvolvimento, *Nosso futuro comum* (Brundtland, 1991), quando se detectam os vínculos que existem entre pobreza, desigualdades, degradação ambiental e saúde. Em âmbito nacional, a questão foi também amplamente dissecada na obra coletiva *Saúde, ambiente e desenvolvimento* (Leal *et al.*, 1992a), em particular no seu aspecto ético (I,207-295), assim como em *A ética do desenvolvimento e as relações com saúde e ambiente* (Leal *et al.*, 1992b). Além disso, o ponto de vista mundial ou global — que é (ou deveria ser) necessariamente o ponto de vista de uma organização como a OMS — só pode dar-se baseado em princípios morais suficientemente gerais (universais) e razoavelmente aceitáveis, como são os da "justiça" e da "responsabilidade", pressupostos nos documentos em questão. Tais princípios correspondem aos dois critérios que, desde a *Crítica da razão prática* de Immanuel Kant (1787b), deveriam nortear as relações humanas.

Para Julio Frenk, em *A nova Saúde Pública* (Frenk, 1992:75-93) — mais preocupado em destacar a dimensão teórica e acadêmica da Saúde Pública, em particular seus problemas metodológicos —, a "nova saúde pública" consistiria num "campo multidisciplinar" de investigação definível como "a aplicação das ciências biológicas, sociais e do comportamento ao estudo dos fenômenos de saúde em populações humanas" (p.77). Deveria, portanto, esforçar-se para lançar uma "ponte" entre a tradição e o progresso, marcando assim a necessária continuidade entre a sabedoria da tradição e a ousadia do novo, operante no processo de modernização. Para o autor, esse processo consistiria numa abertura para a "informação cientificamente válida e pertinente"; para o espaço universitário e para os outros campos ligados à saúde, a fim de vincular o enfoque populacional aos processos individuais (medicina clínica) e subindividuais (pesquisa médica); às ciências sociais, biológicas e do comportamento; ao âmbito das relações internacionais; ao futuro e, sobretudo, às necessidades em saúde das populações, que constituem a sua "abertura fundamental" (1992:91-92). O texto de Frenk destaca, portanto, o aspecto complexo do campo da Saúde Pública, indicando também o aspecto ético, implícito na metáfora da "ponte" que — para o autor — deveria existir entre tradição e inovação. Com efeito, essa metáfora denota continuidade e integração entre o *ethos* tradicional das várias comunidades humanas — o que implica um certo respeito de hábitos e tradições — e os novos desafios, que requerem criatividade e inovação.[18]

Para Hernán S. Orellana, em *Situação e tendências da Saúde Pública* (Orellana, 1992:169-172), a Saúde Pública seria "a ciência e a arte de prevenir as doenças, de melhorar a qualidade e a esperança de vida, de contribuir para o bem-estar físico, mental, social e ecológico da sociedade" (p.171). Mas a situação atual da Saúde Pública seria de uma "crescente dissociação" entre conhecimentos e prática, fato que

18. Nesse caso, a metáfora da "ponte" tem a sua relevância, pois aparece também no texto fundador da bioética (Potter, 1971).

configuraria uma "crise profunda", pois existiria, por um lado, a "necessidade imperiosa" de realizar ações de prevenção e de luta contra a doença e, por outro, a resistência representada pela "força enorme" do "pensamento médico dominante" que concebe a saúde como mero fruto de decisões e ações individuais, relacionadas com o nível de vida e a capacidade em ter acesso à atenção médica. Dessa forma, "obter uma saúde melhor não se concebe como produto de uma ação concertada da comunidade no seu conjunto, mas como resultado da aplicação de novas e potentes técnicas terapêuticas e de medicamentos" (Orellana, 1992:169). Este autor, além de apontar a necessidade de uma abordagem holística dos problemas da Saúde Pública pela inclusão da dimensão ecológica dos problemas sanitários, aponta também para um aspecto ético essencial da crise sanitária, detectando-o na crescente dissociação entre teoria e prática em saúde, ou seja, individualizando, no nosso entender, o aspecto fundamental da crise ética.

Para Milton Terris, em *Tendências atuais em Saúde Pública nas Américas* (Terris, 1992:185-204), na situação atual as doenças crônicas não-transmissíveis estariam se tornando as causas dominantes de morte nas Américas. Por isso, a "reabilitação" deveria incorporar-se às tarefas da Saúde Pública. Ainda para este autor, a expressão "Saúde Pública" deveria substituir aquela de "Medicina Social", porque somente o conceito de Saúde Pública seria multidisciplinar, na medida em que incluiria a epidemiologia, a bioestatística, as ciências econômicas e sociais, as ciências naturais, a engenharia sanitária, as ciências da nutrição, as da educação, da administração e do planejamento. Ao contrário da Medicina Social, que consideraria a Saúde Pública como parte da medicina, a Saúde Pública integraria, portanto, esta como um subconjunto daquela.

Mario Testa, em *Saúde Pública: acerca do seu sentido e significado* (Testa, 1992:205-229), afirma que "a questão não é a de 'incorporar' as ciências sociais (...) ao pensamento sobre a saúde, mas de pensar a saúde como questão social" (p. 206), incluindo, portanto, a questão do poder; da democracia; da participação; do social, enquanto processo de construção dos sujeitos individuais e coletivos; da articulação necessária entre prática e teoria. Além disso, seria preciso pensar a questão saúde/doença como processo unitário e desvendar a fetichização do corpo enfermo. Com efeito, na relação médico—paciente, o corpo seria de fato encarado como uma mercadoria, pois a relação ter-se-ia tornado uma "relação de transações comerciais entre um cliente e seu provedor", sem levar em consideração se o serviço prestado responde ou não "às necessidades da pessoa que o recebe" (Testa, 1992:210). Ainda segundo este autor, a um determinado momento da construção teórica sanitária, o corpo ter-se-ia tornado "signo" de saúde ou de doença mas, com o afirmar-se do discurso da modernidade, ter-se-ia instaurado uma separação entre "significado da crise e os sentidos em que é vivenciada" e, em geral, entre conceitos que, "em aparência, se contrapõem", como nas dicotomias sujeito/objeto, indivíduo/sociedade, natureza/espírito, etc., mas que, de fato, só mutilariam a própria compreensão do processo da vida.

José R. Ferreira, em *A crise* (Ferreira, 1992:233-236), afirma que, no atual contexto sanitário, o próprio conceito de crise reencontraria suas origens hipocráticas de "exacerbação ou debilitação na evolução das doenças" (p.233), ou seja, a sua ambivalência — já apontada por André Béjin e Edgar Morin (Béjin e Morin, 1976) — a tornaria só aparentemente uma noção explicativa quando, de fato, deveria ser explicada. Com efeito, se a crise implica decisão numa situação de incerteza, ela decorre de uma bifurcação entre "risco de regressão e oportunidades de progresso" (Ferreira, 1992:233). O grande desafio da Saúde Pública consistiria, portanto, em ter que enfrentar novos problemas ao mesmo tempo em que deveriam continuar os esforços para conter os antigos, ainda não resolvidos. No caso específico da América Latina, o principal desafio seria aquele de ter que enfrentar os recentes problemas de saúde, resultantes, de uma certa forma, de desenvolvimento, e os velhos problemas do subdesenvolvimento, num contexto de persistência das iniqüidades, agravadas pela crise econômica vigente, decorrente da nova (des)ordem mundial. Em particular, o autor critica o modelo de saúde de tipo flexeriano, biologicista e medicalizador, que seria ainda o modelo dominante na Saúde Pública do continente, pois reduziria a questão da saúde à doença em pessoas, implicando "uma abordagem [meramente] clínica dos problemas coletivos" (1992:234). Ferreira considera também a questão da incorporação de tecnologia em saúde que, por um lado, proporcionaria importantes avanços no campo da saúde e, por outro, encareceria seus custos, de maneira excessiva, para as economias já em crise, restringindo assim seu acesso, logo aumentando as iniqüidades e comprometendo o bem-estar geral. Contudo — precisa o autor —, não se trataria de abandonar a atenção médica, mas de relativizá-la, integrando nas abordagens da Saúde Pública os parâmetros socioeconômicos, assim como os outros parâmetros, pertinentes para qualificar as condições de vida. Somente dessa forma a Saúde Pública adquiriria o seu sentido pleno, sendo, ao mesmo tempo, um campo de profissionalização, um dever do Estado e, sobretudo, "um compromisso da sociedade com seus ideais de saúde" (1992:236). Para o autor, ela deveria, portanto, ser discutida "no contexto de uma nova ética do desenvolvimento social global da região" (1992:236).

Carlyle G. de Macedo propõe-se a delinear o contexto (Macedo, 1992:237-243) em que se colocaria, atualmente, a questão da saúde, detectando uma mudança global em curso, profunda e acelerada, cujas características estruturais seriam:

— uma reorganização econômica e política (Nova Ordem Mundial) que representaria seja uma "oportunidade" virtual em aumentar a capacidade produtiva, seja uma "ameaça" fatual de maior relegação das nações periféricas não-competitivas;

— o crescimento "quase logarítmico" de ciência e tecnologia que ameaçaria aprofundar a dependência dos países periféricos;

— a exacerbação dos nacionalismos, em particular aqueles de caráter étnico e religioso, que entraria em conflito com a lógica da globalização, vindo a constituir-se uma séria ameaça à paz e um desvio dos esforços de cooperação que se teriam tornado possíveis com o fim da Guerra Fria;

— o aprofundamento das desigualdades entre grupos sociais e entre nações — que o autor considera a característica mais importante da mudança —, tratando-se de uma "grande ameaça à estabilidade da espécie humana e da civilização", pois "o conflito entre os que têm e os que não têm, entre o Norte e o Sul (...), tende a configurar-se como o grande conflito do futuro" (p.238);[19]

19. Essa tese é também desenvolvida por Jean-Claude Rufin (1991), que detecta, na estratégia da "nova ordem mundial", a instauração, de fato, de um *apartheid* mundial entre Norte e Sul. Para uma crítica da tese deste autor, ver Schramm (1992:238-239).

— a relação "irresponsável" das nossas sociedades com o "patrimônio natural finito do nosso planeta", que se tornaria um complicador relevante para as nações do Terceiro Mundo, pois estas enfrentariam o dilema de ter que utilizar seus recursos naturais para o seu desenvolvimento, considerado indispensável e urgente, ou preservá-los para que haja desenvolvimento sustentável a longo prazo. Por isso, o problema ambiental deverá tornar-se — segundo o autor — um outro grande motivo de conflitos do futuro da humanidade;

— a visão neoliberal de desenvolvimento que teria a pretensão de ser um "ontologismo", sendo, no entanto, um "ideologismo" mais perigoso ainda daqueles que teriam dominado a época da Guerra Fria.[20]

Nesse contexto, a região das Américas teria seus desafios "próprios", a começar pela reversão dessa sinergia bloqueadora do

---

20. Com efeito, não podemos esquecer que o marxismo nasceu como necessidade de "corrigir" os abusos do liberalismo, pelo menos em campo econômico. A esse respeito vale a pena lembrar o diagnóstico feito pelo historiador Eric Hobsbawn, numa entrevista dada ao *Jornal do Brasil*, em que o autor, falando sobre o crescente fosso entre Norte e Sul, sobre as crescentes pressões demográficas da emigração econômica e os efeitos políticos dramáticos — a "radicalização de movimentos racistas e xenófobos" —, conclui: "a economia futura no Ocidente, no Leste e no Terceiro Mundo não será de livre mercado (...), a não ser que o Estado crie uma economia totalmente de livre mercado" (Villas-Boas, 1993). Sobre essa questão veja também Kennedy (1993), que considera que o grande desafio para os países "ricos" é a obsolescência tecnológica acelereda e, para os países "pobres", o aumento populacional acima da capacidade de obter recursos naturais para se sustentarem. Para o autor existiriam, portanto, três razões "seculares" para os países ricos ajudarem os pobres: 1) porque a luta pela sobrevivência de bilhões de pessoas afeta o meio ambiente global; 2) porque os países ricos não têm capacidade para absorver altos contingentes de emigrantes pobres; 3) porque a explosão demográfica acontece também em países "fundamentalistas", possuidores de armas sofisticadas (como Argélia e Paquistão), criando o colapso da estrutura social. Numa recente entrevista (Stycer, 1993), Kennedy afirma que, para evitar o colapso das estruturas sociais dos países "pobres", seria preciso uma efetiva política mundial de desenvolvimento e de transferência de novas tecnologias, pois, na realidade, não estaríamos vivendo numa "nova ordem mundial", mas numa "ordem fraturada", em que o fosso entre ricos e pobres aumenta, em que as pessoas percebem mais as diferenças do que as suas semelhanças. A solução proposta é um "capitalismo sustentável", capaz de utilizar tecnologia para produzir novos produtos e que seja ao mesmo tempo socialmente responsável.

desenvolvimento, que consistiria numa integração num único bloco regional capaz de competir com a Europa dos Trinta e o Bloco Asiático.

No texto de Macedo, entretanto, o principal desafio para a Saúde Pública resulta ser o da necessidade de um "novo processo de desenvolvimento", capaz de resolver os problemas das desigualdades e da pobreza. Como admite o autor, a questão do desenvolvimento é essencialmente uma questão "daquilo que "deve ser" e não simplesmente uma antecipação daquilo que "vai ser" (1992:239), ou seja, uma questão eminentemente "ética".

Do ponto de vista operativo, Macedo indica seis aspectos deste "dever ser" para o novo tipo de desenvolvimento:

— a correção dos desequilíbrios macroeconômicos, tais como: a dívida externa, a inflação, a perda da capacidade de poupança, os efeitos negativos das políticas de ajuste fiscal e de estabilização;

— o incremento da produtividade que, contrariamente ao credo do "ideologismo" neoliberal, não implicaria, necessariamente, benefícios para todos e, portanto, deveria estar submetido a objetivos sociais de desenvolvimento prévia e "premeditadamente" definidos;

— a consolidação de regimes democráticos, com uma participação efetiva para além da mera democracia representativa, ou seja, um aprofundamento da democracia como "regime de vida" e de "coexistência social permanente", graças à reorganização do exercício efetivo do poder, pela "distribuição do poder existente ou pela criação de outras fontes de poder" (p.240);

— a integração regional baseada no princípio de "complementaridade", mais do que nas diferenças entre nações, pois na "nova ordem" tal integração ter-se-ia tornado uma necessidade e não um mero ideal;

— um desenvolvimento não somente conjuntural, mas sustentável e permanente, ou seja: equânime e democrático; respeitoso do meio ambiente; em que o desenvolvimento de recursos humanos esteja em sintonia com o desenvolvimento global desejado, apoiado e facilitado por uma cultura capaz de promover os comportamentos sociais adequados;

— uma redefinição das relações entre Estado e Sociedade, a fim de que o Estado desenvolva de fato seu papel de articulador entre os vários atores sociais e tenha uma "natureza pública em benefício da sociedade como um todo" (p.240), eliminando, assim, o seu caráter "privado".

Nesse processo, a saúde como "parte da finalidade" do desenvolvimento, que implica bem-estar geral, poderia tornar-se um "poderoso instrumento" de fortalecimento da democracia no seu aspecto participativo, uma "ponte" para o entendimento, a cooperação e a integração na economia global. Portanto — respondendo implicitamente às críticas de Badgley —, o lema onusiano, "saúde para todos", seria "uma meta, mas também um conjunto de valores" (Macedo, 1992:241). Paralelamente a tais ojetivos e valores para uma "nova ordem" e um "novo desenvolvimento" — que caracterizam a dimensão prática da Saúde Pública — seria também preciso ter novos modelos explicativos — teóricos — que não se reduzam a "novos ideologismos", globalizantes e "ontogenéticos", mas que sejam capazes de captar a variedade e complexidade das situações concretas. Por essas razões, a Saúde Pública teria um grande desafio pela frente, sobretudo se aceitarmos que ela se abre para um "espaço próprio" — não mais inteiramente submetido conceitualmente à medicina e ao único objetivo dos "estilos de vida saudável" — em que a saúde se identifica com o conceito mais amplo de bem-estar geral como parte integral do desenvolvimento. Para o autor, esse objetivo só pode ser alcançado com decisões políticas claras e, sobretudo, resolvendo o problema da "distância" que existe entre os modelos explicativos "de grande potencialidade" heurística — o campo do possível — e a sua tradução concreta, como campo do necessário e realizável.

Querendo fazer uma breve avaliação crítica desse documento, podemos dizer que ele aponta, como um todo, as várias facetas da "complicada" e "complexa" questão da saúde do ponto de vista da sua dimensão "pública".[21] Em particular: Badgley sublinha o aspecto pragmático fundamental da necessária tradução da questão sanitária teórica para a prática, mas parece desconsiderar, paradoxalmente, a relevância do aspecto ético, como se este não tivesse a ver exatamente

21. Distinguimos "complicado" e "complexo", conforme a distinção feita por Isabelle Stengers (1985), que considera a "complicação" como noção "negativa (...) ligada a nossos limites" de observadores e a "complexidade" como dependente das "propriedades intrínsecas" do objeto observado (Stengers, 1985:65-66). Assim, a complicação, não sendo estrutural, não excluiria a redução ao "simples", ao passo que a "complexidade" a excluiria.

com essa tradução necessária. Para os autores aqui considerados — sobretudo Ferreira e Macedo —, a saúde é "explicitamente" apontada tanto como um compromisso da sociedade consigo mesma quanto como uma questão de "dever ser", isto é, relativa a um "conjunto de valores" para o agir. Tanto Frenck — que destaca a necessária continuidade para com a tradição — quanto Orellana — que estigmatiza a dissociação que existiria no campo da saúde entre teoria e prática — e que, para nós, constitui a questão central da ética, podem também ser integrados nos autores que reconhecem a importância da dimensão ética em saúde. Frenck e Terris, sem desconsiderar explicitamente a dimensão ética, sublinham o aspecto epistemológico-metodológico — o caráter "complexo" — apontando a multidisciplinaridade (Frenck) e a "relação lógica" de inclusão entre Medicina Social e Saúde Pública (Terris). Testa, por sua vez, coloca uma questão pertinente, mas polêmica, que consiste em inverter a abordagem tradicional das relações entre saúde e ciências sociais, ou seja, em abordar a saúde do ponto de vista social, ao invés de se preocupar com a mera inserção das ciências sociais na saúde. Polêmica porque numa leitura de superfície a afirmação parece desconsiderar a dialética complexa entre subjetividade individual e subjetividade social (Guattari, 1990), entre o biológico, o emocional e o social. A questão é, de fato, pertinente: por um lado, porque introduz a dimensão simbólica e imaginária do corpo humano (que nunca se dá disjunta do social, embora se encarne nos organismos "individuais" concretos) e, por outro, porque ela desvela um questionamento prévio — nunca formulado quando se fala em "crise da Saúde Pública". Se a saúde pode ser abordada "publicamente", se ela já o foi de fato, qual seria então o tipo de relação simbólica e imaginária que se estabelece com o sofrimento e a mortalidade das pessoas, nas coletividades, nas instituições e, em particular, com os governos chamados a tutelar o bem-estar dos cidadãos?

Como escreve o médico e escritor Moacyr Scliar, referindo-se ao livro de Carlos Chagas Filho — *Carlos Chagas: meu pai* (1993) : "o calcanhar-de-aquiles da saúde pública [é] a sua relação com o poder, uma faca de dois gumes porque não é possível fazer saúde pública sem o governo, ao menos em larga escala" (Scliar, 1993). A esse respeito poder-se-ia perguntar, parafraseando uma afirmação de Nietzsche, se não temos uma saúde pública adequada é porque não temos uma concepção adequada daquilo que é público?[22] Com efeito, dos dois sentidos originais de "público" — "pertencente ao povo" e "aqueles que assistem a um espetáculo" — somente o segundo, mais tardio, parece sobreviver, pelo menos nos seus aspectos negativos e midiatizados, denotados pela expressão "calamidades públicas" e afins. Mas aqui já entraríamos numa discussão que, embora pertinente do ponto de vista ético-político, não é nossa intenção abordar diretamente, deixando-a, portanto, em aberto.

Concluindo essa primeira aproximação, podemos afirmar que, a partir do texto da OPS considerado, os principais desafios éticos da Saúde Pública delineiam-se como sendo os da "ponte" necessária entre teoria e prática, dos conflitos entre possível e fatível, entre fazer e dever, conflitos que nos remetem ao campo da bioética, pois dizem respeito aos vínculos entre o que "é", ou "vai ser", e o que "deve ser". Com efeito, o campo da ética, do qual se faz questão aqui, inclui a questão das relações entre teoria e prática; entre tradição (dada pelos hábitos, costumes) e a inovação (requerida pela condição humana de necessidade); enfim, a questão — que se tornou urgente na atualidade — das relações entre possível e realizável, entre mundo da vida — que é também natural — e mundo do agir — que é também tecnocientífico — e que deve ser necessariamente um "agir justo" (Jonas, 1991:70).

2.2. *O nível da crise "por excesso" do real e do simbólico*

Num segundo nível de aproximação, a crise da Saúde Pública pode ser vista como crise "por excesso", tanto do real como do simbólico.

2.2.1. Crise por excesso do real

"Crise do real" porque, apesar da funcionalização, da previsão e do cálculo de "tudo o que está sendo, o que não está sendo e o que está vindo a ser" em sujeitos e objetos, em "dispositivos" pelos quais o real

22. Nietzsche afirma: "Não temos uma filosofia popular porque não temos um conceito nobre de 'povo' (*publicum*)" (Nietzsche, 1969:46).

teria que "prestar conta", tornando-se "acessível" e "disponível" (Carneiro Leão, 1991:1-3), existiria uma resistência do real ao niilismo do "em-plante" tecnocientífico (*Ge-stell*), que se torna patente sob a forma de crise. Isso quer dizer que, apesar do "arrazoamento-imposição" (*Gestell*) e da coação ao desvelamento do real — que para Martin Heidegger constitui a essência da técnica moderna (Heidegger, 1990:9-41) — e que Emmanuel Carneiro Leão traduz como essência do mundo moderno (Carneiro Leão, 1991:1-3), podemos também interpretar a atual turbulência em que se inscreve a crise da Saúde Pública como um "resto" da manipulação, uma impossibilidade de controle. "Resto" não somente no sentido daquilo que sobra da manipulação e do desvelamento niilista, mas também como aquilo que no real resiste como mistério, desassossego, subtração ao poder humano. Resto, em suma, como persistir de uma diferença não-simbolizável, como "impossível" a ser conhecido, controlado e, portanto, transitável no imaginário humano como passível de ser tanto ameaça como salvação. Resto que se subtrai à potência da "lógica conjuntivista identitária" (Castoriadis, 1978:203-214; 1987:414-416), ao "arrazoamento" do real operado pela metafísica realizada, constituída pelo dispositivo da tecnociência (Heidegger, 1990).

Nesse sentido, a crise — qualquer crise — pode ser considerada indício de uma verdadeira "insubordinação do real" diante do projeto moderno de controle, domínio e processamento, que visa transformar o real em realidades identificáveis e distinguíveis, em objetos e dados. "Crise do real" indica, portanto, que o real permanece inesgotável e misterioso, que ele se venda no processo de desvendamento, que ele se subtrai, como *em si*, ao poder do simbólico. Anders — leitor de Heidegger — exprime este fato afirmando que "estar escondido é provavelmente a *conditio sine qua non* do ser individual", quer dizer, "a questão da coisa em si é uma questão do indivíduo em si [e] a verdade vem obstaculizada pelo ser indivíduo", pois, sem este esconder-se, o ente individual alienar-se-ia (Anders, 1992:392).

Essa concepção do real encontra-se tanto na tradição materialista do Ocidente como na sabedoria oriental, como tenta demonstrar a "síntese" de Fritjof Capra, entre as concepções da física quântica e o misticismo oriental (1974;1982;1988) e, atualmente, Francisco Varela (1992). Inversamente, como toda realidade só existe como real simbolizado — se ela é construída pela função lógico-lingüística e pela prática humana no interior de uma sociedade e de uma cultura —, a realidade só pode ser "uma careta do real" (Lacan, 1974:17), pois não haveria "nenhuma realidade pré-discursiva" (p.33), logo que não seja integrada na ordem do simbólico. O real apresentar-se-ia, então, sempre como "algo" que pode ser encarado, seja como um defeito seja como um excesso do processo de embate que o simbólico há de ter com ele. A realidade, por seu lado, seria um "setor" limitado do real, ou — para lembrar uma imagem de Jorge Luiz Borges — a realidade seria o mapa do território real que, como mapa, nunca pode ser uma cópia sobreponível ao território, que, ademais, revelar-se-ia perfeitamente redundante, logo inútil. Resumindo, "crise do real" quer dizer "insubordinação" no processo manipulador do real e "indecisão" no seu mapeamento ou cartografia.

Se olharmos a crise da Saúde Pública desse ponto de vista, ela aparece como o efeito de uma impossibilidade em lidar de maneira satisfatória com aquilo que, por natureza própria ou por "inércia", sempre seria velado no processo de aproximação por desvelamento, ou, então, como aquilo que nesse processo só seria dado como excesso ou catástrofe. Em outras palavras, o real é aquilo que não "se dá" como queremos ou se dá independentemente do nosso querer.

2.2.2. Crise por excesso do simbólico

A "crise do simbólico" é, em primeiro lugar, constatável como efeito do excesso do real, na realidade concreta de relaxamento dos vínculos de solidariedade e responsabilidade entre humanos, num momento de rápidas transformações do mundo vivido e de bifurcações igualmente promissoras e ameaçadoras, que interpelam o próprio ser humano.[23] Este "ser" é um animal especificamente simbólico, ou seja,

23. Nos termos de filosofia natural, desenvolvidos por Hans Jonas, a responsabilidade humana é uma responsabilidade para com o "ser" ao qual o humano pertence. Contrariamente à concepção hermenêutica que, a partir do segundo Heidegger, identifica o ser com a linguagem, para Jonas trata-se do ser identificável como vontade natural em continuar existindo. Como afirma o próprio autor, "talvez se pudesse falar numa aspiração da matéria, que conseguiu ter uma consciência de si e a capacidade de sentir. Acredito que tudo isso esteja presente em nós, que, por isso

um organismo vivo que se torna humano porque a sua norma consiste em ser uma espécie em que a natureza biológica se reestrutura, ao longo do processo evolutivo, pela qualidade emergente da função lógico-lingüística que chamamos genericamente "cultura". Como escreve Jacques Lacan:

> Se o homem chega a pensar a ordem simbólica é porque esta se encontra, antes, no seu ser [*si l'homme vient à penser l'ordre symbolique, c'est qu'il y est d'abord pris dans son être*]" (Lacan, 1966:53).

Em segundo lugar, a "crise do simbólico" pode ser vista como efeito de um excesso de poder do *know-how* humano sobre o mundo natural e sobre o humano, como ser também natural. Com efeito, essa norma simbólico-lingüística específica do humano — que se "encarnou" na competência tecnocientífica do mundo moderno — vem assumindo, desde o pós-guerra, os contornos de uma "natureza cibernética" (Moscovici, 1977 *apud* Barbosa, 1993a:64), ou de uma "natureza virtual" (Maldonado, 1992), pela modelização da realidade, tornada possível com as tecnologias emergentes como a informática, as telecomunicações, a bioengenharia, a robótica e a tecnologia dos materiais avançados.

Atualmente, o poder simbólico está atingindo os próprios "limites" da vida biológica e social. Assim, estaria aumentando tanto o "poder humano de destruição" quanto o "não menos terrível e não menos difícil de compreender" novo poder de "produzir novos elementos jamais encontrados na natureza" antes, o que nos torna capazes de "fazer aquilo que todas as eras passadas viram como o maior, o mais profundo e o mais sagrado mistério da natureza: criar ou recriar o milagre da vida" (Arendt, 1991:281). Os riscos inerentes a tal poder são apontados, por um lado, politicamente pelos movimentos ecologistas e, por outro, pelas dicussões bioéticas sobre as conseqüências de uma intervenção no "projeto da vida" (Dulbecco, 1987), tanto humana

---

mesmo, [temos] o sentimento de um dever e que, portanto, somos responsáveis para com o ser" (Jonas, 1991:69).

quanto não-humana. Nesse sentido, estaríamos assistindo ao "advento de uma nova ordem natural", baseada na "ação reguladora" de tipo "cibernético", ou seja, de "transformação deliberada e interessada (...) de estados de matéria, independentemente da sua plasmação física, psíquica, energética ou social" (Barbosa, 1993b:5-9).

E, por isso, pensamos que, hoje em dia, assistimos a uma recuperação da centralidade da questão ética: "já que, ao nos descobrirmos fator de regulação (inventores de naturezas) das forças materiais, nossa razão torna-se, conseqüentemente, responsabilidade" (Barbosa, 1993a:67). O "nosso futuro comum" (Brundtland, 1991) depende, portanto, seja dos desdobramentos da tecnociência, como destino irreversível da comunidade humana (*Schicksalgemeinschaft*) (Morin-Kern, 1993:42), seja de uma ética da responsabilidade relativa ao fazer técnico, isto é, de uma "ética tecnocientífica" (Barbosa, 1993b:14). Esse tipo de ética, relativa a uma nova *physis* (Ceruti e Laszlo, 1988), distinguir-se-ia (mas sem excluí-los) de dois tipos de simplificação, isto é, tanto da "fuga pós-moderna para frente" — que considera legítimo realizar todo o possível da tecnociência — quanto da posição "conservativa" e "regressiva" do "retorno à primeira natureza", pois a única via possível seria aquela da "prudência" como "lugar de encontro tensional (...) da cega audácia e da otimista conservação" (Barbosa, 1993b:67).

Resumindo: nessa ética "prudente" estariam preservadas tanto a "capacidade ética dos indivíduos e da vida humana (...) porque o homem só tem valor devido ao fato de ser a fonte de todo e qualquer valor", quanto a abertura para a evolução do *multiversum*, pois "uma visão absoluta e totalmente clara dessa capacidade ético-vital é impossível, porque ela faz parte das próprias condições-limite (abertura e opacidade) do humano [que fazem com que] não haja regras, modelos ou teorias gerais e definitivas que nós simplesmente aplicaríamos" (Barbosa,1993b:68).

Essa ética do "terceiro tipo" — que não estaria embasada nem nas morais religiosas tradicionais nem nas concepções modernas do dever laico, rigorista e categórico — caracteriza, segundo a definição sugerida por Gilles Lipovetsky, as assim chamadas sociedades "pós-moralistas" (Lipovetsky, 1992). Nestas, a "ética do terceiro tipo" seria, substancialmente, uma "atitude em "ganhar tempo" contra o mal e o sofrimento dos homens" (Lipovetsky, 1922:22), limitando a sua proliferação. Dito de outra forma, perante a incapacidade dos humanos em se entender sobre um Bem Comum — a não ser, talvez, a própria vida — restaria a possibilidade de um acordo sobre o reconhecimento do mal, característica de uma ética "inteligente" e "firme nos princípios humanistas básicos", mas capaz de compromissos "com as circunstâncias, os interesses e as exigências de eficácia" (Lipovetsky, 1992:22). Assim, as sociedades democráticas "pós-moralistas" atuais conseguiriam — segundo Lipovetsky — combinar, *de facto*, dois discursos aparentemente contraditórios: aquele da aspiração coletiva à moral e aquele da degeneração moral, inscrita na irresponsabilidade individualista do *self-interest*. Todavia — precisa o autor —, essa coabitação de discursos, logicamente excludentes, obrigar-nos-ia a revisar a fácil assimilação entre individualismo e imoralidade, ou seja, "a complexificar o modelo neo-individualista encarado muito sumariamente como alheio a qualquer preocupação moral"(1992:12).

Com efeito, essa ética do "pós-dever" não seria um "retorno" da ética tradicional — no sentido de uma "ressurreição do dever maximalista" (Lipovetsky, 1992:22) — nem a "invenção de valores morais novos" (p.13) — ou "aberração de uma 'refundação' da ética" (p.22) — mas uma "nova maneira de relacionar-se aos valores" (pp.12-13). Em síntese, tratar-se-ia de "uma nova lógica do processo de secularização da moral" que, tendo liquidado todos os valores de sacrifício, só apostaria no "bem-estar e na dinâmica dos direitos subjetivos, [nos] direitos individuais à autonomia, ao desejo, à felicidade" (1992:15). A ética pós-moralista seria, portanto, "fraca e minimal, sem obrigação nem sanção", indolor, capaz de reconciliar "os imperativos do futuro e a qualidade de vida do presente" (1992:15).

Contudo, não se trataria de "tolerância permissiva" para com o "individualismo sem regras", mas de um "alargamento dos direitos individuais" (Lipovetsky, 1992:15-17). Isso faria com que a cultura do "pós-dever" produzisse, ao mesmo tempo, normalização e anomia, ou seja, uma dissociação, uma "dualização das democracias" (1992:18), que não se daria como "declínio de todas as virtudes", mas como "justaposição de um processo desorganizador e de um processo de reorganização ética que se estabelece a partir das próprias normas individualistas [razão por que] se deve pensar a idade pós-moralista como um 'caos organizador'" (p.17). Mas, para dar conta desta "dualização", seria preciso distinguir duas lógicas antinômicas do individualismo: o individualismo responsável, vinculado "às regras morais, à eqüidade, ao futuro", e o individualismo irresponsável do "cada um para si" e do "*après moi le déluge*" (1992:18). Trata-se, portanto, de saber pensar "a combinação de uma lógica desorganizadora e simultaneamente reorganizadora, 'entrópica' e reguladora" (p.18).

Para Lipovetsky, a sociedade do pós-dever não leva necessariamente "a *Mad Max*", pois, "em face do cinismo e da irresponsabilidade, as forças do individualismo responsável não disseram ainda sua última palavra, como testemunha o sobressalto ético contemporâneo" (1992:18). O problema, em suma, é o de "fazer progredir o individualismo responsável" (p.18), pois seria nisso que se decidiria o futuro das democracias. O fato aparentemente paradoxal — destacado pelo autor — é que a problemática ética adquira uma importância central nas sociedades pós-moralistas, no exato momento do desmoronamento das grandes cosmovisões e ideologias contemporâneas, confrontadas com os intrincados problemas do presente. Mas este fato se explicaria por uma espécie de "reencarnação eticista da ideologia", que se daria como crescimento da responsabilidade para com o futuro e como reforço dos valores humanistas.[24] Não se trataria, portanto, de nenhum tipo de altruísmo abstrato, mas, sim, do "altruísmo" decorrente de uma "moderação" dos próprios interesses individuais, de uma procura de compromissos razoáveis, de "'justas medidas' adaptadas às circunstâncias e aos homens como são" (Lipovetsky, 1992:20).

Nessa "ética indolor", tratar-se-ia, portanto, de combinar eqüidade e eficácia, lucros individuais e interesse coletivo (presente e futuro),

24. Para Morin (1991b) — que retoma uma avaliação feita por Gachet (1989) —, o desmoronamento dos ideais revolucionários de 1917 constitui a "revanche" dos ideais da Revolução dos direitos humanos de 1789, depurados dos excessos de 1793. Tais ideais são sintetizáveis na "trindade complexa Liberdade/Igualdade/Fraternidade [que] concentra numa unidade inseparável os princípios fundamentais da democracia moderna [e em que] os três termos complementares são, ao mesmo tempo, antagônicos [e constitutivos do] mito de hominização" (p.27). Assim, torna-se possível que, "do ponto de vista ético e político, possamos escolher os direitos do homem e a abolição dos privilégios, recusando o Terror ou o Termidor" (p.23).

liberdades e solidariedade. Mas, para isso, seria preciso resgatar a função da razão pragmática e experimental, pois "as perversões da razão prometéica não condenam sua essência" e, se "a razão moral fixa os objetivos, só a razão instruída pode nos aproximar dela" (Lipovetsky, 1992:21-22). Esse tipo de razão seria menos exigente para com o indivíduo, porém mais eficaz socialmente; menos categórica para com as pessoas, todavia mais constrangedora para as organizações; mais capaz de responsabilizar os humanos e de corrigir os "vários excessos ou indignidades das democracias" (1992:22).

Como vimos, a crise do simbólico está enraizada, por um lado, na "insubordinação" do real — como excesso diante do simbólico — e, por outro, paradoxalmente, no excesso de potência do simbólico, da cultura sobre a vida na forma da sua "cibernetização" e "virtualização".[25] Este "excesso" de aniquilamento do real deve, portanto, ser considerado tanto sob o seu aspecto destinal, que faz com que o humano só pode autofabricar-se (Ortega y Gasset, 1963:41) — inclusive sob a forma da virtualidade imaginária que torne o real mais suportável — quanto sob o aspecto (indissociável do primeiro) de ameaça dos

25. De fato, querendo ser mais rigoroso, não é somente de um "excesso" de simbólico que deveríamos falar, mas de uma verdadeira "colonização" do simbólico pela simulação e pela virtualização do real. Nesse sentido, o simulacro é efetivamente "hiper-real", um substituto do real que parece mais real do que o próprio real (Baudrillard, 1981). Desconhecendo o princípio de realidade, a simulação não precisa funcionar "racionalmente" — respeitando o princípio de não-contradição e do terceiro excluído — mas somente de forma analógica, virtual. O simulacro que representa a ordem hiper-real — a "ocupação" (*Besetzung*) do real sem a intermediação estruturante do simbólico — pode então ser visto como um fenômeno totalizador, substituto do real. Este fenômeno é visível na "virtualização" do real feita pelos meios audiovisuais, que funciona como um verdadeiro ocultamento de fatos reais, substituídos por simulacros hiper-reais. O exemplo paradigmático foi o tratamento dos fatos da Guerra do Golfo feito pela rede americana de televisão CNN, que Jean Baudrillard analisou no seu livro *A guerra do Golfo não aconteceu* (Baudrillard, 1991). Uma recente análise de Régis Debray mostra também como os próprios Estados precisam "seduzir" os telespectadores, pelos meios audiovisuais para existir (Debray, 1993). Este poder de virtualização pelos meios audiovisuais mereceria, entretanto, uma análise bem mais profunda que não pode, evidentemente, ser feita aqui. De toda maneira, pensamos que essa forma de processamento do real constitui um passo ulterior na "objetivação" do mundo, sob a forma da "nadificação" do real, que não parece contradizer a nossa argumentação geral.

delicados equilíbrios ecológicos, que se dá nas transformações, às vezes incontroláveis, das relações sociais e individuais que formam o *ethos* das sociedades. Como afirma Félix Guattari, a relevância da nossa crise não pode ser encarada somente "numa perspectiva tecnocrática [pois] só uma articulação ético-política — a que chamo "ecosofia" — entre os três registros ecológicos (o do meio ambiente, o das relações sociais e o da subjetividade humana) é que poderia esclarecer, convenientemente, tais questões" (Guattari, 1990:8).

Mas a crise do simbólico não é devida somente aos excessos nadificadores da cibernetização e virtualização. Ela é também uma crise de pertinência, tanto referencial como semântica, que afeta o próprio imaginário social. Como afirma Jacques Lacan, "a cultura distinta da sociedade não existe, [ela] é exatamente isso que nos segura" (Lacan, 1974:51), e "um discurso é aquilo que determina uma forma de laço social" (p.77). Nesse sentido, a crise do simbólico é uma crise na própria hominização, uma crise da humanitude do homem, isto é, da sua contribuição "específica" à história do universo (Jacquard, 1987:177). A crise do simbólico é, portanto, crise da norma humana como relação complexa entre dependência biológica e autonomia cultural.[26] Essa

26. Nesse sentido, Morin (1991c) fala da necessidade de um "pensamento ecologizado", capaz de quebrar o paradigma disjuntivo da cultura ocidental moderna, que "disjunge o sujeito e o objeto" — atribuindo o primeiro à filosofia e o segundo à ciência — e que, assim fazendo, separa também autonomia e dependência, sendo que a autonomia não é pertinente para o determinismo científico, nem a dependência para a filosofia. Ao contrário, o "pensamento ecologizado" referir-se-ia a um "paradigma complexo em que a autonomia do ser vivo, concebido como ser auto-eco-organizador, é inseparável da sua dependência" (p.215). Essa relação paradoxal, concerne tanto à autonomia material como à espiritual, tanto à técnica como à sociedade, porque, por um lado, "a organização do mundo externo está inscrita no interior da nossa própria organização vivente [ou seja], o mundo está em nós ao mesmo tempo em que estamos no mundo" (pp.215-216) e, por outro — graças à técnica, à cultura e à sociedade —, somos também autônomos, relativamente "estranhos" no nosso próprio mundo. Dessa forma, o "pensamento ecologizado" tenta resolver o velho dilema da oposição homem/natureza, combinando, por paradoxo ou "por metáfora" (Bateson, 1979), integração e distinção, ou seja, construindo uma relação dialógica, ao mesmo tempo complementar e antagonista, entre biosfera e esfera antropossocial. A principal conseqüência epistemológico-metodológica do "pensamento ecologizado" é uma possível recomposição disciplinar que, ao invés de "fazer cortes no tecido complexo do real [e] isolar as discipli-

crise atinge tanto o nível que chamamos — conforme o documento da OPS citado — "operativo" e "conceitual-metodológico", quanto a auto-representação e a autocompreensão que a humanidade vinha construindo e reconstruindo ao longo da Modernidade. Como argumenta também Carneiro Leão (1991), o domínio e a diferenciação funcional do mundo pela lógica tecnocientífica, que nos vem da modernidade, exigem certeza e segurança para que haja cálculo, controle e previsão. Nesse exercício do poder tecnocientífico sobre o mundo vivido — que configura o niilismo moderno — o conhecimento moderno seria necessariamente de tipo operativo, pois ele só admitiria verdades práticas. Isso faria com que o dispositivo da tecnociência moderna (o *Ge-stell* heideggeriano) precisasse de uma ultrapassagem contínua das relações antagônicas entre teoria e prática, relações que a própria Época Moderna estabeleceu a partir do paradigma disjuntivo sujeito/objeto, cartesiano, que legitimou a calculabilidade e objetivação do real.[27] A modernidade seria, portanto, também autofágica do

nas sem nunca poder juntá-las", permita observar os seres "sem destruir a inteligibilidade de suas vidas", sendo que "tudo aquilo que isola um objeto destrói sua própria realidade", pois não se trata só de dizer que os seres vivos não são coisas, mas também que "as próprias coisas não são coisas, isto é, objetos fechados" (Morin, 1991c:218-219).

27. Como escreve também Günther Anders, "a metafísica da revolução industrial" considera tudo, inclusive o humano, não como algo em si, mas como "uma mina a ser explorada" (1992:25). Portanto, conforme o arrazoamento da metafísica realizada na tecnociência moderna, não teríamos só "o dever de explorar todo o explorável, mas também de procurar descobrir a 'explorabilidade' tida como imanente a qualquer coisa (...). Portanto, a tarefa da ciência atual não é mais encontrar a essência secreta ou as leis imanentes do mundo das coisas, mas de descobrir a sua utilizabilidade secreta (...) *Ser* matéria-prima *é um criterium existendi*, ser é ser matéria-prima: esta é a tese de base metafísica da industrialização" (1992:25-26). Seria por isso que, atualmente, as maiores ameaças apocalípticas viriam do próprio humano: "a decisão entre ser e não-ser do mundo e do nosso futuro está agora inteiramente nas nossas mãos de homens" (1992:380). Em suma, para Anders, seríamos aprendizes de feiticeiro, porque não sabemos o que fazemos e, sobretudo, porque não sabemos que não sabemos. Mas, para o autor, esse "irracionalismo (...), pela primeira vez na história (...) deve a sua existência ao próprio racionalismo" (1992:372), ou seja, à lógica produtiva que requer o máximo poder sobre tudo e que pode levar para um "globocídio" (p.382). Uma visão diferente sobre essas mesmas questões encontra-se na obra de Hans Jonas que, embora compartilhe a crítica feita ao subjetivismo cartesiano, considerado responsável por ter trans-

ponto de vista do saber, pois a sua dinâmica consistiria numa transgressão sistemática das fronteiras disciplinares por ela mesma estabelecidas. Essa dinâmica pode ser descrita como processo de obsolescência tanto dos meios de manipulação do real e dos seus produtos, como das representações e construções simbólicas (teorias científicas e não), cujo "ciclo de vida" tenderia a reduzir-se cada vez mais por necessidade intrínseca do dispositivo tecnocientífico.

Contudo, essa autofagia no campo do *know-how* tecnocientífico teria atingido um ponto crítico na sua evolução disciplinar, um ponto de bifurcação caótico em que o conhecimento se configuraria como "indisciplina na multi, pluri, inter e transdisciplinaridade (...) impondo-se por toda parte" (Carneiro Leão, 1991:6-7).

A evolução interna do sistema da tecnociência — e, conseqüentemente, também do seu subsistema do saber-fazer no campo da saúde — dar-se-ia, então, numa dinâmica de complexificação crescente, de autonomização crescente e de interdisciplinaridade crescente, como meios de manipulação e controle, cada vez mais precários, para enfrentar a incomensurabilidade do real — seu resto no duplo sentido daquilo que "sobra" e que "resiste" — e as crises que necessariamente decorrem da relação entre insubordinação do real e controle simbólico. De outra forma, tudo se passaria como se a complexificação do dispositivo da tecnociência não conseguisse criar os indispensáveis meios de lidar com o seu dinamismo sem se tornar caótico, ingovernável.

Como sustenta Niklas Luhmann (Luhmann, 1984; 1986), a complexificação crescente de sistemas, como as sociedades humanas mo-

---

formado a filosofia em filosofia da consciência e por ter deixado a reflexão sobre a natureza para a ciência moderna (Jonas, 1974), evita o tom apocalíptico de Anders, concentrando-se na tarefa de delinear uma ética global para a civilização tecnocientífica, sintetizada em *O princípio da responsabilidade* (1979). Para Jonas, Anders limitar-se-ia à "constatação desesperadora do 'nunca mais'", enquanto ele se preocuparia com o "sempre já", pois acredita que "o homem autêntico não existirá nunca ou é simplesmente aquele que sempre existiu (...) em toda a sua ambigüidade que lhe é conatural [e] querer eliminá-la significa querer eliminar o homem e a sua incalculável liberdade" (Bolaffi, 1990). Sobre a questão levantada por Anders — a de que não sabemos de não saber — ver Morin (1986:9-25) que, aliás, faz jus a Descartes, citando a sentença nunca lembrada quando se fala no reducionismo de Descartes: "*L'erreur ne consiste qu'en ce qu'elle ne paraît pas être telle*" (Descartes *apud* Morin, 1986:9).

dernas, precisa de uma diferenciação funcional em subsistemas, com tarefas diferentes e específicas, a fim de aumentar suas possibilidades de ação, sem ter que destruir a complexidade, isto é, sem que o sistema perca a capacidade de utilizar o sentido já existente e elaborar novo sentido. Isso implica também subsistemas especializados de saber, sempre parciais, cada um com a própria visão da totalidade social, ao mesmo tempo autônoma e subordinada com relação às demais. Mas tais sistemas pagariam a própria complexidade crescente com a perda de toda a hierarquia de valores estáveis e com a obsolescência dos antigos sistemas estratificados e centralizados — reguladores da vida social baseada em fundamentos ético-religiosos — como condição do próprio dinamismo. Aplicando a teoria sistêmica a si mesma, esta pode ser concebida, por sua vez, como subsistema do sistema da tecnociência, tendo a sociedade como seu ambiente próprio, como horizonte universal de sentido (ou comunicação) para o sistema e seus subsistemas. A diferenciação funcional seria, portanto, uma forma de controle e normatização do real — controle dos conflitos sistema/ambiente — mas também de auto-organização — auto-relação ou autopoiese — do sistema.

Entretanto, o dispositivo tecnocientífico parece, hoje, fora de alcance do controle — tanto prático quanto teórico — como demonstrariam, por um lado, os efeitos patogênicos "inelutáveis" da tecnociência (p. ex. catástrofes nucleares e ecológicas) e, por outro, a impossibilidade de um metaponto de vista que dê conta de todas as comunicações reciprocamente referenciais que constituem o seu universo discursivo. Assim, com o crescer da especialização tecnocientífica — que é a forma assumida pela diferenciação funcional na tecnociência — perde-se a possibilidade concreta do controle do *know-how* tecnocientífico, como bem demonstram as atuais preocupações bioéticas em pôr limites ao possível tecnocientífico e em impor responsabilidades a longo prazo. Nesse sentido, tanto a catástrofe nuclear de Tree Miles Island como aquela de Tchernobyl seriam paradigmáticas, porque instaurariam os "tempos longos" como parâmetro de risco.[28]

28. Numa recente publicação, dois físicos (Belbeoch e Belbeoch, 1993) descrevem as conseqüências a médio e longo prazos da fusão do coração do reator de Tchernobyl, tentando demonstrar os mecanismos de gestão das crises nas "sociedades nucleares". Tal "gestão" baseia-se — segundo os autores — no silêncio sistemático e

Assim, a "indisciplinaridade" apontada por Carneiro Leão (1991) não seria nenhum acidente de percurso que poderia ser evitado mantendo as mesmas premissas e valores da civilização industrial na era da sua planetarização, mas a sua conclusão lógica "coerente" e inelutável, ou seja, pertencente ao próprio processo dinâmico de complexificação do sistema. É por isso que a crise pode ser considerada fundamentalmente de tipo ético, no sentido forte do termo, ou seja, do *ethos*, como uma das formas primeiras de manifestação do ser que condensa essencialmente os sentidos de "morada do homem", por ele mesmo construída e incessantemente reconstruída, e de "comportamento" que se enraíza nas leis (Vaz, 1988:11-16).

A situação de crise e descontrole prático-discursiva da tecnociência, apontada até aqui, nos introduz à questão disciplinar da Saúde Pública, a seus territórios conceituais, meios e métodos.

2.2.3. A "indisciplina" na Saúde Pública

Voltando ao debate interno no campo da saúde, queremos destacar a questão epistemológico-metodológica — implícita nas discussões sobre a pertinência das denominações de "Saúde Pública", "Saúde Coletiva", "Medicina Social" — a fim de mostrar sua complexidade.

Tais discussões constituem, na nossa interpretação, um indício do "desconforto" da teoria sanitária, ou seja, da crise entre real e simbólico delineada acima. Vale a pena, portanto, retomar alguns elementos conceituais e metodológicos, indicados anteriormente, quando apre-

na minimização dos riscos que os autores interpretam como a contraparte social da invisibilidade dos acidentes nucleares. Tchernobyl inauguraria, assim, a era da sociedade atômica civil, pois, embora os acidentes sempre fizessem parte da produção industrial, seus efeitos permaneciam um subproduto de consumo local. Na era nuclear, tal consumo — como todos os demais consumos — tornar-se-ia consumo de massa que, portanto, deveria ser gerenciado socialmente, ao invés de deixá-lo simplesmente nas mãos de "especialistas" vinculados a estruturas de interesses e poder, quer sob forma de financiamentos para as pesquisas quer porque movidos pela busca de prestígio acadêmico, num contexto de competição acelerada, dominada pelo mercado.

sentamos o documento da OPS, mas de forma mais sistemática e articulada.

Para mapear os *Holzwege*[29] deste debate, apresentaremos detalhadamente alguns textos recentes de autores brasileiros que julgamos significativos não tanto pelo valor em si — decorrente da "novidade" dos seus assuntos ou da "originalidade" das abordagens — mas pelo fato de que, no seu conjunto, eles nos permitem delinear as diferenças e as identidades, a pertinência ou não das distinções que existem — ou que são supostas — entre "Saúde Pública", "Saúde Coletiva" e "Medicina Social", sendo que, intuitivamente, as três expressões referem-se a uma mesma realidade de "reunião" (coletivo), de "associação" (social), de "coisa comum" (público). Dessa forma, o conjunto de textos toca, embora de maneira desigual, os vários aspectos da complexidade do "bosque" da Saúde Pública, ajudando-nos a trilhar nosso próprio *Holzweg*.

O primeiro texto (Birman, 1991a e 1991b) foi escolhido porque permite começar o debate — distinguindo as áreas de "Medicina Social", "Saúde Pública" e "Saúde Coletiva" — e devido à importância atribuída à dimensão simbólica em saúde do ponto de vista da "Saúde Coletiva". O segundo texto que, na realidade, corresponde a duas publicações (Franco e Nunes, 1991 e Nunes, 1992) complementa o discurso do primeiro, argumentando sobre a pertinência em se utilizar o termo — "desmerecido" pelos demais autores — "Medicina Social". O terceiro (Costa, 1992), retomando as argumentações em prol da expressão "Saúde Coletiva", reafirma a superioridade heurística deste conceito para dar conta da realidade "científica" da pesquisa em saúde. O quarto (Gallo, 1992) faz questão de indicar a ética como dimensão fundamental em saúde, embora somente *sui generis*, adotando, implicitamente, uma postura de abertura para as múltiplas e vinculadas dimensões sanitárias. O quinto e último (Campos, 1991) representa, à nossa maneira de ver, uma espécie de síntese dos argumentos dos outros textos e foi escolhido porque apresenta também uma proposta de ética em saúde praticável por sanitaristas e outros profissionais ligados

29. Utilizamos a metáfora da qual se serve Heidegger para indicar os "caminhos do bosque", os "percursos interrompidos" que só levam a uma "clareira" (*Lichtung*) dentro do próprio bosque, ao invés de constituir uma saída (Heidegger, 1950).

às questões em saúde. Trata-se, portanto, de um texto que resgata, explicitamente, a dimensão de "razão prática" da ética, vinculando teoria, prática e instituição.

Para Joel Birman (Birman, 1991a;1991b), "Saúde Pública", "Saúde Coletiva" e "Medicina Social" — embora indiquem aparentemente a mesma realidade — não seriam de fato sinônimos, mas "diferentes modalidades de discurso, com fundamentos epistemológicos diversos e com origens históricas 'particulares'" (Birman, 1991a:8). Em particular, a modalidade discursiva específica da Saúde Pública seria o "naturalismo médico", legitimador da crescente medicalização do espaço social que, a partir do final do século XVIII, teria silenciado qualquer consideração de ordem simbólica e histórica "na leitura das condições das populações a que se destinam as práticas sanitárias" (1991a:8). Essa leitura "naturalista" ter-se-ia imposto como "razão triunfante" e universal, legitimando as práticas de medicalização, sendo que a Saúde Pública teria, dessa forma, encontrado, "definitivamente, o seu solo fundador" (1991a:9). Ao contrário, a concepção "coletiva" da saúde — mais preocupada em repensar o conceito de saúde na sua totalidade ao invés de reduzi-lo ao seu aspecto naturalístico — procederia de uma crítica sistemática desse universalismo médico, afirmando que a questão da saúde seria mais abrangente e complexa do que a leitura feita pela medicina. Graças às ciências humanas, a Saúde Coletiva teria desconstruído as categorias de "normal", "anormal" e "patológico", mostrando, com Canguilhem (1966) e Foucault (1963; 1975), como estas são reguladas por valores.

Introduzindo a mediação da linguagem na análise das relações do sujeito consigo, com os outros e com o mundo, a Saúde Coletiva destacaria então as dimensões simbólica, ética e política dos corpos humanos e, portanto, relativizaria a importância do discurso biológico, reestruturando o próprio universo discursivo da saúde, que passaria dos temas próprios da Saúde Pública — o campo das normas pertinentes do ponto de vista biomédico — para aqueles, mais complexos e integrais, da Saúde Coletiva. Mais especificamente, esta preocupar-se-ia em legitimar o conceito de "corpo simbólico", irredutível ao conceito de "corpo biológico" (Birman, 1991b:16). Isso se daria pela introdução do sujeito da interpretação no próprio campo das ciências biomédicas, e pelo desprendimento da idéia de Estado "visto como espaço hegemônico para a regulação da vida e da morte na sociedade" (1991a:10), para concentrar-se na própria sociedade, ou seja, no tecido social, marcado pelas diferenças e pela heterogeneidade que conformam o poder instituinte intrínseco à própria vida social. Por isso, o campo da Saúde Coletiva seria "fundamentalmente multidisciplinar", pois admitiria no seu universo de pertinência uma diversidade de objetos e de discursos "sem reconhecer, com relação a eles, qualquer perspectiva hierárquica e valorativa" (Birman, 1991a:11).

Portanto, o conceito de Saúde Coletiva subverteria aquele de Saúde Pública "nas suas coordenadas fundamentais" (Birman, 1991b:15), reconhecendo e retomando "o relativismo e a singularidade das comunidades e das individualidades, marcas fundadoras da diversidade e da diferença que se estabelecem nos registros do social e do psíquico" (1991b:17). Mas integrando o sujeito da interpretação (o observador) nas análises do campo da saúde, mergulhar-se-ia num universo de valores "onde se colocam questões fundamentais nos registros da ética e da política" (1991b: 20), das escolhas sobre a vida e a morte, sobre o prazer e a dor, pois, como já nos ensinara Freud, "o indivíduo pode adoecer e até mesmo morrer por impasses inscritos na ordem simbólica" (Birman, 1991b:21). Esse remanejamento da biologia humana pela ordem simbólica dá-se no corpo humano concreto, "principalmente construído pelas modalidades das relações sociais que instituem os sujeitos como individualidades e pelos códigos culturais que as comunidades sociais constituem como sujeito na sua história" (1991b:21).

Entretanto, o autor, preocupado mais em delinear a identidade da Saúde Coletiva por diferença para com a Saúde Pública, não parece reconhecer a relevância da "Medicina Social", embora esta pertença, de direito, aos motivos e à história do debate sanitário, como tenta mostrar o texto seguinte.

De fato, como escrevem Saul A. Franco e Everardo D. Nunes na Apresentação à obra coletiva *Debates em Medicina Social* (Franco *et al.*, 1991:7-16), a expressão "Medicina Social" é inicialmente utilizada, em 1848, por Guérin, para indicar a sistematização de um conhecimento referido às relações entre saúde e sociedade, visando a uma proposta global de reforma médica em substituição a termos como higiene social, política médica e higiene pública, ou seja, os aspectos biomédicos *lato sensu* que — segundo Birman — a Saúde Coletiva teria tentado ultrapassar com a sua reformulação do campo sanitário. Outros — como Rudolf Virchow — consideravam a própria medicina como ciência social e a Medicina Social como uma prática político-social norteada por três princípios: 1) a responsabilidade social para com a saúde de todos; 2) o reconhecimento do efeito das condições econômico-sociais sobre o processo saúde/doença; 3) a necessidade de enfrentar tal processo tanto em campo médico como socialmente. Por outro lado, e com sentido afim, desenvolveu-se — a partir da Inglaterra — a "Saúde Pública", orientada por questões de saneamento e que considerava o Estado como agente complementar da iniciativa privada.

Inicialmente existem, portanto, duas denominações: "Medicina Social" e "Saúde Pública". Mas, a partir da metade do nosso século, aparecem duas novas expressões de derivação norte-americana: "Medicina Preventiva" e "Medicina Integral", que visam reformar as práticas médicas, enfatizando os aspectos coletivos pelo viés da prevenção e devido à necessidade de integrar os conhecimentos biológicos, psicológicos e sociais. Para os dois autores, a denominação "Saúde Coletiva", utilizada sobretudo no Brasil — que pretende superar tanto o aspecto restritivo da medicalização (o "naturalismo médico" referido por Birman) quanto a oposição público/privado —, não conseguiria resolver as insuficiências terminológicas, na medida em que "social" não seria redutível a "coletivo", tratando-se de uma "totalidade" (ou "fato social total": Mauss, 1923-4) que inclui também o coletivo. Assim sendo, os autores propõem-se a conservar, "provisoriamente", a denominação "Medicina Social", devido, sobretudo, ao seu caráter mobilizador de debates, lembrando também que a superação dos limites terminológicos só será atingida como "produto do amadurecimento conceitual e da realização e legitimação social deste campo de saber e da sua prática" (Franco e Nunes, 1991:11-12). A Medicina Social seria, portanto, um campo em construção, "multitemático", que teria a ver com "a vida humana, a saúde, a doença e a morte (...), como entidade e realidade histórico-social" (1991:8), ou seja, "do homem como sujeito social" (p.15).

Mais especificamente, a Medicina Social consistiria num conjunto de práticas — inclusive a prática teórica — que visam à "transformação positiva" das condições de vida e de saúde. Portanto, que pretende penetrar o vasto campo das dimensões sociais do processo saúde/doença, como a responsabilidade social para com a saúde da totalidade dos membros de uma sociedade, assim como os efeitos das condições socioeconômicas e as medidas concretas a serem adotadas para combater a doença, tanto social como individualmente. Todavia — admitem os autores —, a denominação de "Medicina Social" é problemática porque a medicina tem uma longa história de "poder hegemônico" no campo da saúde, conceitualmente pouco conciliável com a conotação de "democracia" implicada na expressão "medicina social", e com o seu esforço em "transcender" o mero território da doença para "penetrar" nos campos da vida, da saúde e da morte (Franco e Nunes, 1991:9-10).

Tratar-se-ia, portanto, de uma "inconveniência em manter um nome que não exprime a realidade teórico-prática que quer indicar, nem produz o efeito de convocação e mobilização transdisciplinar e transprofissional desejado" (1991:10). Porém — advertem os autores — a questão não seria só terminológica, tendo a ver também com a própria caracterização e contextualização do "social" da Medicina Social. Atualmente, esta estaria afetada pelas questões emergentes da tecnologia — das suas fronteiras sanitárias, do seu impacto sobre a saúde, dos serviços de saúde e dos custos; pela questão da bioética e do ambiente; da saúde do trabalhador; da saúde mental; da condição da mulher; da violência; da fome e da miséria; das relações entre cultura e saúde (1991:12). No que diz respeito a uma possível caracterização da corrente latino-americana da Medicina Social, os autores detectam-na no reconhecimento do caráter histórico-social da problemática da saúde e na opção predominante para o marco teórico-metodológico do materialismo histórico que, no entanto, se trataria de consolidar e enriquecer "superando [seus] dogmatismos e reducionismos" (p.14). Em conclusão: para Franco e Nunes, a Medicina Social — apesar de todas as críticas formuláveis a seu respeito — constituiria uma proposta global alternativa para a saúde — mesmo que "embrionária" —, pois ela teria a ver com "as bases conceituais da problemática sanitária, os conteúdos e práticas metodológicas, tanto do saber como do fazer social em saúde", supondo, no entanto, que ela seja capaz de formular "a revisão epistemológica do campo científico implicado", de procurar "abordar a totalidade da temática e de contribuir na busca de alternativas aplicáveis" (1991:15).

Numa avaliação da produção científica no campo sociomédico entre 1950 e 1985, Everardo D. Nunes nota o aumento das abordagens interdisciplinares e destaca que as áreas que mais cresceram estão relacionadas "no ponto de intersecção de disciplinas como a física e a biologia e como resultado da difusão no campo médico de metodologias desenvolvidas em outras ciências" (Nunes, 1992:143). No campo mais específico e recente das Ciências Sociais em Saúde, o autor sublinha a grande potencialidade dessa produção, apesar dos problemas que continuariam a desafiar a "imaginação sociológica" dos pesquisadores, preocupados em reconstruir a "realidade" do processo saúde—doença (a sua "totalidade" nos termos de Mauss), crentes de que esse tipo de conhecimento possa contribuir para a transformação da realidade sanitária. O tom "otimista" sobre o futuro da Medicina Social não impede, entretanto, o autor de ter a devida cautela ao apontar as dificuldades que ela enfrenta no momento em que encontra a complexidade crescente do "objeto" saúde.

Na avaliação de Nilson R. Costa (Costa, 1992), a Medicina Social teria tido o mérito de apontar o reducionismo biomédico da saúde, mas a verdadeira novidade no campo da saúde seria constituída pela Saúde Coletiva. Esta, no entanto, deveria ser considerada, no contexto latino-americano, um fato, sobretudo brasileiro, devido à "extensa" contribuição das Ciências Sociais no Brasil, que teriam permitido pensar os problemas de saúde e da doença "de maneira abrangente", articulando Medicina Preventiva, Saúde Pública, Medicina Social e Ciências Sociais em Saúde. Do ponto de vista metodológico, somente a Saúde Coletiva teria, portanto, uma dimensão verdadeiramente científica, decorrente tanto do seu aspecto de "movimento de idéias" como de esforço de pesquisa. Ela teria igualmente uma dimensão política, devida ao esforço de formulação de políticas públicas, e uma caracterização profissional-corporativa, devida à organização dos sanitaristas. Do ponto de vista propriamente crítico-conceitual, a Saúde Coletiva poderia ainda ser caracterizada como campo de conhecimentos efetivamente articulados, o que implicaria que "dificilmente a configuração do campo da Saúde Coletiva poderá ser compreendida pela simples subordinação a um campo de conhecimento ou como resultado da justaposição de fragmentos desarticulados de disciplinas científicas" (Costa, 1992:127).

Essa necessidade de uma autêntica interdisciplinaridade (embora o autor não utilize este termo), que parece caracterizar o aporte principal das Ciências Humanas e Sociais à saúde, se faria sentir na preocupação em não limitar a crítica à redução do enfoque biomédico. Esta deveria ainda estender-se ao reducionismo político. Como escreve o autor, "creio que a evidência da produção científica não permite restringir o movimento de idéias da saúde coletiva, simplesmente, à dimensão política" (1992:131), assim como às utilizações reducionistas de tipo estruturalista e foucaultiano, ou seja, à "visão rígida e unidirecional no uso de categorias como Estado, poder (...) na análise de relações entre estrutura e sujeito, sociedade e natureza, social e biológico" (p.131).

Essa posição, embora releve justamente as distorções reducionistas, inclusive a política, assim como a precariedade de fato da interdisciplinaridade no campo da saúde, parece, entretanto, não ter em conta a profunda "reterritorialização" que vem ocorrendo tanto nas Ciências da Vida (graças à biologia molecular, à neurobiologia, à ecologia, aos estudos do comportamento, à teoria sistêmica...) que, desde os anos 1950, vêm formulando os próprios fundamentos epistemológicos das assim chamadas Ciências da Complexidade, como nas próprias Ciências Sociais, preocupadas em estabelecer diálogos profícuos com as primeiras, saindo, portanto, das suas cidadelas sem, por isso, renunciar às suas vocações disciplinares.[30]

30. Esse "diálogo" interdisciplinar não se dá somente no interior das tradicionais *Geisteswissenschaften* ("Ciências do Espírito") que — conforme a distinção proposta por Dilthey (1883) — se oporiam às *Naturwissenschaften* ("Ciências da Natureza") por conter no objeto de estudo o próprio sujeito epistêmico, mas está sendo tentado também entre as assim chamadas "duas culturas", contradizendo o prognóstico de uma separação cada vez mais rígida entre elas (Snow, 1959). Lembraremos somente os exemplos do diálogo de Habermas com Piaget-Kohlberg (Habermas, 1983), de Luhmann com Maturana e Varela (Luhmann, 1984; 1986) por um lado; a "nova aliança" de Prigogine (Prigogine e Stengers, 1979), por outro lado. Sobre essa questão ver também aqui a Introdução, em particular a discussão sobre o "paradigma evolucionário" (Laszlo, 1986).

Para Edmundo Gallo (Gallo, 1992), o campo da Saúde Coletiva ter-se-ia originado de uma dupla crítica — de filiação marxista — redutível a duas concepções igualmente a-históricas da saúde. A primeira crítica — chamada de "individualismo possessivo" — teria como alvo a concepção burguesa da sociedade, formada por indivíduos livres, iguais e proprietários. A segunda, atrelada à concepção que reduziria o processo saúde/doença a uma relação "etiológica e no máximo ambientalista (...), inserida numa perspectiva linear de progressividade", ao "evolucionismo/biologicismo" (Gallo, 1992:137). Mas, com essa dupla crítica, a dimensão clínico-biológica teria sido subsumida à dimensão social, e o pensamento sanitário teria, então, resultado num "paroxismo do coletivo, até certo ponto reativo ao paroxismo do indivíduo burguês" (1992:137). A esta crise de tipo "teórico" corresponderia também uma crise "política" na Saúde Coletiva, devido à sua desconfiança na capacidade auto-instituinte da sociedade e à incapacidade em perceber e responder aos processos de singularização. Dessa forma, a Saúde Coletiva teria a tendência a subsumir tudo ao "interesse coletivo" e à "vontade popular", sem se preocupar com a "instituição de um novo *ethos* social disruptivo da ética do capitalismo" nem com "uma nova lógica prático-normativa", o que tornaria toda reforma "ineficaz de um ponto de vista contra-hegemônico, como também funcional à racionalidade instrumental" (1992:138). Para o autor — que acredita na possibilidade de se poder fundar um *ethos* pela política[31] —, a incapacidade política em se construir "novas possibilidades éticas" abriria espaços para o neoliberalismo. Contudo, o autor — inspirando-se parcialmente nas *Três ecologias* de Félix Guattari (1990) — afirma que não se trata de escolher entre os "procedimentos institutivos" do socialismo real e aqueles do capitalismo — sendo ambos "anacrônicos" —, mas de resgatar um "componente utópico" que permita sair das "fixações arcaicas" e das secas do fim da história. Uma teoria sanitária crítica deveria, portanto, voltar-se para o "devir" sem perder de vista o passado, a fim de "não atualizar fantasmas", sendo capaz de construir novos olhares que sub-

31. Numa análise anterior, tentamos demonstrar o contrário, ou seja, o caráter fundamentante e estrutural da ética e, portanto, também a necessária estruturação da política pela ética (Schramm, 1993). Essa convicção perpassa também o presente trabalho, mas com o corretivo atual de não reduzir nenhuma instância à outra.

sumam a questão sanitária à questão da vida. Isso significaria "compartir da certeza de que a humanidade vive um período de responsabilidade planetária, que coloca a luta pela vida como preocupação central" (1992:140). Mas isso significaria também subverter o conceito de saúde, incluindo no seu significado as qualidades de "sociabilidade", "afetividade", "cultura", "lazer" e "relações com o ambiente", isto é, buscar a saúde nos diversos planos entrelaçados da vida.[32] Tratar-se-ia, então, de superar tanto o "individualismo possessivo" quanto a "coletivização forçada", construindo abordagens "transversais" de "singularidades existentes", que "se inscrevem numa subjetividade/objetividade específica", sem propor novos modelos, mas repensando "seu *status* [à luz da] precariedade que lhe é intrínseca" (Gallo, 1992:140). Concluindo: o autor acredita que "o novo conhecimento para o terceiro milênio" deva ser do tipo "construtivista", "embasado numa racionalidade nômade e criativa", capaz de escapar da "violência binária", que sempre prescreve a opção, para uma forma de racionalidade "planetária e, por que não dizer, cósmica" (p.141). Esta "cosmovisão", que deve muito ao "nomadismo" intelectual do pós-estruturalismo francês, deixa, no entanto, totalmente em aberto a questão de como ela poderia "construtivisticamente" se encarnar numa prática sanitária — além de sobreavaliar a relevância que teria o "coletivismo" num contexto como o brasileiro — pois, de fato, este pode ser tido como carente nesse sentido, como revela a sabedoria da própria palavra "jeitinho".

O sanitarista Gastão Wagner de Souza Campos, preocupado em aliar prática concreta e teoria sanitária, propõe uma integração entre militância democrática, em defesa da vida, e uma "teoria renovada da saúde, dentro do campo do materialismo dialético" (Campos, 1991:56), que "permita a derrota tanto do autoritarismo neoliberal quanto do burocratismo estatal" (p.175). Para concretizar o seu projeto, o autor sugere uma série de "novos mecanismos de gestão" capazes de desenvolver "uma nova sensibilidade" mais integral, "uma nova consciência" mais solidária e, ao mesmo tempo, mais libertária, a fim

32. Essas questões, abordadas essencialmente sob a perspectiva da relação entre racionalidades e afetividade, são abordadas na obra coletiva, organizada por Joaquim Alberto Cardoso de Melo (Cardoso de Melo, 1993).

de desenvolver plenamente as várias individualidades, recuperando a eficácia do sistema de saúde, destruída pela "crueldade da racionalidade decorrente da radical hegemonia dos interesses privados sobre os públicos também em assuntos relativos à vida, à morte e à saúde das pessoas" (p.175). O autor critica tanto a posição dita de "esquerda", que, ao criticar todos os produtos do capitalismo, teria acabado "perdendo parte da tradição iluminista e progressista" e por encerrar-se num "conservadorismo metodológico [da] segurança dos dogmas", quanto aquela do "político realista", que "naturaliza" a noção de realidade — como se esta fosse externa aos sujeitos sociais — e resultaria, portanto, numa adesão de fato ao pragmatismo do *status quo* (Campos, 1991:16-20). Campos ressalta que, "felizmente para a humanidade, a vida é mais complexa e contraditória" e que, portanto, é preciso fazer "uma síntese dos esforços iluministas, preservacionistas, humanistas e (...) democráticos" para superar a "política das lamentações" (p.23). Para o autor, esse tipo de política estaria, aliás, enraizada em posições não-iluministas reencontráveis na própria tradição de esquerda em autores como Ivan Illich (1975) e Michel Foucault (1963), que — afirma provocatoriamente Campos — teriam negado o saber clínico e a prática médica, ao invés de tentar propor a sua integração numa nova proposta de atenção sanitária. Tanto Illich, em *A expropriação da saúde*, como Foucault, em *O nascimento da clínica*, teriam, portanto, confundido forma e conteúdo da saúde, ou seja, modo de produzir serviços e saber clínico, dificultando, assim, a elaboração de uma crítica "sistemática e sólida" — menos destrutiva e mais afirmativa — para construir um projeto alternativo de práticas médico-sanitárias.

Esse projeto "alternativo" tem o objetivo de elevar a luta em defesa da vida a um patamar superior de competência sanitária, nos seus vários aspectos de dignidade individual, eqüidade no direito à saúde, solidariedade intra-específica e preservação ambiental, aprofundando as áreas de saúde do trabalhador, de vigilância sanitária, de proteção ambiental, de planejamento e gestão de serviços em saúde. Tais dimensões da Saúde Pública, além de constituírem as ferramentas indispensáveis e básicas de todas as profissões de saúde, "implicam tal nível de complexidade e especialização que constituem um campo específico a exigir a formação de especialistas em Saúde Pública" (Campos, 1991:32). Seria, portanto, preciso "pensar uma nova consciência sanitária" capaz de identificar as "necessidades do processo histórico contemporâneo" e romper com o pragmatismo que hoje é "quase que só conformismo ao *status quo*"; pensar um sistema nacional de saúde que seja um instrumento eficaz de "defesa da vida", ainda que para isso "tenha de se operar em sentido contrário a várias outras instituições da sociedade ou do Estado nacional" (1991:33). Para o autor, existiria hoje um contexto favorável "à mudança, à moralização e à humanização das práticas médico-sanitárias" (p.34) capaz de criar projetos para uma nova cultura da saúde e uma "*nova dimensão ética* para a luta por saúde (p.35, grifo nosso). Esta nova dimensão ética consistiria, concretamente, em "*construir mecanismos* de gestão e um estado de espírito *que tornem inadmissível o desempenho profissional* de um médico *que não esteja voltado para a defesa do paciente e da saúde*; *intolerável* a permanência de uma instituição que não produza benefícios à saúde das pessoas ou da coletividade", o que tornaria "*urgente* a criação de mecanismos técnicos e sociais de controle (...) voltados para *tornar impossível* a continuidade da *utilização privada da empresa pública* por indivíduos, governos ou grupos corporativos" (p.35, grifos nossos).

O tom moralizador e militante que perpassa o inteiro livro do autor e que — seja dito *en passant* — reduz as contribuições de Illich e Foucault a meras "lamentações" nos permite aproximar a questão central de uma possível "ética da vida" ("bioética") para a Saúde Pública, capaz de vincular liberdades e responsabilidade, respeitosa da sua complexidade e complexificação, da sua "dialética" entre bem e mal, natureza e cultura, construtividade e destrutividade, competitividade e solidariedade. Como faz notar também Joaquim A. Cardoso de Melo na apresentação do livro de Campos, *A saúde pública e a defesa da vida*, "pensar a saúde, a doença, as políticas sociais implica pensar os elementos essenciais à reprodução da vida [pois] pensamos que o conceito de vida tem que transitar dos estreitos limites da visão etnocêntrica e antropocêntrica para a cosmocêntrica [e talvez] a emancipação do homem seja exatamente a emancipação do homem. E o socialismo, assim, deva ser pensado a partir do conjunto de seres e entes que, emancipados do homem, possam estabelecer novas formas de com ele conviver" (Cardoso de Melo, 1991:9-10).

Nos textos dos autores aqui considerados, a centralidade da questão ética vem sendo anunciada por Birman, quando o autor, comparando *O normal e o patológico,* de Georges Canguilhem, e *O nascimento da clínica,* de Michel Foucault — e após ter constatado que para o primeiro "a categoria fundamental para se pensar a medicina é a vida" enquanto que para o segundo "o que caracteriza o discurso da medicina moderna é a categoria de morte" — conclui que, embora as leituras e as soluções teóricas sejam opostas, ambas indicam "de maneira insofismável que, no campo da saúde, nos inserimos no registro da ética, onde o debate epistemológico é regulado pelos valores da 'vida', da 'morte' e do 'poder'", acrescentando que a questão seria, entretanto, a de saber se tais valores são "regulados pela ordem vital ou pela ordem cultural" (Birman, 1991b:20). Todavia, no nosso entender, o autor parece desconsiderar o fato que, do ponto de vista da ética, "ordem vital" e "ordem cultural" se relacionam de forma complexa — produzindo-se reciprocamente pela dialética entre solidariedade e conflito[33] — e que é precisamente sobre os vínculos de tais "ordens" que emerge a questão ética na atualidade, como tentamos mostrar até aqui.

A questão da ética fica somente implícita tanto nos textos de Franco e Nunes quanto no texto de Costa, provavelmente devido às preocupações sobretudo epistemológicas e crítico-metodológicas dos seus autores.

Ela se delineia como *Weltanschauung* ("cosmovisão") no texto de Gallo, mas é somente no texto de Campos que ela assume sua verdadeira dimensão de vocação (Weber, 1921; 1922), encarnando-se como projeto sanitário prático-teórico de defesa da vida. Por outro lado, ela se configura, como autêntico *thema* (Holton, 1973) do nosso *Zeitgeit* ("espírito da época"),[34] subjacente à atual crise da prática e dos paradigmas em saúde. Com efeito, a "explosão" recente da problemática ética — tanto na política como na saúde — indica que, debaixo da mera crise paradigmática e do conseqüente deslocamento das discussões teóricas para a temática da "complexidade" do quadro epistêmico

33. Ver *supra,* nota 26.

34. Conforme a definição dada por Peter Sloterdijk, o *Zeitgeist* configura a "fisionomia de uma época (...), a moda do tempo e seus lemas filosóficos, tendências tecnológicas e gestos estéticos" (Sloterdijk, 1992:9).

— que serve de referência (ambiente) à autocompreensão da nossa época —, existem *themata*, como a questão ética, que afetam a percepção que temos da tecnociência e, acreditamos, o próprio saber-fazer em campo sanitário. Como mostrou Gerald Holton, os paradigmas[35] enraízam-se numa ontologia subjacente constituída por "temas" (*themata*) implícitos que geram as controvérsias culturais. Os *themata* são, portanto, concepções primeiras que subentendem qualquer produção intelectual, sendo que um mesmo tema atualiza-se nas várias disciplinas. Em particular, os *themata* são estratégias seletivas, muito gerais, que conferem uma ordem à realidade e se articulam por "juízos quase estéticos, profundamente enraizados na psicologia" (Holton, 1973:26). Eles constituiriam, portanto, uma "terceira dimensão" que se juntaria à dimensão da análise empírica e àquela da análise conceitual e heurística. Como escreve o autor, "esta terceira dimensão é a dimensão dos pressupostos fundadores, das noções, dos vocábulos, dos juízos metodológicos e das decisões — enfim, dos *themata* ou temas — que, por sua vez, não dependem nem da observação objetiva nem de uma atividade raciocinante de tipo lógico, matemático ou de qualquer forma formalizada. Como não derivam desses atos, não podem tampouco dissolver-se neles" (p.57). A origem dos *themata* parece, então, ser de tipo metafísico.[36]

Isso nos leva a propor um terceiro nível de aproximação da crise da Saúde Pública — ou terceira tópica — que é a da crise ética, em que os aspectos da crise, analisados até aqui, parecem convergir. Esta terceira tópica constitui o objeto específico do último capítulo, que, no

35. Utilizamos paradigma não no sentido polissêmico de Kuhn (1962), mas no sentido, dado por Morin, de "relação lógica entre os conceitos fundamentais que disciplinam todas as teorias e discursos que dela dependem" (Morin, 1991c:214-215).

36. A problemática das bases metafísicas do pensamento encontra-se também em Popper (1972) e Burtt (1991) que, no entanto, as consideram "negativamente" como aquilo que, de uma certa forma, limitaria a objetividade científica. Aqui utilizamos o adjetivo "metafísico" no sentido da "metafísica da natureza" proposta por Hans Jonas, quando afirma "acredito numa filosofia da natureza — podeis também chamá-la de uma metafísica da natureza, se preferir, esta expressão não me assusta — em que, no lugar de um deus pessoal, opera uma profunda vontade do ser (...) uma aspiração da matéria que atingiu a consciência de si e a capacidade de sentir " (Jonas, 1991:69). Nesse sentido, a dimensão "metafísica" seria muito mais aquilo que completa a física, isto é, um suplemento mais do que uma falta.

entanto, só pode ser abordado depois de termos delineado o contexto "tardo-moderno" em que se situa atualmente a discussão sobre a relativização de normas e valores que caracteriza as assim chamadas "sociedades pós-moralistas" (Lipovetsky, 1992). Com a crise ética em saúde não nos situaremos mais "numa devida altura" — como indica o aforismo de Nietzsche, citado em epígrafe — mas nas "entranhas" do *ethos*, em que se enraízam tanto a crise paradigmática — indicada pela expressão "desafio da complexidade" (Bocchi e Ceruti, 1985) — como a crise das éticas tradicionais — como indica a expressão "sociedades pós-moralistas" (Lipovetsky, 1992). Para isso, usamos o termo provocatório "ética natural", pois pensamos que a matéria "capaz de sentir e pensar" — da qual fala Jonas — indica justamente que na natureza que se tornou humana existe um vínculo profundo entre normas naturais (limitadas pelo possível atual da dinâmica evolucionária em cada um de seus estágios) e valores socioculturais (praticamente ilimitados) que reformam em continuação as normas naturais — tornando a complexidade natural "hipercomplexa" (Morin, 1980:434s.) — mas que só pode se manter hipercomplexa evitando as catástrofes, prováveis, decorrentes do desconhecimento de tais vínculos. Com efeito, se a tecnociência "prometéica" oferece, atualmente, possibilidades de vida, antes impensáveis — tornando o *homo faber* um *homo creator* (Anders, 1992:14) —, ela também oferece a possibilidade de ameaçar a natureza e a própria natureza humana — ou pelo menos o que sobrou da "primeira natureza", como aquilo que delimita o campo do possível da "segunda natureza". Dessa forma, o humano poderia vir a ser antiquado (Anders, 1992) mais do que um *homo complex* (Morin, 1980:429).

Essa possibilidade insere-se na discussão sobre a Modernidade e seus desdobramentos, que abordaremos a seguir.

CAPÍTULO III

O CONTEXTO FILOSÓFICO DA CRISE: A QUESTÃO DA MODERNIDADE/PÓS-MODERNIDADE/MODERNIDADE TARDIA

Para contextualizar, filosoficamente, o lugar do nosso discurso sobre a "Crise da Saúde Pública" e entender melhor questões como as do niilismo e das sociedades "pós-moralistas", parece conveniente introduzir o debate sobre modernidade/pós-modernidade ou modernidade tardia. Inicialmente, o objeto do debate é o estatuto da razão e do saber nas sociedades ocidentais contemporâneas, tendo como desdobramento principal as transformações ético-políticas derivantes da secularização do mundo e do "desencantamento" diante das "narrações" emancipatórias — ou "metarrelatos" — da Ilustração.[1] A crítica pós-moderna concerne tanto à razão teorética quanto à razão prática, constituindo-se, portanto, uma crítica "total" da racionalidade ocidental derivada do *cogito* cartesiano e sistematizada por Immanuel Kant. Os pressupostos dessa crítica encontram-se, em particular, na obra de Friedrich Nietzsche, nas últimas obras de Martin Heidegger, na arqueologia do saber de Michel Foucault e no desconstrucionismo (ou ultrapassagem do logocentrismo da filosofia ocidental) de Jacques Derrida.

Iniciado no "apagar das luzes" dos anos 1970, e que opôs, inicialmente, a tese da deslegitimação dos metarrelatos da modernidade de Jean-François Lyotard (Lyotard, 1979) à tese da modernidade como projeto inacabado e, portanto, suscetível de aperfeiçoamento, de Jürgen Habermas (Habermas, 1980), o debate virou rapidamente uma controvérsia, isto é — para utilizar as próprias palavras de um dos seus atores principais —, "um conflito entre duas partes (pelo menos) que

1. As assim chamadas "narrações" emancipatórias constituem o principal objeto da desconfiança "pós-moderna" (ver, em particular, Lyotard, 1979 e 1985, *infra*). Num escrito anterior, fazemos também referência a esse debate (Cardoso de Melo e Schramm, 1993:21-24). Em substância, a desconfiança refere-se à capacidade dos ideais humanistas, contidos no Projeto Moderno da Ilustração, em concretizar-se, mantendo as promessas de progresso e liberdade para todos os humanos.

não pode ser julgado com eqüidade por falta de uma regra [universal] de julgamento aplicável aos dois argumentos", tornando-os "heterogêneos" e impedindo-os, assim, de legitimar um argumento, deslegitimando o outro (Lyotard, 1983:9). O debate incluiu, posteriormente, a proposta liberal (social-democrata) do "cosmopolitismo sem emancipação" de Richard Rorty (Rorty, 1985), que tomava em parte a defesa da tese de Habermas do "agir comunicativo" (Habermas, 1984; 1986a; 1989b) contra aquela de Lyotard da "falência do projeto moderno" (Lyotard, 1985), mas reformulando os termos do debate. A teoria do pós-modernismo, no entanto, já tinha assumido uma outra expressão com a teoria do *pensiero debole* ("pensamento débil" ou "enfraquecido") (Vattimo e Rovatti, 1983), fonte de novos desdobramentos. Em particular, Gianni Vattimo, retomando a meditação de Heidegger sobre a técnica, falará em fim da modernidade (Vattimo, 1985), o *pensiero debole* tornar-se-á *elogio del pudore* ("elogio do pudor") (Dal Lago e Rovatti, 1989) e o "cosmopolitismo sem emancipação" de Rorty virará pensamento da contingência, ironia e solidariedade (Rorty, 1989). São essas, em resumo, as principais direções em que se move a crítica da racionalidade ocidental que caracteriza, sucessivamente, o debate sobre a modernidade/pós-modernidade/modernidade tardia. Em particular, durante os anos 1980, a controvérsia moderno/pós-moderno "enfraqueceu", dando origem a um relativo compromisso "tardo-moderno", seja porque entrementes o próprio Habermas reconheceu um certo "envelhecimento da modernidade" (Habermas, 1990:11) seja porque o objeto da controvérsia — a totalidade da racionalidade ocidental — diferenciou-se numa "unidade (...) na multiplicidade de suas vozes" (Habermas, 1989c), tornando-se uma "razão razoável".[2] Em suma, a própria modernidade acabou por reconhecer-se, historicamente, como "tradição moderna" que começa com a ruptura do cristianismo para com a Antiguidade clássica (Jauss,

2. Esse tipo de razão define-se como capaz de "dar conta, apesar de todas as suas limitações, do agir humano, das suas tensões entre desejo de dominação e necessidade de comunicação, entre atividades predatórias de conquista e reflexões conciliatórias de preservação (...), razão consciente do fato de a cadeia causal das razões ter um fim e de muitos comportamentos significativos para a própria sobrevivência humana não se fundamentarem num cálculo, isto é, numa razão" (Cardoso de Melo e Schramm, 1993:23).

1978:158-209) e a Razão como "a unidade transitória que se produz na intersubjetividade (...) de um consenso mediado lingüisticamente [que] não somente garante, como [também] promove e acelera a pluralização e a individualização de formas e estilos de vida" (Habermas, 1990:177).

1. Os prolegômenos filosóficos da controvérsia: hermenêutica e niilismo

O debate que há mais de um decênio está sendo travado em campo filosófico sobre o fim ou não da modernidade e sobre as modalidades deste fim ("pós-modernidade" ou "modernidade tardia") insere-se numa crise geral dos valores do agir (crise ética) e dos fundamentos do pensar (crise epistemológica), que vem sendo identificada com o niilismo, pelo menos desde a tematização nietzschiana da "morte de Deus" (Nietzsche, 1965:117 e § 129-130; § 108 e § 125) e da "transvalutação de todos os valores" (Nietzsche, 1970:53; prefácio) que vincularia o humano a "uma nova responsabilidade" (Nietzsche, 1968a:103; § 203). Em particular, esta crise é encarada, filosoficamente, como acabamento da metafísica ocidental, tanto no sentido do seu "fim" (Lyotard, 1979; 1985; Vattimo, 1985) como no sentido da sua plena "realização" e "expressão" que, para Martin Heidegger, dar-se-ia pelo triunfo da Técnica Moderna como metafísica realizada (Heidegger, 1990). Esta crise é múltipla e complexa, pois teria a ver com a totalidade do mundo vivido, mas, do ponto de vista defendido aqui, pode ser encarada como uma crise fundamentalmente ética, na medida em que ela implicaria uma tendência à nadificação generalizada dos fundamentos, isto é, de todas as normas e de todos os nexos — tanto "naturais" como "socioculturais" — que têm constituído o tecido complexo do mundo vivido — o *ethos* — ao longo das transformações sucessivas operadas durante a Época Moderna. É essa "objetivação" contínua, dinâmi a e global que constituiria — conforme a sugestão de Heidegger — a metafísica "acabada" da modernidade, a sua plena realização pela tecnocientifização global do mundo da vida.

Esse acabamento "funcional" e "secularizado" do mundo vivido pela *Zweckrationalität* ("racionalidade final") (Weber, 1920-1921) encontrara no paradigma cartesiano da separação sujeito/objeto (*res extensa/res cogitans*) o começo da sua legitimação metodológica para o saber-fazer tecnocientífico e, posteriormente, com Kant (Kant, 1789), a sua justificação epistemológica.[3] Para Heidegger, essa experiência seria "historial", ou seja, tanto histórica quanto "destinal", caracterizando a civilização ocidental tecnocientífica como destino histórico planetário. A dinâmica desse processo seria de tipo impositivo e globalizante, de "desvelamento" [*Entbergung*] e transformação de tudo em "fundo de reserva" [*Bestand*], possível graças à instalação progressiva do "dispositivo" [*Ge-stell*] da tecnociência no mundo. Esta dinâmica ter-se-ia dado historicamente como progresso e auto-superação contínuos, constituindo assim a lógica auto-organizadora característica e irreversível da modernidade. Mas, na pós-modernidade, a modernidade torna-se consciente de si mesma, de ser um processo fundamentalmente nadificador como também hermenêutico e auto-organizador. Isso pode ser interpretado como a sua transformação pós-moderna ou tardo-moderna, e Heidegger pode então ser considerado um dos primeiros pensadores deste processo de nadificação, como demonstraria a contínua referência à sua obra por parte dos atuais pensadores ditos pós-modernos.[4]

---

3. Lívio Teixeira (1990) contesta essa interpretação da obra de Descartes, pois a concepção dualista, atribuída a Descartes, seria, de fato, uma leitura apressada e incompleta da sua obra feita pelos "cartesianos", em particular, das *Meditações* (Descartes,1985), das quais se considerariam única e exclusivamente as duas primeiras, esquecendo as outras quatro. Por outro lado, Kant, na primeira *Crítica* (1989), formaliza a distinção entre realidade em si (*Ding an sich*: "Coisa em si") e representação da realidade, estabelecendo, pela primeira vez no pensamento ocidental, que descrever o mundo não significa copiá-lo, pois a descrição nunca pode atingir a coisa em si. Essa separação, que será amplamente discutida pelas epistemologias posteriores, constitui, para nós, o motivo filosófico-epistemológico que permite distinguir o construtivismo de tipo piagetiano do construtivismo radical, que serão analisados mais adiante.
4. Como escreve Carl Friedrich von Weizsäcker (1974:246-248), o mérito reconhecido de Heidegger é de obrigar a pensar a questão do nada, resultante da dissolução do sistema ontológico cartesiano, como condição para encaminhar o pensamento do ente particular para o ser. Com efeito, para Heidegger, Descartes não se questionaria seriamente sobre o ser, e a sua separação conceitual entre *res cogitans* e *res extensa* ter-se-ia tornado o pressuposto metodológico de todas as ciências naturais clássicas. Mas esta separação entre "sujeito" e "objeto" tornar-se-ia insustentável a

Mas esta nadificação — ou niilismo — já estaria anunciada, embora ainda de forma ambivalente, na obra de Friedrich Nietzsche, em particular na sua concepção de "vontade de poder" (*Wille zur Macht*) (Nietzsche, 1975) e na sua proposta do "super-homem" (*Übermensch*) (Nietzsche, 1968b). Contudo, tanto a concepção de "vontade de poder" como de "super-homem" representariam ainda uma tentativa "desesperada" de Nietzsche em ultrapassar o próprio niilismo (Fetscher, 1981:16-17), como indicaria a dupla interpretação possível do significado do prefixo *über* ("ultra", "além") em "super-homem" (Vattimo, 1981:21-37). Para Vattimo, o "super-homem" nietzschiano não deveria ser identificado com o sujeito "reconciliado" da "superação" [*Aufhebung*] da dialética hegeliana, porque a partir de Nietzsche não existiria mais conciliação possível entre aparecer e ser. O homem ter-se-ia tornado de fato só aparência, sem essência, capaz de sonhar sabendo que está sonhando, mas tendo que sonhar para não perecer (Nietzsche, 1965:75). Ainda para Vattimo, o que estaria realmente em jogo a partir de Nietzsche seria o próprio subjetivismo cartesiano, legitimador da metafísica moderna, quer dizer, a própria filosofia da consciência derivada do *cogito* cartesiano e da sua separação entre *res cogitans* e *res extensa*, logo, a categoria metafísica de sujeito como fundamento [*Grund*], sendo que o sujeito ter-se-ia tornado ele mesmo um produto e, portanto, incapaz de ser fundamento para a condição "ultra-humana" (Vattimo, 1981:27).

Nesse sentido, com Nietzsche, o sujeito ter-se-ia tornado mero devir, "produção interpretativa" (Vattimo, 1981:30), objeto hermenêutico. O sujeito seria, então, "experimentação" contínua do mundo e de si mesmo, um sujeito eternamente dividido entre aniquilamento e interpretação que, tendo renunciado às certezas metafísicas da *res cogitans* e à ilusão de um saber totalizante, só poderia aceitar e apreciar a multiplicidade das aparências como tais. Esse "ultra-homem" corresponderia, portanto, ao homem da competência comunicativa de Jürgen Habermas e aquele dos metadiálogos de Gregory Bateson (1972), a uma concepção de ser, que Vattimo considera "enfraquecida"

---

partir da física moderna (relatividade e, sobretudo, física quântica). Como escreve Weizsäcker, "a condição prévia para compreender a física moderna é a renúncia à ontologia cartesiana" (p.248).

(*debole*). O "enfraquecimento" seria, entretanto, a "condição 'normal' do homem pós-moderno, num mundo em que a intensificação da comunicação (...) abre o caminho para uma experiência efetiva da individualidade como multiplicidade" (Vattimo, 1981:36).

Essa "ontologia hermenêutica", atribuída por Vattimo a Nietzsche, vinculando ao vir-a-ser as tradicionais características reservadas ao ser, abriria, assim, a possibilidade para o pensamento de um enfraquecimento da própria categoria de ser, tornando-o um ser-para-o-nada. Como admite o próprio autor (1981:36), o ser pode, desde então, assimilar-se a uma nadificação. Seria esta combinação entre hermenêutica e niilismo que caracterizaria o "fim da modernidade" (Vattimo, 1985). Nesse "acabamento" (no sentido de "esgotamento" e não de "aprofundamento"), assistir-se-ia a uma descrença nos valores humanísticos e — como afirma também Lyotard (1979) — nos grandes relatos esclarecidos e historicistas da modernidade.

Assim, hermenêutica e niilismo trariam para nossa época um processo nadificador que se estenderia praticamente a todos os campos da vida, a seus valores e suas normas. Em particular, os principais elementos dessa nova experiência seriam: o reconhecimento dos limites do saber (saber localizado e especializado) e, portanto, da impossibilidade de um saber totalizante (ponto de vista global); a ausência de fundamentos absolutos (metaponto de vista ou estrutura transcendental da razão: o "sintético" *a priori* de Kant); o desaparecimento de um fim intrínseco à existência individual, à evolução natural e à história (finalismo, teleologia); o caráter inconciliável entre situação existencial e social (Vattimo, 1985).

Mas, como adverte Franco Crespi, tais componentes do pós-modernismo teriam todos um caráter meramente negativo, ou nadificador, com relação à capacidade efetiva da razão; à existência da verdade; à possibilidade de uma redenção tanto terrena como histórica (Crespi, 1989). Assim sendo — nota o autor —, reter somente tais aspectos "negativos" da pós-modernidade significaria desconhecer as tentativas "fracas" do sujeito em subtrair-se à objetivação, pois o fim do sujeito "forte" da tradição cartesiana, ou do sujeito transcendental da tradição kantiana, não implicaria necessariamente o fim de qualquer tipo de subjetividade. De fato, a "modernidade tardia", mais conforme a uma concepção "enfraquecida" de subjetividade, seria uma época complexa e ambivalente na qual se abririam novas formas de subjetivação tanto no interior dos jogos de linguagem como em novas configurações do desejo de absoluto que — para Crespi — representariam uma forma de resistência da subjetividade para além das respostas limitadas, encontradas até então. Em particular, esta "resistência" permitiria ao sujeito "negar toda forma de determinação" (Crespi, 1989:236) e abrir-se para o indeterminado, o não-dito, a ausência de fundamentos, mantendo a tensão entre procura de absoluto e impossibilidade em atingi-lo.

A condição tardo-moderna consistiria, portanto, numa experiência ética, no sentido wittgensteiniano de "atirar-se contra os limites da linguagem" (Wittgenstein,1967:18), pois, "nesta perspectiva, a dimensão ética configura-se como possibilidade de viver numa situação que nunca conclui, mas que assume os limites do saber, a ausência de fundamento e de *telos*, e a inconciliabilidade como categorias próprias da existência individual e social" (Crespi, 1989:236). Só assim ter-se-ia alguma garantia diante de qualquer imposição totalitária, inclusive de tipo tecnoburocrático. Isto quer dizer que tanto o caráter "inconciliável" entre existência individual e social como a luta contra os limites da linguagem parecem radicalizar a experiência do negativo, esquecendo um importante resultado do pensamento contemporâneo compartilhado pela psicanálise freudo-lacaniana, a crítica da ideologia, a filosofia analítica e a hermenêutica, ou seja, a convicção comum de que o horizonte do ser-no-mundo sempre já coincide com o horizonte da linguagem — que é linguagem "com" e "para alguém" — e que seria esta a única base possível para a ultrapassagem da própria metafísica (De Carolis, 1982). Concentrar-se somente no negativo significa, portanto, esquecer também as "virtudes terapêuticas" da linguagem — inclusive as pragmáticas —, na medida em que é no interior desse horizonte que pode ser reconstruído o sentido necessário ao viver juntos na comunidade de linguagens, que é também o lugar em que as linguagens se incorporam e se efetivam.

Isso parece ser confirmado, no interior da própria hermenêutica, pela principal tese de Hans Georg Gadamer sobre a "centralidade ontológica da linguagem" (Gadamer, 1983). A linguagem, para Gadamer, é condição ontológica do ser humano e ela é "essencialmente linguagem do diálogo" (1983:510), que precisa, portanto, de um interlocutor participando do "jogo" lingüístico, mas que não deve ser necessariamente alguém em carne e osso, podendo ser também algo que tenha a função de autor e interlocutor. Mas, de fato, o verdadeiro ser da linguagem seria o diálogo como "meio especulativo" do encontro entre eu e mundo, em que estes se apresentam "na sua originária co-genericidade" (Gadamer, 1983:541). A linguagem seria, portanto, o "expressar-se em que se anuncia uma totalidade de sentido"; não um meio da "atividade metódica do sujeito", mas um "agir da própria coisa (...), que agarra e transporta o sujeito falante" (1983:541-542). Este "agir da coisa" indicaria a existência de uma "estrutura ontológica universal", ou seja, "a estrutura fundamental de tudo aquilo que em geral pode ser objeto do compreender" (p. 542). Seria por isso que Gadamer — explicitando uma tese já antecipada por Heidegger a partir dos estudos sobre Hölderlin (1937) — pode afirmar que "o ser que pode ser compreendido é a linguagem" (p. 542). Na intenção de Gadamer, isso significa que a linguagem é "feita" para ser compreendida; que aquilo que nela se expressa não possui uma segunda existência, mas que o seu modo de apresentar-se "pertence ao seu ser próprio" (1983:542); em suma: que a diferença entre ser e aparência não é "uma verdadeira diferença" (p. 542).

A hermenêutica constitui, portanto, "um aspecto universal da filosofia, e não só a base metodológica das assim chamadas ciências do espírito" (Gadamer, 1983:543). A linguagem entendida como simples meio a serviço de um sujeito seria, conseqüentemente, uma abstração, porque a relação com o mundo seria originariamente interpretação e diálogo. Traduzindo nos nossos termos: a dimensão lógico-lingüística seria constitutiva da própria norma humana, uma das formas da própria biologia extensa do humano que só se daria concretamente na comunicação. O ideal de "objetividade" científica — que separa o objeto da sua "leitura" e interpretação, logo da sua "construção" — constituiria, então, um "preconceito ontológico" (Gadamer, 1983:543). Mas, afirmando isso, Gadamer quer sublinhar, em primeiro lugar, a finitude da compreensão: "a linguagem que as coisas falam (...) é a linguagem que percebe o nosso ser histórico-finito" (1983:543-544). Assim, o ser, como linguagem, é "auto-apresentação" (1983:554),[5] e

5. O conceito de "auto-apresentação" não se aplica somente aos humanos. O biólogo suíço Adolf Portmann (Portmann, 1989) detecta uma "lógica" auto-apresentativa

"quem compreende está sempre já num acontecer em que um determinado sentido se faz valer" (p.558), quer dizer, "no compreender estamos incluídos num acontecer de verdade e chegamos (...) tarde demais, se quisermos saber aquilo que devemos ou não devemos acreditar" (pp.558-559). É por isso que nenhuma compreensão estaria livre de preconceitos (como sublinham tanto Popper como Holton e Burtt), e a "certeza fornecida pela aplicação de métodos científicos não é suficiente para garantir a verdade" (Gadamer, 1983:559), pois estes já são uma escolha de um ponto de vista sobre o mundo. Isso valeria, em particular, para as "ciências do espírito", o que não implica uma "diminuição da sua cientificidade mas, ao contrário, a legitimação da pretensão de conteúdo humano que elas desde sempre apresentam" (1983:559). O fato que nelas sempre apareceria o sujeito que compreende "indica na realidade os limites do 'método', não da ciência" (p.559), e o que não pode ser obtido pelo método "pode e deve efetivamente ser realizado por uma disciplina do perguntar e do pesquisar que garante a verdade" (p.559), ou seja, pelo trabalho sem fim da hermenêutica.

Com essa passagem pela hermenêutica "dialógica" gadameriana seria possível relativizar, em princípio, a dimensão nadificadora do pós-modernismo, mostrando que a hermenêutica não deságua, necessariamente, na concepção da realidade como mera interpretação e objetivação. Nem por isso se afasta, entretanto, a ameaça da nadificação.

Com efeito, o niilismo pode ser entendido, metodologicamente, como "a dúvida — ou a negação — a respeito de uma base sobre a qual apoiar as concepções filosóficas e as ações", ameaçando tanto "as ciências exatas como as morais, insidiadas pela suspeita de elas não se apoiarem sobre um valor objetivo, mas sobre uma mera convenção" (Magris e Kaemper, 1981:9). Assim, o niilismo afetaria "cada certeza, cada base, cada significado da nossa existência (...), ameaçando dissolvê-la no nada" (1981:9). Mas, embora a dúvida e a negação devam ser consideradas — depois da lição do *cogito* cartesiano — "instrumentos do espírito" legítimos, indispensáveis e inerentes ao

no inteiro reino animal, qualificando-a como aquilo que faz com que o indivíduo biológico seja pré-constituído para a supra-individualidade. Para uma apresentação mais detalhada desta questão, ver Schramm, 1993 e *supra*, nota 10, p.70.

"direito e dever de negar relações sociais insuportáveis e a injustiça evidente" (1981:9), elas se tornariam, entretanto, problemáticas, quando aplicadas aos "valores fundamentais de uma sociedade ou até da própria realidade humana" (p.9), isto é, ao *ethos*, pois, neste caso de "niilismo objetivo", a realidade estaria nadificada e o Eu — que emite esta sentença — se tornaria onipotente num mundo totalmente transparente (Baudrillard, 1981:100-105). Nesse caso, o Eu ficaria independente do mundo de objetos e sujeitos e, portanto, sozinho perante si mesmo. Mas, dessa forma, ele também estaria objetivado, "contaminado pelo mesmo nada, do qual, em princípio, tinha nascido" (Magris e Kaemper, 1981:10), mesmo que não o saiba.

De fato, como argumenta Emanuele Severino (Severino, 1981), a nossa cultura ocidental, na época da sua tecnocientifização planetária e da conseqüente inevitável destruição da filosofia, seria predominantemente "ingênua", porque não teria de fato percebido a essência do niilismo, o nexo profundo que, desde a filosofia grega, existiria no niilismo entre "nada" [*niente*] e "ente", entre o não-ente [*ni-ente*] e o ente. Para este autor, esquecer-se-ia que todo "novo" só seria tal, na medida em que ele teria sido antes um nada, uma emergência a partir do nada preexistente. Por conseguinte, niilismo significaria antes de mais nada "pensar, assumir e viver como nada, aquilo que não é um nada" (Severino, 1981:93), ou seja, afirmar implicitamente o "ser-nada daquilo que todavia vem (explicitamente) reconhecido como (...) não-nada" (p. 92-93). Desde então, todas as coisas participariam, contemporaneamente, do ser e do não-ser, oscilando entre nada e ser, sendo que elas nascem do nada e morrem no nada. Mas — acrescenta Severino — esta seria uma conseqüência da concepção "histórica" de realidade, implicada pela crise e o fim dos fundamentos, ou seja, o acabamento de um processo anunciado pela sentença do Zaratustra de Nietzsche sobre a morte de Deus. Portanto, se "Deus está morto", tudo seria permitido, logo tudo pode ser legítimo ou não-legítimo ao mesmo tempo, sendo simplesmente submetido à lógica "interna" — essencialmente hermenêutica — da própria nadificação. Para Severino, seria essa a época do niilismo em que vivemos, pois o significado essencial do niilismo consistiria na convicção de que "as coisas que estão na nossa frente sejam nada" (Severino, 1981:97). Mas isso seria "implicado com necessidade pela afirmação que a realidade é história"

(1981:97). Seria essa a face verdadeira da "vontade de poder" da nossa época, pois "hoje toda a 'nossa cultura' tem se libertado do peso de qualquer 'necessidade' (estruturas e nexos imutáveis, verdades definitivas e incontrovertíveis, absolutos e deuses); e, certamente, é necessidade que o Ocidente destrua toda 'necessidade' por ele evocada" (1981:98). Mais do que isso: atualmente, o próprio niilismo apresentar-se-ia como "necessidade" do Ocidente, colocando, desta forma, a "necessidade niilista" numa "distância extrema com relação ao sentido autêntico da necessidade" (1981:98). Assim, a necessidade deveria ser considerada aquilo que nega, em princípio, a nadificação, ou seja, a única coisa que não seria de fato vontade de poder. É por isso que, "na implicação necessária entre a afirmação da historicidade do mundo e a afirmação da nadidade das coisas, a necessidade apareceria com o sentido que lhe compete, enquanto ela se abre para além da história do niilismo" (1981:98). A necessidade seria, portanto, um "para fora" da alienação niilista, um permanecer de cada coisa "perto do seu 'é'", não disposta a tornar-se alvo das forças que se propõem a arrancá-la para fora do nada e a reconduzi-la aí" (1981:98).[6]

O debate sobre niilismo e hermenêutica é indispensável para entender o "destino" da modernidade, seus desdobramentos teóricos, por um lado, seus efeitos como contexto da crise, em particular a crise sanitária, por outro. Com efeito, acreditamos que é nesse embate entre nadificação hermenêutico-niilista, de um lado, e emergência e persistir da necessidade, de outro (que chamamos no capítulo anterior "insubordinação do real") que se situa o contexto ético e discursivo para as questões da crise e dos desafios da Saúde Pública, assim como da maioria das questões de bioética, pelo menos aquelas da assim chamada "bioética cotidiana" (Berlinguer, 1993b:19-37). Com efeito, aquela que pode ser chamada de "hipercrise sanitária" da maioria dos países em desenvolvimento — ou em "subdesenvolvimento" — reúne tanto os efeitos perversos da "condição pós-moderna" de nadificação da necessidade (que não consegue evitar as novas doenças crônico-degenerativas decorrentes das mudadas condições de vida) quanto os

6. A indagação sobre a essência destruidora e autodestruidora do niilismo atravessa toda a obra de Severino, que a considera co-substancial à história ocidental. Ver, em particular, Severino (1980).

restos de uma condição pré-moderna de necessidade e indigência (com a persistência de antigas doenças infecto-contagiosas), como mostraria, em particular, a crise da saúde brasileira.

É nesse contexto prático-discursivo que delinearemos a controvérsia moderna.

2. Os termos da controvérsia: modernidade, pós-modernidade, modernidade tardia, relativismo e universalismo: Lyotard, Habermas, Rorty e o pensamento enfraquecido

Esta controvérsia torna-se patente nas estratégias argumentativas opostas e irreconciliáveis, sobre o que caracterizaria a identidade da nossa contemporaneidade, que para alguns seria "pós-moderna" (sucessiva à modernidade) e para outros uma "modernidade tardia" (de aperfeiçoamento e conclusão da modernidade). Inicialmente, os dois pensadores que representam mais radicalmente as duas tendências — estabelecendo os termos da controvérsia — são, respectivamente, Jean-François Lyotard (Lyotard, 1979) e Jürgen Habermas (Habermas, 1980).

Numa avaliação posterior, Habermas argumenta que a modernidade, para começar, não deveria ser encarada unicamente sob o aspecto da redução de todo o real à lógica nadificadora da tecnociência, ou a cosmovisões, conforme uma tradição hermenêutica de filiação heideggeriana (Habermas, 1990:13). A modernidade deveria, ainda, ser considerada uma contínua ruptura com a própria tradição cultural ocidental e, portanto, como uma auto-superação do projeto moderno de emancipação e dos seus "motivos de pensamento". No nosso século, tais motivos podem ser detectados no "pensamento pós-metafísico"; na "guinada lingüística"; no "modo de situar a razão"; na "superação do logocentrismo"; ou seja, na inversão do primado da teoria sobre a prática (Habermas, 1990:14). Dessa maneira — e como forma de pensamento —, o horizonte da modernidade estaria se deslocando, tornando o filosofar "intransparente" (Habermas, 1985). Isso estaria acontecendo, sobretudo, com relação à própria metafísica (Habermas, 1989d:25), cujos temas fundamentais sempre teriam sido, desde Platão, os da unidade e multiplicidade e da identidade e diferença. Com efeito, à tradicional compulsão de ruptura com o passado e às "destruições" ou "desconstruções" da metafísica de Nietzsche (1970), Heidegger (1961), Adorno (1965) e, entre outros, Derrida (1967) — que na realidade teriam sido ambíguas e incompletas porque teriam tido como alvo "uma metafísica negativa" (Habermas, 1989d:25) — substituir-se-ia, na atualidade, uma "onda restauracionista" que traria "das cinzas do negativismo a fagulha de uma renovação da metafísica" (1990:37). Tal renovação-restauração dar-se-ia reabilitando um pensamento da unidade do todo e dos fundamentos, numa "linha pós-kantiana, [e que] oscila em meio a um leque surrealista de "cosmovisões fechadas", compostas de fragmentos teórico-científicos ruins do ponto de vista especulativo" (Habermas, 1989d:25).

Contudo, pensamos que Habermas, falando em "onda restauracionista", só enfoca o aspecto da questão que diz respeito à unidade e à identidade, "esquecendo" a face da multiplicidade e da diferença, com a qual o pensamento pós-moderno se apresentou no cenário filosófico, a partir do próprio texto de Lyotard (1979; 1983), e que deve ser pensada junto com o primeiro aspecto. Assim sendo, Habermas parece esquecer que a "unidade" reconstruída não é uma simples "restauração" da antiga unidade homogênea e transparente, mas a tentativa de se pensar uma unidade complexa e dinâmica. Mas pensamos que a avaliação polêmica de Habermas se deve talvez à "enxurrada" de "elogios" da diferença que caracterizou o pensamento "pós-moderno" da última década, pois no seu próprio texto sobre "a nova intransparência" (1985) ele aponta essa questão.

Para esclarecer esse ponto é preciso referirmo-nos aos primórdios da controvérsia em campo filosófico sobre modernidade/pós-modernidade que, como já vimos, opunha, durante a década passada, o próprio Habermas a Lyotard, tendo como interlocutor privilegiado de ambos Rorty. Deixaremos de lado — pois não caberia aqui — a controvérsia em campo arquitetônico e nas artes plásticas, em que o termo "pós-moderno" apareceu, inicialmente, para indicar uma mudança na sensibilidade e receptividade estética, no sentido de uma atitude "mais livre", tanto com relação à tradição moderna como na relação com a tecnociência. Concentraremos nossa atenção, portanto, na controvérsia filosófica, no debate de idéias e entre as "cosmovisões" que nele se delineiam.

Nessa controvérsia filosófica, Lyotard (Lyotard, 1979) considera a modernidade esgotada nos seus pressupostos metafísicos; no seu projeto de transformação e emancipação da humanidade; nos seus metarrelatos legitimadores dessas transformações e "utopias". O objetivo do estudo de Lyotard (um "relatório" preparado para as autoridades universitárias do Quebec) consiste em estudar as formas dos discursos nas sociedades ditas pós-industriais, em particular sob seu aspecto de informatização e telematização. Para o filósofo francês, trata-se de situar "a condição do saber nas sociedades mais desenvolvidas", onde a mudança ocorrida "nas regras de jogo da ciência, da literatura e das artes" (p.7) implicaria uma suspeita radical que atingiria todos os "metarrelatos" legitimadores, inclusive aqueles com pretensões desmistificatórias ou emancipadoras de Marx, Freud e Habermas, pois, todos eles, basear-se-iam em princípios infundados. Em particular, o discurso habermasiano, que Lyotard inclui na lista dos metarrelatos "emancipatórios", constituiria um discurso a mais, só que mais abrangente e abstrato daqueles que o precedem. O autor chama "condição pós-moderna" esse processo de incredulidade e de decomposição que atingiria as sociedades industriais no momento em que elas se tornam, precisamente, pós-industriais, ou seja, em que o essencial do produzir não estaria mais na transformação de recursos naturais, mas na importância, cada vez maior, assumida pela informação e pelos saberes. Na condição pós-moderna, assistir-se-ia, portanto, a uma "deslegitimação" do próprio saber, que, tendo "deslocado o acento sobre os meios da ação antes do que sobre seus fins" (Lyotard, 1979:63), passaria a ter a sua única justificação na "imanência (...) do discurso sobre as regras que o validam" (p. 89). O que contaria em definitivo seria somente "o grupo de regras que devem ser admitidas para jogar o jogo especulativo" (1979:64), ou seja, nas sociedades informatizadas pós-industriais, a única legitimação de fato possível seria aquela que contribui para a eficácia pragmática do sistema, conforme o critério da "melhor relação *input/output*" (p.76), sintetizável na injunção performativa pragmática "sejam operacionais, isto é, comensuráveis, ou desapareçam" (p.8). Esse critério acabaria por identificar substancialmente o verdadeiro com o eficaz. Entretanto, reconhece Lyotard, essa lógica pragmática revelar-se-ia inconsistente de vários pontos de vista, em particular se referida às contradições socioeconômicas, pois "o critério de operatividade é tecnológico", logo "não pertinente para julgar o verdadeiro e o justo" (1979:8).

O autor pergunta-se, então, onde residiria a legitimidade depois da derrocada dos metarrelatos esclarecidos e emancipatórios modernos e recusa o princípio habermasiano do consenso pela discussão, sintetizado na teoria do "agir comunicativo", porque se trataria, de fato, de "um horizonte nunca atingido" (Lyotard, 1979:99), contrário à "heterogeneidade dos jogos de linguagem" (p. 8), sendo que, praticamente, "a invenção se faz sempre na dissensão" (p. 8).

O saber pós-moderno não seria, todavia, somente um instrumento dos poderes — como pretenderiam, no dizer de Lyotard, seus detratores como Habermas —, pois ele também "refina nossa sensibilidade às diferenças e reforça nossa capacidade em suportar o incomensurável" (Lyotard, 1979:8-9). Tratar-se-ia, pois, de assumir a dispersão dos discursos e a pluralidade das normas, aceitando, lucidamente, a complexidade e a instabilidade, ou seja, de refletir sobre as singularidades, os paradoxos, as catástrofes, sem querer transformar a "heteromorfia dos jogos de linguagem" e "renunciando ao terror, que pressupõe e tenta realizar sua isomorfia" (1979:107). Para Lyotard, dever-se-ia, em particular, substituir a visão de um poder unificador e definitivo por aquela de um poder que desregula para inovar, encarando o consenso como sendo temporário, local e sempre rescindível. Essas atitudes corresponderiam ao aspecto "aberto" das sociedades pós-modernas nas quais "serão igualmente respeitados o desejo de justiça e aquele do desconhecido" (1979:108), pois, se o consenso tem-se tornado um valor suspeito, a mesma apreciação não poderia ser feita para a justiça: "deve-se, portanto, chegar a uma idéia e a uma prática da justiça que não esteja ligada àquelas do consenso" (p.106). Contudo, Lyotard não diz, explicitamente, como se poderia realizar a justiça, nem responde à principal questão que coloca o seu "relatório", ou seja, se a informatização da sociedade constituiria um mero momento de abertura dos sistemas de poder ou um suplemento de fechamento e de controle. Pode-se supor que esse "esquecimento" é proposital para não contrariar os princípios — enunciados pelo autor — da "heteromorfia" dos jogos de linguagem e da "abertura" das sociedades que caracterizariam, ambas, a pós-modernidade. Existiriam, portanto, as duas possibilidades com a mesma probabilidade, logo uma indecidibilidade intrínseca sobre a prevalência de uma ou de outra.

Resumindo: a condição pós-moderna suspeitaria tanto da "interioridade" como da "transcendência", caracterizando as sociedades pós-industriais como "exteriorização" dos saberes (jogos lingüísticos) e como "desencanto" para com qualquer tipo de metarrelato legitimador de tipo transcendente, substituindo-os pelos únicos princípios pragmáticos da "heteromorfia" e da "abertura".

Ao contrário, a partir da primeira "reação" de Habermas à tese de Lyotard (Habermas, 1980), a modernidade deveria, ainda, ser encarada como um projeto inacabado, apesar de todas as críticas que possam ser formuladas a seu respeito, pois, por uma série de contingências "trágicas" do nosso século, ela não pôde realizar e generalizar os motivos "esclarecedores" e "emancipadores" da Ilustração e da Revolução Francesa. Para Habermas, tratar-se-ia, ao invés de recusá-los, de generalizar os resultados desmistificadores, atingidos pelos trabalhos de Marx e Freud, que representariam uma herança da Razão universalista, constitutiva do humanismo moderno, e que o próprio Habermas integra no projeto mais abrangente do ágir comunicativo (Habermas, 1984; 1986a; 1989b). Por isso, o autor considera a tese de Lyotard "neoconservadora", na medida em que o desencanto com qualquer metarrelato escamotearia a questão argumentativa fundamental do ponto de vista razoável, a partir do qual se poderiam criticar todas as outras normas razoáveis. Com efeito — argumenta Habermas —, sem esse ponto de vista, que pode até ser não-transcendental — no sentido kantiano da estrutura transcendental da razão produtora de um conjunto de categorias e verdades *a priori* (Kant, 1989) ou no sentido da "semiótica transcendental" (Apel, 1986a) — mas que deveria ser necessariamente universal, não se escaparia de uma "crítica totalizante", "auto-referencial", pois, então, a diferença entre o mistificado e o que não é, entre ideologia e teoria, ficaria sem sentido, e, com isso, perder-se-ia a possibilidade de uma crítica racional das instituições e das normas existentes. Assim, o "neoconservadorismo" imputado a Lyotard consistiria em abandonar os argumentos utilizados pelas democracias liberais ocidentais para legitimar socialmente suas instituições e reformas, a começar pela "abertura" e o "heteromorfismo" reivindicados pelo próprio Lyotard.

A essa primeira fase do debate seguirão outras, pois nessa nenhuma das partes conseguiu integrar os argumentos do outro, ficando cada parte atrelada a um aspecto da questão, sem conseguir convencer a outra com um argumento melhor. Com efeito, Lyotard detecta, por um lado, uma característica das sociedades pós-industriais dificilmente contestável por Habermas, isto é, o fato de que, nelas, o saber adquire uma importância tal que o torna um fator estrutural de produção e reprodução de subjetividade, tanto individual como coletiva. Além disso, são também dificilmente contestáveis as severas críticas que podem ser dirigidas aos vários projetos emancipatórios que acabaram, quase sempre, por sujeitar, ainda mais, indivíduos e coletividades, como demonstraram as principais "utopias" realizadas a partir da Revolução Francesa, em particular a partir do espírito de 1793. Ao final, a Revolução Francesa, junto com os veneráveis princípios de liberdade, igualdade e fraternidade, produziu também a guilhotina! É contra essa perigosa pretensão universalista do consenso que Lyotard se posiciona, evitando construir um novo metarrelato, que, para o autor, só poderia tornar-se um instrumento de poder totalizante e implosivo das sociedades democráticas e complexas. Assim, qualificar a tese de Lyotard de "neoconservadora" acaba escamoteando a própria questão da total reestruturação do mundo vivido pela tecnociência, na época da sua cibernetização e virtualização, e, sobretudo, as potencialidades totalitárias nela contidas. Num escrito posterior, Habermas admite, implicitamente, a pertinência da argumentação de Lyotard, escrevendo que, "desde então, esse tema, muito discutido e rico em desdobramentos, não me deixou mais em paz" (Habermas, 1988:VII).

Mas, por outro lado, embora Lyotard admita a centralidade da questão da justiça também nas sociedades pós-modernas, regidas pelo imperativo pragmático da "melhor performatividade", ele parece, por sua vez, escamotear o argumento habermasiano da legitimação argumentativa, esquecendo que algum tipo de razão válida, compreensível e aceitável, isto é, "não-cínica", deve também existir para que haja um consenso, mesmo que provisório e contextualizado. Com efeito, sem este consenso "mínimo", as coletividades tornar-se-iam totalmente caóticas e seus comportamentos arbitrários entregues às pulsões, que podem também ser mortíferas, e às "leis" do mais forte.

Num escrito posterior, Lyotard (Lyotard, 1983), baseado numa releitura da terceira *Crítica* de Kant sobre o juízo (Kant, 1992) e na filosofia analítica, em particular, da "segunda filosofia" de Wittgenstein (Wittgenstein, 1953), argumenta que o debate com Habermas é, na realidade, uma "controvérsia" [*différend*] entre dois tipos discursivos, irredutíveis um ao outro. Isso implicaria o princípio pragmático segundo o qual, do fato de que um discurso seja pertinente, não se pode deduzir que o discurso rival não o seja também, que "uma regra universal de juízo entre tipos heterogêneos falta em geral" (Lyotard, 1983:9) e que "é a própria definição de possível que implica os contrários ao mesmo tempo" (p. 26). Tratar-se-ia, portanto, de "salvar a honra do pensar" (p.10), deixando as controvérsias se exprimirem. Partindo dessa premissa, Lyotard propõe que, ao invés de uma unidade discursiva sobre a modernidade, se considere uma pluralidade *de facto* dos discursos e das razões, pois sua pertinência dependeria única e exclusivamente do seu contexto discursivo. O próprio Habermas acata, em parte, a pertinência dessa argumentação na sua teoria do "agir comunicativo" (1984; 1986a; 1989b) quando, confrontando-se com o aparelho conceitual da teoria sistêmica sob o aspecto pragmático-discursivo e do ponto de vista de uma ética discursiva, reconhece os paradoxos da racionalidade e propõe a mudança do paradigma da consciência (de derivação cartesiana) para um paradigma da comunicação (embora fundamentado na ética discursiva mais do que nos jogos de linguagem de derivação wittgensteiniana), sem encerrar-se, no entanto, numa "genérica e paralisadora 'crise da racionalidade'" (Rusconi, 1986:9) nem abrir mão de uma concepção integral e normativa desta, como meio para a construção do consenso social no mundo vivido.

Uma posição intermediária, um "cosmopolitismo sem emancipação", situado entre a tese de Lyotard e aquela de Habermas, é aquela assumida por Richard Rorty num debate organizado pela revista francesa *Critique* (Rorty, 1985) e que o opunha a Lyotard (Lyotard, 1985). Naquela ocasião, Rorty sublinhara, por um lado, a historicidade dos valores da Ilustração e, por outro, distanciara-se, prudentemente, de um relativismo radical implícito na tese de Lyotard.

Para Lyotard, a "falência" do projeto moderno confirmar-se-ia pelos principais acontecimentos históricos do século XX, como a crise de 1929 (que teria mostrado que o liberalismo econômico não implica enriquecimento para todos); o nazismo (mostrando, contrariamente ao ditado de Hegel, que o real não é racional); o estalinismo (que teria mostrado que o proletariado não é comunista); maio 1968 (que teria mostrado que a democracia não coincide necessariamente com o poder popular). Em substância, no jogo lingüístico-pragmático dos embates do nosso século, o pronome "nós" do projeto de emancipação teria tido de fato os seus "eles" excluídos, e, portanto, o discurso emancipatório deveria fazer o trabalho do luto da unanimidadade desejada, mas nunca realizada, para não ter que mergulhar na melancolia do objeto impossível ou perdido. Entre as várias formas possíveis deste trabalho do luto, a única que não resultaria necessariamente em alguma forma de narcisismo "secundário", ou de corporativismo (que acabariam sempre em tiranias), seria aquela de emancipar-se da própria estrutura comunicacional do eu/tu/ele, tentando elaborar um novo estatuto do "nós". Para Lyotard, essa seria a única maneira de evitar exclusões e de reconhecer a multiplicidade dos mundos, dos nomes e das culturas. Em suma, de reconhecer a complexidade das sociedades democráticas e pós-modernas atuais sem tentar reduzi-las a denominadores ou princípios comuns. Todavia — sublinha o autor —, essa não seria a solução, mas somente uma medida de resistência preventiva e provisória contra as tiranias, sempre possíveis, tanto políticas como culturais. Não podendo eliminar as desigualdades, tratar-se-ia, então, de pelo menos reduzi-las.

Rorty, ao contrário, defende a tese habermasiana do "agir comunicativo" baseada na procura do consenso entre partes, reinterpretando-a no sentido "liberal" (social-democrata) do reformismo pragmático, tolerante e cosmopolita. Essa seria a única forma "não-ideológica" de reconhecer o lugar do outro em sociedades democráticas e complexas. Julgando a tese de Lyotard "radical" e "niilista", porque acreditaria, em substância, na "idéia metafísica" de "natureza humana", Rorty propõe uma "utopia pragmática" à procura de uma sociedade mundial em que cada indivíduo teria, em princípio, a possibilidade de propor maneiras diferentes para realizá-la. Referindo-se ao conceito de "natureza humana", Rorty afirma que se esta existe é porque foi construída ao longo da história, pela inclusão e pela mistura progressiva de novos valores e novos sujeitos. Em substância, a "natureza humana" não precisaria ser emancipada porque, de fato, como construção histórica, nunca teria sido subjugada. Assim, à emancipação opor-se-iam a tolerância e o progresso, que seriam valores inscritos, de fato, no projeto moderno. Referindo-se aos "sujeitos" deste projeto, o autor considera que devem também ser historicizados como única forma de subtraí-los do âmbito da metafísica. No que diz respeito ao trabalho do luto proposto por Lyotard, Rorty também discorda do filósofo francês, pois se trataria, sim, de recuperar uma certa forma de narcisismo, mas integrando-o com um "etnocentrismo moderado" que julgue possível mudar alguns valores, mantendo estáveis os demais. Para isso seria indispensável o diálogo, isto é, a prática persuasiva racional que visa ao consenso, e essa prática seria radicalmente diferente da violência mental representada pela coação que Lyotard vê sempre presente nas tentativas persuasivas. A "falência" do projeto moderno seria, na realidade, a perda de credibilidade do seu radicalismo que, no entanto, não impediria a possibilidade de uma sociedade cosmopolita e de progresso, pois mudam os rumos da história e os seus atores. Enfim, se atualmente o discurso utilizado por essa "utopia pragmática" é aquele da cultura ocidental, isso se deveria unicamente ao fato de que, atualmente, ele é o melhor, porque se adapta melhor à tecnociência moderna. Isso não exclui que no futuro possa ser substituído por outro mais conforme com novas situações que poderão vir a ser. A esse argumento de Rorty pode-se evidentemente retorquir com o argumento heideggeriano segundo o qual a tecnociência moderna nasce da postura niilista ocidental perante o mundo, postura que inclui a relação nadificadora do real e que, portanto, a linguagem não seria, em si, portadora de novos valores pluralistas e de progresso. O argumento de Rorty seria, portanto, circular.

Numa publicação posterior, Rorty (Rorty, 1989) considera que foram pensadores como Nietzsche, Freud e Wittgenstein que teriam permitido às sociedades modernas se encararem como contingências históricas e não mais como expressões de uma pretensa natureza humana subjacente, ou ainda como encarnações de finalidades supra-históricas. Entretanto, no atual contexto discursivo de relativização de princípios e valores, não seria mais a filosofia, mas a literatura e as artes, que poderia despertar os "sentimentos necessários" diante da humilhação e da crueldade das atitudes individuais e das práticas sociais. Dessa forma, Rorty, voltando-se para as raízes estéticas do pós-modernismo, concilia o relativismo da modernidade tardia com algo que é, reconhecidamente, da ordem do necessário, evitando, assim, o pragmatismo cotidiano da "razão cínica" (Sloterdijk, 1983) ou o cinismo radical "que se condena sozinho ao silêncio" (Castoriadis, 1990:244).[7] Com efeito, o cinismo cotidiano seria um filho natural do pragmatismo (Sloterdijk, 1986), implicado pelo fato de a "razão cínica" ter mostrado os "motivos" escondidos dos ideais da Ilustração, quer dizer, a sua substancial vontade de poder (Sloterdijk, 1983). É por isso que a "razão cínica" estaria imune a qualquer nova Ilustração e só se adaptaria aos constrangimentos objetivos das coisas, dos contextos e das instituições.

Mas, como "pragmatismo", o cinismo generalizar-se-ia nos comportamentos de massa, e a razão autolimitar-se-ia, então, como única instância de juízo, lúcida e indiferente a qualquer crítica possível. Como ela permitiria administrar os vários tipos de constrangimento, isto é, tratando-se de uma força de sobrevivência eficaz, ela situar-se-ia para além de eventuais ilusões, opondo-se também, "por princípio", a qualquer saber que se pretenda superior pelo argumento melhor. Rorty evita tais excessos pragmáticos da "razão cínica" e propõe, então, uma "autêntica" cultura "liberal" que seja consciente da própria contingência histórica, mas também capaz de integrar liberdade individual e projeto público de solidariedade humana. Ele propõe, então, um "contextualismo prudente" (Habermas, 1989c:70). Assim sendo, Rorty permanece, fundamentalmente, um relativista, pois, para ele, não existiriam atitudes e ações "naturalmente inumanas", mas somente

7. Mais precisamente, Rorty refere-se ao último Wittgenstein e considera que nenhum jogo lingüístico pode ser considerado melhor que o outro, a não ser de forma contingencial, isto é, relativamente a esse ou àquele interesse. Nesse sentido, os jogos de linguagem científicos não são os únicos em que se afirmam ou se escrevem verdades, em que se descreve a realidade. Esse relativismo de Rorty é criticado por Hilary Putnam (Putnam, 1992:39-46) por levar para uma indecidibilidade sobre o valor semântico dos nossos enunciados sobre o real e por ser, ao final, uma forma disfarçada de materialismo: "Se rasparmos o pós-modernismo de Rorty, descobre-se (...) o materialismo (...). Rorty (...) não nega a existência de um mundo lá fora: ele não afirma como Derrida '*il n'y a pas dehors texte*'. A imagem oferecida por Rorty da nossa situação é a seguinte: podemos compreender de que forma 'os signos e os sons' que produzimos tenham causas físicas, mas aquilo que não podemos compreender é a maneira em que eles possam ter uma relação semântica com o mundo, de que forma possam descrever, referir-se, corresponder, concordar, ser verdadeiros. Esse é o problema" (Putnam, 1992:102).

"contingentes", visto que todas elas dependeriam das circunstâncias históricas e do consenso transitório que definem, para cada caso e contextualmente, quais atitudes devem ser consideradas normais ou anormais, quais práticas justas ou injustas (Rorty, 1989:189-198). Assim, Rorty integra, em parte, os argumentos de Lyotard (heteromorfia dos discursos, abertura das sociedades complexas), mas despojando-os do seu aspecto radical. Dessa forma, a "controvérsia" transforma-se num consenso relativo e prudente por obra da mediação "liberal" de Rorty.

Avaliando, "metacriticamente", esse debate — aplicando os argumentos do discurso pós-moderno a si mesmo —, pode-se dizer que, paradoxalmente, a posição que mais se inscreve na lógica de exclusão — justamente estigmatizada pela crítica "pós-moderna" de Lyotard no discurso emancipatório da Ilustração — resulta ser aquela "forte" deste autor (e em parte também aquela "fraca" do último Rorty), na medida em que ambas acabam por erguer o relativismo como a única norma, sem aplicá-lo, entretanto, a si. O criticismo relativista pós-moderno esquece, portanto, de "dirigir a própria desconfiança cética contra seus (...) pressupostos, que toma como verdades adquiridas" (Kortian, 1979:26). Em substância, embora Rorty atribua à arte e à literatura a tarefa de revigorar os "bons sentimentos" da solidariedade e da fraternidade, admitindo, portanto, um certo intuicionismo ético, *de facto* ele recusa essa capacidade a um pensamento comprometido com alguma forma de racionalidade com pretensão à verdade. Assim, esse relativismo não-relativizado acaba por desprender a experiência dos seus vínculos com a tradição do bem-viver e do bem argumentar, isto é, com a eticidade que forma os nexos entre as várias esferas do mundo vivido. Mais especificamente, o relativismo acaba por separar a "relativa" descontinuidade do novo (que de fato é o motivo principal da própria modernidade: Jauss, 1978) da continuidade representada pela tradição (que constitui também uma das reivindicações dos "pós-modernos" contra os "modernos", sobretudo em campo artístico).

Dito de outra maneira, se para a crítica pós-moderna a modernidade é considerada uma "intimidação", uma "revolta contra o evidente" e até "eliminação do evidente", e se substituirmos "o termo evidência também por 'naturalidade', ou tradição ou apatia" (Sloterdijk, 1992:49), excluindo os motivos da modernidade do seu horizonte problemático e pertinente, o pós-modernismo acaba por adotar a mesma lógica exclusivista estigmatizada como traço constitutivo da modernidade. Com efeito, se, como afirma Peter Sloterdijk, "pós-modernismo é (...) pós-exclusivismo" e se "no clima do modernismo autêntico (...) a modernidade deve aceitar que suas próprias questões sejam recolocadas outra vez" (1992:50-51), a única relação não-contraditória que um pós-modernismo conseqüente deveria estabelecer com suas raízes modernas parece ser aquela da integração ou do diálogo. Parece, então, que a única maneira de ultrapassar a "intimidação" moderna seria a recusa da relação de exclusão e, portanto, um pós-modernismo "enfraquecido" nas próprias pretensões de ultrapassagem que deixe em aberto a possibilidade da modernidade como uma das suas fontes de inspiração. É essa, à nossa maneira de ver, a metacrítica aplicável ao pós-modernismo. Ela se torna logicamente possível utilizando o instrumento conceitual da contradição performativa de Apel, desenvolvido e complexificado por Habermas a partir da Teoria do agir comunicativo (1984; 1986a) e nos escritos ulteriores (1986b; 1990).

Como reconheceu também Karl Otto Apel (Apel, 1986b) com o argumento da "autodiferenciação reflexiva da razão" (p.VIII), a Razão Moderna tinha que se diferenciar em ordens lógicas até para poder admitir a própria autocrítica sem incorrer em paradoxos. Mas a crítica pós-moderna teria desconhecido essa capacidade autodiferenciante da razão, tendo-se, assim, auto-eliminado como crítica por "contradição performativa" e tornando-se uma mera provocação no interior da filosofia. Assim, Apel refuta a crítica pós-moderna com o argumento da "autoconsistência performativa". Em termos lógicos, essa seria a condição, argumentativamente necessária, de qualquer decisão sensata que não queira incorrer no conhecido "paradoxo do mentiroso", conhecido desde os filósofos gregos, pelo qual o falante nega a pretensão atual de veridicidade, isto é, a pretensão à verdade da sua fala. Para Apel, a "autoconsistência performativa" constitui a "fundamentação última pragmático-transcendental" da filosofia, sendo que podem ser considerados "princípios últimos" — fundados pragmático-performativamente — todos aqueles que não devem ser negados sem incorrer na autocontradição performativa, e que, portanto, não podem ser fundados sem recorrer ao círculo vicioso da *petitio principii*, que consiste em tomar como premissa lógica de um argumento a conclusão que se quer demonstrar.

Um exemplo de "princípio último" — pertinente ao nosso discurso sobre a saúde e relevante para a argumentação de uma ética natural — é aquele do "sim à vida", que, para Hans Jonas (1979), deveria constituir o princípio ético fundamental, norteador do nosso agir coletivo, tratando-se de um "fundamento ontológico", inscrito na teleologia da evolução natural, que se torna valor normativo — objeto de obrigação moral — para a espécie humana no momento da tomada de consciência do seu poder sobre a própria vida. Dito de outra forma, a proibição da autocontradição não pode ser fundada, sendo ela mesma a condição suficiente tanto da razão teorética como da razão prática.

Para Apel, os princípios da racionalidade discursiva filosófica seriam desse tipo. Essa problemática atravessa toda a obra do autor (Apel, 1973; 1976; 1979; 1981; 1986a; 1986b), preocupado em fundar uma "ética discursiva" pelas condições de possibilidade, *a priori*, da experiência, isto é, propondo uma transformação semiótico-pragmática do kantismo, pois, para ele, o *a priori* kantiano, do qual dependeria a possibilidade do conhecer racional e a universalidade científica, seria a linguagem. A linguagem, por sua vez, seria regida pelo *a priori* da "comunidade ilimitada de comunicação", patente no fato de que ninguém pode "utilizar" a linguagem senão observando idealmente suas regras perante uma comunidade de falantes aberta, em princípio, a todos. O tipo de relações permitidas pela linguagem seria do tipo cooperativo, e esta cooperação seria regida pelos princípios da ética discursiva. Essa "abertura" teria conseqüências ético-políticas, na medida em que implicaria eliminar todos os obstáculos econômicos, sociais e psicológicos que impedem a comunicação.

Mas, para Vattimo — crítico de Apel —, o filósofo alemão acreditaria, desta forma, ser ainda possível propor uma síntese entre filosofia analítica e existencialismo, graças a uma concepção "forte" de racionalidade (Vattimo, 1981:38). De fato, Apel pertence ao assim chamado "cognitivismo ético" — de derivação kantiana — que pretende fundar uma ética universalizável baseada em argumentos meramente lógico-discursivos. A essa tendência opõe-se o ceticismo do "racionalismo crítico" de Hans Albert, que transpõe o modelo epistemológico popperiano (Popper, 1987; 1988) para a filosofia prática e, portanto, contesta a possibilidade de uma fundação filosófica última, isto é, o princípio de razão suficiente (Albert, 1968; 1975). O argumento de Albert é que o cognitivista ético, ao tentar fundar os princípios morais, encontraria o assim chamado "trilema de Münchausen", que consiste em ter que escolher, entre um regresso infinito dos argumentos, a interrupção arbitrária da cadeia de derivação ou proceder circularmente (Albert, 1968). Mas Apel contra-argumenta que o trilema só se aplica a uma concepção dedutivista da fundamentação, isto é, apoiando-se na concepção semântica de inferência lógica (Apel, 1981).

Essa concepção dedutivista seria seletiva demais para as relações pragmáticas entre atos de fala de tipo argumentativo, que são regidas por princípios-ponte e que têm a única finalidade de contornar o hiato lógico nas relações não-dedutivas. Em suma: para Apel, existiria uma fundamentação não-dedutiva das normas éticas básicas. Mas, por outro lado, esta fundamentação não seria pré-hermenêutica, ou pré-lingüística — da ordem da evidência —, porque esta seria sempre já cognitiva, nem uma *causa sui* de tipo dogmático, mas uma certeza de tipo wittgensteiniano, isto é, vinculada ao senso comum (Wittgenstein, 1969). Em outras palavras, a fundamentação pragmático-transcendental, no sentido de Apel, teria o papel de relacionar as normas éticas com o mundo da vida, em que os sujeitos concretos pensam, vivem e agem. Por isso, o princípio cético de Albert, segundo o qual "é fundamentalmente possível duvidar de tudo" (1968:14), pode ser — como sugere o próprio Apel — submetido, por sua vez, isto é, "metacriticamente", à dúvida. Com efeito, duvidar de tudo seria — conforme o argumento do fundador da semiótica pragmática — uma dúvida fictícia, ou "dúvida de papel" *[paper doubt]* (Peirce, 1958: §265, 376), pois — como afirma também Wittgenstein — "quem não está seguro de nada não pode nem estar seguro do sentido das suas palavras", e "quem quisesse duvidar de tudo não conseguiria nem duvidar [pois] o próprio jogo do duvidar já pressupõe a certeza" (Wittgenstein, 1969: §114, 115). Assim, as convicções "certas" funcionariam como paradigmas capazes de dar sentido à utilização da linguagem, e a crítica não seria nenhuma "instância 'última' e 'auto-suficiente' da argumentação racional [pois] ela pressupõe o *quadro de uma* 'pragmática transcendental' [que constitui] a estrutura essencial da 'instituição da argumentação'" (Apel, 1981:910). Seria por isso que toda crítica inserir-se-ia num "sistema" que "não é um ponto de partida mais ou menos arbitrário, mais ou menos duvidoso, de todas as nossas argumentações, mas [que] pertence à essência daquilo que chamamos argumentação [ou seja] o elemento vital da argumentação" (Wittgenstein, 1969: §105).

Para Apel, esse sistema seria a "comunidade ideal de comunicação" (Apel, 1981:925) que qualquer falante deveria sempre já ter pressuposto no momento de argumentar, se não quer entrar em contradição consigo mesmo e pagar isso com "a perda da possibilidade da identidade de si, como agente sensato, no suicídio, [no] desespero existencial ou na perda do eu, que provoca o processo patológico de uma paranóia autística" (p. 926). Dessa forma, a dúvida radical do "racionalismo crítico" não conseguiria evitar a dúvida metacrítica — substituindo-se a ela —, mas teria que ser justificada por sua vez, pois a "pertinência de uma fundamentação filosófica última da razão reside (...) num argumento reflexivo: não se pode decidir em nível do discurso e da prática nem a favor nem contra as regras do jogo de linguagem transcendental sem já ter pressuposto tais regras" (1981:928). Assim, para refutar o discurso do "racionalismo crítico", Apel utiliza o conceito pragmático de "contradição performativa" que surge, como no caso do cético conseqüente, quando um ato de fala constatativo se baseia em pressuposições não-contingentes cujo conteúdo proposicional contradiz o enunciado afirmado. Esse seria o caso de quem afirma a impossibilidade de fundamentar os princípios morais, pois também o cético deveria, necessariamente, admitir um acervo mínimo de regras irrecusáveis para que haja argumentação, ou seja, uma "lógica mínima" (Lenk, 1970). Assim, a regra da não-contradição performativa aplicar-se-ia ao discurso argumentativo em geral:

> Aquilo que não posso contestar sem cometer uma autocontradição atual e, ao mesmo tempo, não posso fundamentar sem uma *petitio principii* lógico-formal pertence àquelas pressuposições pragmático-transcendentais da argumentação que é preciso ter reconhecido desde sempre, caso o jogo de linguagem da argumentação deva conservar seu sentido (Apel, 1973:72).

Entretanto, Habermas (1989b:61-141) considera a argumentação "semiótico-transcendental" de Apel em defesa da razão um retorno a figuras "pré-hermenêuticas" do pensamento da filosofia da consciência (interpretação que Apel contestará em Apel, 1986a:89 nº16), inaceitáveis por uma pragmática da linguagem que, em princípio, só poderia aceitar fundamentos não-intuitivos do conhecer, do falar, do agir, e que não seriam do tipo da "fundamentação última" proposta por Apel. Habermas — acatando parcialmente os argumentos dos adversários "céticos" — lembra que os participantes de uma argumentação podem sempre se livrar dessa necessidade pragmático-transcendental saindo do círculo argumentativo e que, portanto, "essa necessitação não se transfere imediatamente do Discurso para o agir", isto é, que não se podem deduzir "normas fundamentais 'imediatamente éticas' das pressuposições da argumentação" (1989b:109). Aliás, a "fundamentação última" nem seria relevante do ponto de vista do mundo da vida, pois "as intuições 'morais' do cotidiano não precisam do esclarecimento do filósofo" (p.121). Em suma, as normas fundamentais, tanto do direito como da moral, fundamentar-se-iam em discursos práticos que cada sociedade e cada época histórica estabelecem como regras normativas.

Mas Habermas praticamente concorda com Apel quando, por um lado, afirma que os participantes de uma argumentação têm que recorrer à comunidade ilimitada de comunicação — que impõe aos participantes a busca cooperativa da verdade e só aceita, em princípio, a coerção do melhor argumento — e, por outro lado, nega que o cético tenha a última palavra ao recusar a argumentação, pois este não poderia negar, a menos que se refugie no suicídio ou na doença mental, que ele também pertence, de fato, a "uma forma de vida sociocultural, que cresceu em contextos do agir comunicativo e aí reproduziu sua vida" (1989b:123). Assim, o cético "pode negar a moralidade, mas não a eticidade das relações vitais em que (...) se mantém o dia todo" (Habermas, 1989b:123).

Portanto, o cético estaria de toda maneira vinculado aos pressupostos da prática comunicacional cotidiana, que são, "pelo menos parcialmente, idênticos aos pressupostos da argumentação em geral" (Habermas, 1989b:123). Entretanto, discordando do kantismo apeliano, Habermas admite também que os discursos práticos se inserem na conflitualidade social, que o modelo consensual de solução dos conflitos não é necessariamente dominante e, portanto, que "o agir que se guia por princípios éticos tem que se arranjar com os imperativos resultantes de imposições estratégicas" (1989b:128-129). A esfera da eticidade seria, então, o lugar onde os deveres se enredariam com os hábitos concretos de vida e onde os problemas de justiça "só se colocam no interior do horizonte de questões respondidas desde sempre sobre o bem viver" (Habermas, 1989b:130). Todavia, hoje essa totalidade integrada estaria dividida entre "princípios" e "fatos", pois "a fusão no mundo da vida entre validade e validez social dissolveu-se" (p.130).

Da mesma forma, a *práxis* cotidiana ter-se-ia dissociado em normas e valores, sendo as primeiras passíveis de uma rigorosa justificação moral (à maneira proposta por Apel) e os outros "abrangendo as orientações axiológicas integradas em modos de vida individuais e coletivos" (Habermas, 1989b:130). Assim sendo, para Habermas, pode-se distinguir "bem-viver" e "simples sobrevivência", mas as idéias sobre o "bem-viver" não seriam abstratas, pertencendo à própria cultura e à personalidade dos indivíduos.

Resumindo: Habermas propõe uma teoria discursiva da ética que — como Apel — defende teses universalistas de tipo kantiano, logo, "fortes", mas também — contra Apel — reivindica para estas "um *status* relativamente fraco" (1989b:143). O princípio de universalização seria "introduzido como regra de argumentação para discursos práticos (...), fundamentada a partir dos pressupostos pragmáticos da argumentação em geral, em conexão com a explicitação do sentido de pretensões de validez normativas" (p.143). Habermas seria, portanto, o defensor de uma racionalidade "tardo-moderna" que teria integrado as principais objeções "pós-modernas" à racionalidade "moderna".

As argumentações da "modernidade tardia" encontram respaldo, também, nas disciplinas científico-epistemológicas da complexidade. Desse ponto de vista, a "modernidade tardia" — como forma de modernidade do nosso tempo de incertezas e mudanças rápidas — parece aceitar a crise e a contingência como um estado permanente e auto-organizador da racionalidade ocidental "pós-cartesiana", reconhecendo-as como dimensão essencial e permanente da "estrutura imaginária" da nossa época, das suas práticas cotidianas e das suas linguagens" (Varela, 1987:9-10). Assim, a modernidade tardia pode ser encarada como um sistema complexo, fundamentalmente aberto e longe do equilíbrio, o que explicaria, por um lado, a cronicidade da sua crise e, por outro, a capacidade de tirar proveito delas para evoluir no tempo, integrando diferenciação funcional e globalização num mesmo processo auto-organizador. Essa estruturação integradora de "heterogênese" e "homogênese" pode ser qualificada de tipo "cooperativo" (Varela, 1987:47), ou de "aliança sob forma de compromisso" (p.59), em que a identidade do sistema (a sua capacidade autopoiética) se vincularia à capacidade em lidar com a diferença "ameaçadora", a fim de atingir patamares mais complexos de organização dinâmica.

Dessa forma, as duplas tradicionais, tais como local e global, subjetivo e objetivo, mesmo e outro, eu e tu, corpo e mente, saúde e doença, vida e morte, ... só poderiam se tornar inteligíveis numa relação de especificação mútua, definida por uma estrutura complexa e circular, que Morin chama de "duplos jogos do conhecimento" (Morin, 1986:139). A "racionalidade complexa" da modernidade tardia seria, portanto, "pós-cartesiana", no sentido de não-disjuntiva e problemática, que reconhece seus vínculos com a irracionalidade, com os movimentos inconscientes da analogia, do mito, do imaginário (Morin, 1986:153-176). A principal conseqüência disso, para a teoria do conhecimento, é que o sujeito vem reintroduzido no objeto estudado, ou seja, que o mundo observado não pode mais ser considerado independentemente de um observador, logo, de um ponto de vista. Além disso, o conhecer torna-se inseparável do senso comum, "que não é outra coisa senão a nossa história pessoal e social", ou seja, o conhecimento torna-se "ontológico" (Varela, 1987:66). Em suma: "é o processo do viver que tem formado o nosso mundo", e o fato de este aparecer como externo "não deveria nos levar a pensar que seja realmente assim, nem que o conhecimento opere por meio da sua representação" (Varela, 1987:67). Dessa forma, a função principal da razão não consistiria mais em "representar" uma realidade que seria já dada independentemente de um sujeito que a constrói, isto é, em percorrer o caminho já traçado de antemão, pois vivendo "se faz o caminho andando" (Machado, 1983:223).

O problema que essa concepção "pós-cartesiana" da razão tentaria encarar seria, portanto, aquele de "permitir a contínua integridade do sistema envolvido" (Varela, 1987:72), ou seja, a sua realização como autopoiese (Maturana e Varela, 1980). O objetivo dessa forma cooperativa e comunicacional do pensar seria poder lidar com a complexidade viva e evolutiva da realidade bioantropossocial, sendo capaz de "distinguir sem separar (...) fazer comunicar o que está distinto, [respeitando] o caráter multidimensional da realidade antropossocial (...), afrontar o problema do sujeito e aquele da autonomia" (Morin, 1983:318), pois "a autonomia da sociedade depende dos indivíduos, cuja autonomia depende da sociedade" (p.324). Enfim, a "modernidade tardia", sob a forma da racionalidade pós-cartesiana, seria a tomada de consciência da crise "por defeito" de uma epistemologia separadora e representacionista. Isso marcaria a emergência de uma época de "transição paradigmática", entre uma ciência moderna e uma ciência pós-moderna (ou tardo-moderna), baseada numa "dupla hermenêutica: de suspeição e de recuperação" (Santos, 1989:11). "Suspeição" referente aos fundamentos do modelo de racionalidade que, a partir da revolução científica do século XVI, se estendeu das ciências naturais às ciências sociais do século XIX. "Recuperação" de tudo aquilo que o "modelo global de racionalidade científica" teria excluído do próprio campo de pertinência, quer como "senso comum" quer como "humanidades", tidas, até então, como formas de conhecimento não-científico e, portanto, "potencialmente perturbadoras e intrusas" (Santos, 1987:10).

Mas a controvérsia sobre a modernidade não tem somente uma relevância epistemológica, isto é, referente aos mecanismos cognitivos e efetivos de apreensão do real (ciências) e aos meios metacognitivos (epistemologias). Ela refere-se também às regras de conduta, tanto do viver como do conhecer, isto é, à ética. A controvérsia é, portanto, uma questão tanto "teorética" quanto "prática" e implica uma eticidade tanto discursiva como comportamental. Em particular, do ponto de vista aqui adotado, ela tem a ver com a discussão sobre as "novas" formas de eticidade nas sociedades "pós-industriais" (Touraine, 1969; Bell, 1976) que se tornariam atualmente "pós-moralistas" (Lipovetzsky, 1992). Assim, a questão da modernidade/pós-modernidade/modernidade tardia representa o ambiente em que vem sendo discutida, sob várias formas, a autocompreensão que a nossa época constrói sobre suas transformações profundas, relativas às regras, tanto do conhecimento quanto do comportamento. Resumindo: a questão da modernidade/pós-modernidade/modernidade tardia pode ser tida como um lugar discursivo em que se dão os principais assuntos éticos referentes tanto à teoria como à prática, logo, às suas relações, vínculos e possibilidades.

Com efeito, para Habermas, seria na nossa atividade de comunicação, nas relações intersubjetivas, construídas vivendo e cooperando com os outros, que a racionalidade moderna tomaria corpo ao substituir-se às relações tradicionais de tipo autoritário. Porém, a racionalização do mundo vivido teria implicado uma diferenciação funcional em esferas que, como no caso do mercado e da burocracia, se organizariam em subsistemas autônomos, tendentes a "colonizar" o próprio mundo vivido, do qual derivam e dependem. Para Habermas, isso configuraria o caráter patológico do mundo moderno. Ao contrário do "agir estratégico" — cujo objetivo seria o interesse do ator-agente —, no agir comunicativo o que conta seria o "entendimento" (*Verständigung*), pois, "no agir comunicativo, os participantes não se orientam em primeiro lugar por seu próprio sucesso; eles perseguem seus objetivos individuais sob a condição de poderem se entender reciprocamente acerca de seus planos de ação e baseando-se em definições de situações comuns. Portanto, a negociação das definições de situação é um componente essencial dos esforços de interpretação requeridos pelo agir comunicativo" (Habermas, 1986a, I:385, do original alemão). Na expressão "agir comunicativo", o "agir" deve, então, ser entendido como um "controle de situações" (*Bewältigung von Situationen*) (II:193), que pressupõe, pelo menos, dois atores-agentes (*Aktoren*). Seria esta pluralidade de atores-agentes, assim como a presença de uma situação a ser superada, que destinaria a ação social ao agir comunicacional.

Dessa forma, a ação tornar-se-ia um comportamento "sensato", que vai além de si, porque uma significação simbólica lhe estaria associada. O agir, neste caso, possuiria uma finalidade, um *telos*, um sentido compartilhável pelo ator-agente e seus parceiros sociais. Em suma: o agir social explicitaria uma racionalidade intrínseca que o seu agente deve poder justificar, logo o agir social seria comunicativo por essência. Por outro lado, "comunicativo" indica o aspecto pragmático da expressão "agir comunicativo", a linguagem que produz algo, isto é, o entendimento. Nesse sentido, "'linguagem' e 'entendimento' são conceitos co-originários [*gleichursprüngliche*] que se esclarecem reciprocamente " (Habermas, 1984a:497). Na nossa época de modernidade tardia, o consenso racional seria o "único fundamento" que nos restaria (Habermas, 1984a:504), pois também o próprio sagrado ter-se-ia "cotidianizado" (1986a:II, 119, do original alemão).

Mas a racionalidade emergente do agir comunicativo diferenciar-se-ia nas três modalidades de todo discurso: cognitiva, moral, expressiva, que corresponderiam à articulação de três mundos: objetivo, intersubjetivo e subjetivo, e não de um só, como na ontologia tradicional.

Como sintetizou o próprio autor, respondendo a uma pergunta da entrevistadora Barbara Freitag, "a teoria [do agir comunicativo] não fundamenta simplesmente normas morais ou ideais políticos. Ela tem, adicionalmente, um sentido descritivo, identificando, na própria prática cotidiana, a voz persistente da razão comunicativa, mesmo em situações em que está subjugada, distorcida e desfigurada" (Habermas, 1989a:9). O agir comunicativo constitui, portanto, uma teoria global das relações humanas (e nesse sentido Lyotard tinha acertado, ao detectar as "pretensões" globalizantes do "metarrelato" habermasiano).

Mas, do ponto de vista do nosso trabalho, o que nos interessa é que, para Habermas, o agir comunicativo como ética discursiva poderia "fundamentar" e explicar o ponto de vista moral (Habermas, 1986b). Todavia, para não se tornar abstrata, a "ética discursiva" precisaria satisfazer duas condições: a) na aplicação de normas válidas a situações concretas, deve ponderar qual das normas *prima facie*[8] é a mais adequada: "adequação e não generalização vem a ser o critério decisivo por meio do qual a razão prática se torna efetiva" (Habermas, 1989a:20); b) a observância de uma norma comprovadamente válida só pode "ser exigida de pessoas que, por sua vez, podem ter a expectativa de que essa norma também será efetivamente seguida por todas as outras pessoas" (1989a:20-21). Mas, como isso, dificilmente acontece, tornam-se então "necessárias as normas jurídicas e a introdução do poder político, que podem, sob coação, assegurar a realização de um ato considerado legítimo" (1989a:23).

8. Trata-se de "obrigações originárias" (Ross, 1930:19) ou "imperativos categóricos" no sentido kantiano (1785), mas sem seu caráter absoluto.

O exemplo do percurso de Habermas, desde a resposta de 1980 a Lyotard até os recentes trabalhos, que sabem integrar a "multiplicidade" das principais críticas pós-modernas à "unidade" moderna, mostra, no nosso entender, que é possível pensar em termos não-dicotômicos, fazendo dialogar identidade e diferença, moderno e pós-moderno, pois, como escreveu Emmanuel Carneiro Leão, "com o fim da metafísica aumentam as necessidades de se pensar a integração da igualdade com a diferença numa outra identidade" (Carneiro Leão, 1989:15).

É esta "outra identidade" que se delineia na ética comunicacional de Habermas e que tentamos delinear aqui pelas analogias que apresenta com a "ética natural", integrando o discurso habermasiano com o discurso que nos vem das "ciências da complexidade" ou da "ecologia generalizada", ou seja, uma ética da *interface* definida pela mediação entre os vários termos das dicotomias tradicionais que são, no nosso entender, a raiz do mal-estar cultural e que, ao se traduzirem em comportamentos, estão também na origem do mal-estar social em que vivemos. De outra forma, trata-se de tomar a sério o desafio da "nova aliança" lançado pelas ciências chamadas "naturais" (Prigogine e Stengers, 1979), tentando construir se não uma "síntese" — dificilmente imaginável — pelo menos um ponto de vista "complexo", provisório e incompleto quanto se queira, mas que permita "salvar a honra do pensar" (Lyotard), que consiste sempre em construir uma inteligibilidade das coisas sem esquecer que "nossas teorias sobre a humanidade têm conseqüências reais, independentemente do seu valor de verdade científica" (Eisenberg, 1974:793), e que, se aceitamos a teoria da auto-satisfação da profecia social (Merton, 1968), precisamos "supor que o homem pode ser humano se se quer que o venha a ser" (Eisenberg, 1974:793). Para Léon Eisenberg, esse seria o começo da moral, a condição para "tornar nobre a qualidade de vida para todos" (1974:814).

Entretanto, a questão ética não pertence só às ciências do "espírito". Ela pode ser objeto da investigação experimental e constituir, portanto, uma verdadeira "ponte" filosófica entre as duas culturas (a humanista e a científica), recuperando seu sentido originário, construído na *pólis* grega, independentemente do seu maior grau de complexidade que, no entanto, adquiriu o significado de *ethos*. Trata-se, em suma, de ver sob que forma se pode falar numa "ética natural", no sentido aqui proposto, e que tenha bases concretas na observação experimental.

Essa necessidade faz parte, também, das preocupações de Habermas, desde o seu projeto *Consciência moral e agir comunicativo* (Habermas, 1989b), que se sustenta nos trabalhos experimentais sobre o desenvolvimento moral de Lawrence Kohlberg, baseados, por sua vez, na teoria piagetiana do desenvolvimento cognitivo (Kohlberg, 1969; 1971; 1973; 1981-1985; 1983). Para Jean Piaget (Piaget, 1932), existiria uma vinculação estreita entre desenvolvimento moral e desenvolvimento cognitivo, sintetizável na relação circular: "a lógica é uma moral do pensamento como a moral é uma lógica da ação".[9] O desenvolvimento moral é encarado por Kohlberg, por sua vez, como competência em resolver classes de problemas moral-práticos, que passariam por seis estágios distintos e hierárquicos, cada vez mais complexos, abstratos, gerais e estáveis: "todo estádio novo (lógico ou moral) é uma nova estrutura que encerra (...) elementos da estrutura anterior, mas que os transforma de tal modo que eles passam a constituir um equilíbrio mais estável e mais amplo" (Kohlberg, 1973:632 *apud* Habermas, 1989b:51). Somente o último estágio — definido como "pós-convencional" — seria o do juízo moral, sendo o mais universal e precondição indispensável à construção de uma sociedade justa. Nesse estágio, que Kohlberg admite não ter sido comprovado experimentalmente de maneira satisfatória (Kohlberg, 1982 *apud* Habermas, 1983:146), o juízo moral desligar-se-ia das contingências espaço-temporais da vida particular (as "convenções"), tendo que compensar esta "perda" de eticidade concreta com uma vantagem cognitiva. No

9. Piaget distinguia, em substância, dois grandes momentos no desenvolvimento moral infantil: o período da moral "heterônoma" — baseada no respeito unilateral das ordens dos adultos — e aquele da moral "autônoma" — baseada no respeito recíproco e na cooperação entre criança e adulto . Entre os dois momentos, Piaget situava uma fase de transição em que a criança obedece tanto às ordens do adulto como às regras em si. Para Piaget, desenvolvimento moral e desenvolvimento cognitivo eram tidos como paralelos. Kohlberg questionou este paralelismo, julgando que o desenvolvimento cognitivo deveria preceder e influenciar o desenvolvimento moral (Kohlberg, 1969). Atualmente, este paralelismo é também criticado por Montesano (1985) e Varela (1992), entre outros.

entanto, Kohlberg defende também a autonomia da esfera moral, cuja argumentação deveria ser distinguida (mas não disjunta) das outras formas argumentativas.

Com efeito, nela a verdadeira questão não teria a ver com a verdade ou a consistência das proposições, mas com a pergunta "será moralmente correto?". Então coloca-se a questão de como se possa chegar a uma justificação. Para responder, o autor apóia-se no construtivismo piagetiano, segundo o qual os juízos situados num estágio superior seriam mais adequados do que aqueles de um estágio inferior. Para Kohlberg isso estaria confirmado também filosoficamente:

> nossa teoria psicológica afirma que os indivíduos preferem o estágio mais alto de reflexão moral que dominam, [e] essa afirmação (...) deriva de uma afirmação filosófica segundo a qual um estádio posterior é "objetivamente" melhor ou mais adequado de acordo com determinados critérios "morais" (Kohlberg, 1973:633 *apud* Habermas, 1989b:55).

Além disso, a própria teoria filosófica poderia ser testada empiricamente:

> a ciência pode, pois, testar se a concepção moral de um filósofo se ajusta fenomenologicamente aos fatos psicológicos. Contudo, a ciência não pode ir além disso e justificar essa concepção moral como aquilo que a moral deveria ser (Kohlberg, 1971:222 *apud* Habermas, 1989b:56).

Reconhecendo a filiação da sua teoria da tradição formalista, desde Kant até Rawls, Kohlberg defende, portanto, um universalismo moral de tipo cognitivista, considerando-o superior ao relativismo da tradição empirista das teorias utilitaristas e contratualistas: "uma solução justa para um dilema moral é uma solução aceitável para todas as partes, cada qual considerada livre e igual, e na suposição de que nenhuma saiba que papel viria assumir na situação problemática" (Kohlberg, 1971:213 *apud* Habermas, 1983:53).

Mas — como afirma Habermas —, para se tornar eficaz na prática, toda moral universalista precisa de compensações cognitivas, devido à perda de concretude, e depende, portanto, de formas de vida racionalizadas a tal ponto que "possibilitem a aplicação inteligente de discernimentos morais e propiciem motivações para a transformação dos discernimentos em agir moral [pois] apenas as formas de vida que vêm (...) 'ao encontro' de morais universalistas preenchem as condições necessárias para revogar as operações abstrativas da descontextualização e da desmotivação" (Habermas, 1983:131-132).

Em suma: como as questões morais nunca surgem por si mesmas, mas para orientar a ação, seria preciso que "as respostas desmotivadas a questões descontextualizadas fossem reintroduzidas na prática [revogando tanto] a abstração dos contextos de ação (...) como a separação dos discernimentos racionalmente motivados relativamente às atitudes empíricas" (Habermas, 1989b:213-214). Assim, "toda moral cognitivista confrontará o agente com as questões da 'aplicação específica' *à* 'situação' e do 'ancoramento motivacional' dos discernimentos morais [juntando o] esforço hermenêutico e a interiorização da autoridade" (1989b:214). Este "ancoramento" seria necessário porque "as normas morais não conteriam, de antemão, as regras de sua aplicação", exigindo, portanto, "adicionalmente, a faculdade da inteligência hermenêutica ou, nas palavras de Kant, o poder do juízo reflexionante" (1989b:214). Para Habermas, a teoria psicológica do desenvolvimento moral de Piaget—Kohlberg confirmaria experimentalmente a teoria normativa ético-universalista e permitiria responder às dúvidas relativistas, mostrando que a multiplicidade empírica das concepções morais é uma "variação de 'conteúdos' em face das formas universais do juízo moral" (1989b:144).

O relativismo desconheceria, portanto, o problema fundamental de como mediatizar eticidade e moral, isto é, a contextualização específica das normas universais do juízo moral. Estas se encontram, também, na tradição filosófica que vai de Kant e o direito natural racional até John Rawls (Rawls, 1971) e são: "imparcialidade", "universalizabilidade", "reversibilidade" e "prescriptividade". Todavia, contextualização não significa fundamentação. Como reconhece Habermas (1989b), dever-se-ia, ainda, distinguir entre questões morais e questões valorativas, tanto em nível coletivo como individual, isto é, entre "questões de justiça" e "questões do bem-viver" (no nível coletivo) e entre "autodeterminação" e "auto-realização" (no nível individual), sendo que estas só se colocariam depois daquelas. Para que haja fundamentação procedural, seria preciso que "operações cognitivas exigentes" estivessem ligadas, empaticamente, a motivos e atitudes emocionais, pois "essa integração de operações cognitivas e atitudes emocionais na aplicação e fundamentação de normas caracteriza toda faculdade plenamente amadurecida do juízo moral" (1989b:217). Habermas recusa a distinção kantiana entre ética do amor cristã e ética da lei judaica, mas julga que o "desentrelaçamento pós-convencional" da moral e da eticidade implica uma separação entre discernimentos e motivos empíricos "culturalmente habitualizados" (1989b:217). Existiria, portanto, um desnível entre juízos morais e ações morais que só poderia ser compensado por um "sistema de controles internos do comportamento que responda a juízos morais guiados por princípios; por conseguinte, a convicções formadoras de motivos, e que possibilite a autodireção" (1989b:217). Tal sistema deveria funcionar autonomamente, o que só seria possível com a "internalização completa de uns poucos princípios altamente abstratos e universais que se dão a conhecer (...) como implicações de um processo de fundamentação de normas" (1989b:218).

Contudo, tais princípios só se mostrariam na prática, como se poderia verificar nos casos de "discrepância" entre juízo e agir, isto é, quando haveria um "ancoramento moral defeituoso [que] pode restringir a capacidade de agir de maneira autônoma" (Habermas, 1989b:218). Isso seria "particularmente flagrante" na intelectualização, "que se serve de uma elaborada avaliação moral de conflitos de ação, manifestos para a defesa de conflitos pulsionais mantidos em estado latente" (1989b:218). E explicar-se-ia pelo "efeito seletivo de fatores 'inibitórios'", entre os quais se situam os mecanismos de defesa — identificação e projeção — que perturbam "a formação de motivos exigida estruturalmente" (1989b:222). Com efeito, os mecanismos de defesa seriam responsáveis por separar aspecto estratégico e aspecto comunicacional do agir, o que permitiria ao sujeito enganar-se a si mesmo, "quanto ao fato de que ele infringe, objetivamente, as pressuposições compartilhadas do agir orientado para o entendimento mútuo" (1989b:222). Assim, Habermas consegue legitimar o universalismo ético, baseando-se na própria teoria do agir comunicativo, "confirmada" experimentalmente pelo construtivismo piagetiano aplicado por Kohlberg. A ética parece, portanto, poder ser definida tanto filosoficamente pelas ciências da linguagem como cientificamente pelas ciências experimentais.

Poder-se-ia também argüir que, do ponto de vista "natural" da ética defendido aqui, o relativismo revela-se praticamente indefensável, na medida em que não pode dar conta dos limites e das normas que informam a própria evolução e historicidade dos sistemas socioculturais, vinculados como são à dialética complexa entre inovação e tradição para a própria sobrevivência como sistemas. Essa observação vale também para o humano como organismo biológico, cuja norma de espécie — embora continuamente remanejada e complexificada pela cultura, inclusive tecnocientífica — implica, a cada estágio evolutivo, fronteiras não-ultrapassáveis, como mostra, por exemplo, o impacto sanitário dos vínculos entre forma de desenvolvimento e forma das transformações ecológicas (Leal *et al*, 1992a; 1992b), assim como a evolução do perfil epidemiológico das populações, no que diz respeito à relação entre doenças infecciosas e doenças crônico-degenerativas sob o impacto da tecnociência nas sociedades modernas.

Resumindo: uma ética relativista precisaria, então, ser relativizada, por sua vez, pela questão das normas que limitam (relativizam) a realização do possível cultural, normas-limites que são determinadas evolutivamente e que orientam as possibilidades e as qualidades de existência das próprias sociedades humanas. De outro modo, as normas de espécie são um vínculo que pode ser pensado como esticável só até um certo limite, determinado dinamicamente por fatores bioecoantropológicos "reformados", a cada ètapa evolutiva, por fatores sociais e culturais, em particular tecnocientíficos. Tais limites são dinâmicos e, muitas vezes, só identificáveis *a posteriori*, mas, para além de um certo limiar, são também altamente prováveis, senão certos, como bem sabem a ciência e o próprio senso comum. Essa questão torna-se relevante hoje com referência aos limites que o dispositivo tecnocientífico estaria atingindo, o que ameaçaria — conforme as preocupações ecológicas — a própria vida do planeta Terra. Tratar-se-ia, portanto, de questionar o relativismo por aquilo que não pode ser relativo, a contingência pelo não-contingente, aplicando, portanto, o princípio da não-contradição performativa aos próprios estilos de vida.

3. Avaliação da controvérsia: a modernidade como fenômeno complexo

Como vimos, o que identifica a modernidade seria a compulsão do novo, assinalável na sua lógica irreversível de manipulação e obsolescência acelerada dos produtos, requerida pelo seu dispositivo tecnocientífico. Isso faria com que o "novo" teria que se tornar cada vez mais rapidamente "velho", sem ter tempo de integrar-se numa tradição que informe o *ethos* das comunidades e das sociedades, em que os sujeitos possam se "enraizar" culturalmente e do ponto de vista do comportamento. Mas a modernidade é também aspiração ao progresso e à emancipação de indivíduos, grupos sociais, povos, isto é, utopia dos "veneráveis princípios" (como os chama Habermas) da Ilustração, constitutivos do imaginário ocidental. É essa a vertente da modernidade que Habermas quer resgatar no seu projeto do agir comunicativo.

Vimos também que, se identificarmos a modernidade como "ruptura ou ultrapassagem da tradição", tanto o princípio de melhor performatividade, assinalado por Lyotard como marco da superação da modernidade pela pós-modernidade, quanto o contextualismo e contingencialismo, assinalados por Rorty, podem ser considerados como sendo *de facto* "metarrelatos" modernos, embora o primeiro possa ser caracterizado como "forte" e o segundo como "fraco" — para utilizar a distinção introduzida pela vertente italiana do pós-modernismo filosófico, representada pelo "pensamento enfraquecido". Desse ponto de vista, tanto os argumentos de Lyotard como também, em parte, aqueles de Rorty pertenceriam de direito aos "motivos" da modernidade, seriam "internos" à tradição moderna. E mais, se aceitarmos a tese de Hans Robert Jauss que faz recuar os motivos modernos de "ruptura com a tradição" e de "anúncio dos novos tempos" — que irão alimentar o humanismo emancipador e progressista do Iluminismo — até o início do cristianismo (Jauss, 1978:158-209), o "performativismo" de Lyotard e o "contingencialismo" de Rorty constituem as duas faces do pragmatismo relativista, inscrito como possível na própria modernidade.

Assim sendo, "performativismo" e "contingencialismo" podem ser vistos — apesar das diferenças inegáveis que apontamos — como fazendo parte *de facto* da "tradição do novo". Esta se funda, paradoxalmente, na ruptura com a tradição, que constitui o *leitmotiv* da autocompreensão da cultura ocidental e que tem uma história que, para Jauss, teria pelo menos vinte séculos de altos e baixos. Em conclusão, parece pelo menos incauto falar em "pós-modernidade", pois esta pode sempre ser entendida como algo que seria "póstumo" a si mesmo — como escreveu ironicamente Robert Musil na "Introdução" das suas *Páginas póstumas publicadas em vida* (1957), referindo-se ao escritor que tem uma relação negativa com o seu tempo, ao qual resiste tornando-se, portanto, desatualizado. Para Musil, esse tipo de intelectual viveria separado da vida do próprio tempo, caracterizado pela crise dos valores e pela estandardização dos comportamentos humanos. Ele sobreviveria, então, a si mesmo, tornando-se literalmente "póstumo". Parece, portanto, mais prudente considerar a nossa época como "modernidade tardia" — à maneira de Habermas — devido tanto aos vínculos que nela existem entre passado e presente, como ao fato de que — como nos ensina a hermenêutica e o desconstrucionismo — só podemos nos situar no trabalho sem fim de interpretação e de "desconstrução", que faz parte da atividade da espécie humana estruturada pela ordem do simbólico. Como, aliás, afirma o principal teórico do "desconstrucionismo", Jacques Derrida, a desconstrução é, no fundo, sempre um ato "construtivo", pois "ela não acontece jamais sem amor" (Descamps, 1990:77), em se tratando de uma operação crítica que implica a preservação do relacionamento com o objeto criticado.

Por isso, a desconstrução agiria com cuidado e respeito às coisas da vida e da morte, reconhecendo a precariedade do próprio agir sobre as formas da vida. Nesse sentido, a desconstrução poderia dar-se, somente com paciência, sob a forma de um agir piedoso, desvelando as estruturas supostas do próprio objeto e mostrando, ao mesmo tempo, as limitações intrínsecas da explicação, quer dizer, a capacidade relativa em dar conta da vida por meio de estruturas de tipo formal. Esse "trabalho" interpretativo é, portanto, necessariamente interno a limites da norma de espécie que nos constitui como animais lógico-simbólicos, pois, além de tais limites, só se pode ter o real da loucura e, às vezes, a morte como conseqüência. Isto não quer, evidentemente, dizer que tais limites sejam imóveis, como demonstram a própria evolução sociocultural e a história humana, mas que em cada estágio da sua evolução a humanidade tem limites e vínculos que lhe são próprios.

Cornelius Castoriadis em *A época do conformismo generalizado* (Castoriadis, 1990:11-24) considera o termo pós-moderno tão "absurdo" quanto seria "infeliz" o termo de modernidade que pretenderia ultrapassar. A "pós-modernidade" implicaria o conceito de "fim da História" (que exclui, em princípio, que haja "algo" depois), exumado nos últimos anos pelo alto funcionário norte-americano Francis Fukuyama (1992), mas cuja origem remonta à leitura de Alexandre Kojève da *Fenomenologia do espírito* de Hegel (Kojève, 1947). Para Kojève, "fim da História" significa história acabada, em que o ser se realiza plenamente no fim de um processo, ou seja, na identidade de Homem e Mundo, e na identificação da verdade com os seus efeitos pragmáticos. Como escreve o próprio autor: "O que é ao final a moral de Hegel? (...) É bem o que existe, enquanto existe. Toda ação, negando o que existe, enquanto existe, é portanto má, ou seja, um pecado. Mas o pecado pode ser perdoado (...) pelo seu sucesso [pois] o sucesso é uma nova realidade que existe. (...) Por isso é preciso que a história esteja acabada" (Kojève, 1947:95).

Assim, "fim da História" significa que não se pode ter retorno ao passado e, portanto, significa também morte do Homem, que não ressuscita mais. Em suma, fim do tempo do erro (identificado com a história) e entrada no tempo da verdade em que Realidade e Discurso coincidiriam como tempo da sabedoria, fim do desejo e da ação. Contudo, reconhece o filósofo-cidadão Castoriadis (para ele filosofia e democracia nasceram na mesma época e no mesmo lugar, encarnam o mesmo projeto de "autonomia" e, portanto, "co-significam": 1990:235), a questão da modernidade/pós-modernidade é mais complicada, tendo "modernidade" um sentido antinômico, pois, por um lado, o imaginário moderno se autocaracterizaria como abertura indefinida para o futuro e, por outro, ele só teria sentido com relação ao passado. Mas como não haveria "nenhuma dúvida de que a conformidade, a esterilidade e a banalidade, o vale tudo, são os traços característicos da [nossa] época" (1990:22), nesse específico contexto o pós-modernismo seria indiciariamente "certamente a negação do modernismo" (p.22). Por isso, não seria suficiente declarar — como faz Habermas — que a modernidade é um projeto inacabado, pois, como "encarnação" do imaginário capitalista de "expansão sem limites do pseudodomínio e do pseudo-racional", a modernidade estaria mais viva do que nunca e, portanto, não seria em nada tardia, o que, aliás, levaria a humanidade para "os perigos mais extremos" (Castoriadis, 1990:23). Entretanto, como projeto de autonomia individual e social, a modernidade estaria efetivamente acabada, pois tanto a república liberal quanto o socialismo marxista-leninista ter-se-iam mostrado incapazes de realizar tal projeto, e tratar-se-ia, portanto, de resgatá-lo. Assim, o pós-modernismo, sob pretexto do pluralismo e da defesa das diferenças, seria, de fato, o reflexo "servil" das tendências dominantes do conformismo e da banalidade que levaria à "glorificação do ecletismo [ao] encobrimento da esterilidade, à generalização do princípio 'vale tudo'" (1990:22).

Mas devemos também lembrar que a controvérsia sobre modernidade/pós-modernidade desdobrou-se na vertente "tardia" do "pensamento enfraquecido" (Vattimo e Rovatti, 1983) e do "elogio do pudor" (Dal Lago e Rovatti, 1989).

Para os defensores dessa atitude "fraca" do pensamento, existiria, no pensamento contemporâneo, um ponto de convergência — a ausência de uma fundamentação única, última e normativa. O pensamento contemporâneo seria, portanto, "fraco", porque teria renunciado propositalmente às concepções "fortes" da razão, à idéia de totalidade, de síntese dialética, de plenitude do sentido... como conseqüência do fim da sua aventura metafísica. Isso implicaria uma "ética da fraqueza" (Dal Lago, 1983:91-119) que, integrando a experiência do negativo e do apagamento da origem, experimentaria a precariedade dos jogos lingüísticos — válidos sempre só localmente —, olhando, portanto, para o passado com suficiente *pietas* ("olhar piedoso"), para torná-lo, depois da orgia do modernismo, novamente disponível. Esse olhar encararia o presente sem a pretensão de compreender tudo, mas também sem excluir nada, assim como encararia o futuro de maneira não-normativa e não-disciplinar. Assim, qualquer fundamentação só poderia ser de tipo hermenêutico e provisória (Vattimo, 1983:12-28). Isso corresponderia a um enfraquecimento do papel da filosofia — cuja única tarefa consistiria em recuperar a narratividade — e a um declínio da verdade, isto é, a uma "curvatura ética" ("declínio ético"). Esse "pensamento enfraquecido" seria, portanto, essencialmente, uma "ética enfraquecida" que caracterizaria a condição humana na época do domínio da tecnociência, pois a tecnociência ter-se-ia tornado constitutiva tanto do ser da natureza como do ser dos indivíduos e da sociedade. Como afirma Alessandro Dal Lago — inspirando-se em Max Weber e em Simone Weil —, "fraca é então (...) a condição do homem que reconhece estar, de toda maneira, vinculado à necessidade [e] aceita (...) decair junto com o mundo, limitando, na medida do humanamente possível, a sua contribuição à injustiça" (Dal Lago, 1983:119).

Esta limitação, esta "fraqueza como ética", pode ser a forma que assume hoje a responsabilidade" (Dal Lago, 1983:119). Ética da fraqueza implicaria a renúncia a qualquer tipo de força (inclusive do pensamento), pois a força seria sempre ruptura de equilíbrios que são precários, de medidas incertas e só prováveis. A força seria, portanto, sempre irreversível e irreparável. Por isso, opor a força à força consistiria "em reforçar a fatalidade que se dá no uso originário da força" (1983:96). Mas, nem por isso a questão da força estaria resolvida, pois esta pertenceria de fato à lei da necessidade, que é uma lei impositiva, devido à sua estrutura temporal e que, no momento que joga o humano no tempo, o deixa também escolher as conseqüências desse fato (Weil, 1982). É por isso que a força não pode ser esquecida, embora não se deva fazer a sua apologia. Ou melhor, o homem teria a responsabilidade de aceitá-la como dimensão essencial da sua necessidade (Weber, 1921). Essa noção de responsabilidade é central tanto em Max Weber como em Simone Weil, mas é nesta autora que assume o tom niilista da ética da fraqueza: "o homem não tem nenhum poder e, no entanto, tem uma responsabilidade. O futuro corresponde à responsabilidade, o passado à impotência" (Weil, 1982:334). Tampouco para Weber seria possível escolher racionalmente a necessidade, mas seria possível fazer uma escolha limitada antecipando as conseqüências da própria participação aos eventos. Assim, tanto para Max Weber como para Simone Weil, a "ética da responsabilidade" (que será retomada, como já vimos, por Hans Jonas, como princípio norteador da nossa época biotecnocientífica: Jonas, 1979) implica reconhecer o próprio lugar, sendo que para Weber isso corresponderia à ética do dever profissional como "vocação" (*Beruf*), que torna a ação necessária mas que não deve visar ao sucesso pessoal (Weber, 1921; 1922), e, para Weil, à ética da fraqueza.

Essa problemática é retomada e aprofundada numa publicação posterior da vertente italiana do "pós-modernismo" (Dal Lago e Rovatti, 1989), na qual o "pensamento enfraquecido" é reconhecido por Pier Aldo Rovatti como uma "metáfora infeliz" (Rovatti, 1989a:13), mas justificada por indicar uma "atitude de pudor com relação ao pensamento" (p.14), ou seja, diante da pretensão da teoria de ser verdadeira e capaz de dar conta da experiência. Todavia, o "pudor" não implicaria uma resignação, mas "baixar a voz" [no nosso] habitar o mundo" (1989:20).[10] A conseqüência disso seria que a filosofia se afastaria do paradigma cognoscente, o que implicaria uma "ética (...) da paradoxalidade do movimento de afastamento do sujeito em relação à sua pretensão" (Rovatti, 1989b:28). Não se trata, portanto, de uma ética racional de tipo kantiano — dos princípios racionais que agem no mundo vivido —, mas de uma ética que "assume a ética racional como um pressuposto (...) sobre o qual trabalhar: corroendo-a na sua pretensão de universalidade" (1989b:28). Dessa forma, a ética tornar-se-ia um "quase nada"[11] que, entretanto, poderia vir a ser "determinante pelo simples fato de que orienta a experiência e entra em jogo em cada agir" (1989b:28-29). Contudo, o "pudor" não deveria ser visto como mera distância crítica, nem como simples ponto de vista de um observador externo, mas, sim, como "movimento de enfraquecimento" que não é um "deslocar-se de um lugar para outro", pois o que estaria em movimento seria "a inteira experiência subjetiva [que] opõe resistência ao impulso do eu rumo à própria afirmação" (1989b:29). O enfraquecimento seria, portanto, um afrouxamento da vontade de poder, uma "interrupção" nessa pretensão do eu, e a palavra "ética" nesse processo indicaria "a possibilidade (...) de subverter a inércia do eu" (1989b:30). Mas, para isso, o pensamento filosófico deveria, antes, renunciar à "plenitude da sua palavra" (1989b:30), reintroduzindo a

10. Esse tema é também abordado por Derrida (1983), para quem "levantar a voz [consiste em] fazer delirar a voz interior que é a voz do outro em nós", e "o tom *grand-seigneur* destoa porque é estranho à essência da voz" (Derrida, 1983:33;37).

11. O conceito de "quase nada" (*presque rien*) é central em Jankélévitch (1980), por caracterizar a identidade de qualquer saber.

opacidade e o vazio na subjetividade. Por conseguinte, a intersubjetividade dar-se-ia no reconhecimento do outro, não como quem compartilha a mesma essência humana, mas como alguém "envolvido num movimento de abertura aparelhável ao meu" (1989b:32). Dessa forma, o pensamento enfraquecido tornar-se-ia uma "crítica radical de qualquer sedução do idêntico", que implicaria um pluralismo "das interpretações, dos pontos de vista, dos tipos de subjetividade" (1989b:32).

Mas — reconhece Rovatti — existe sempre o perigo do efeito bumerangue do relativismo, sobretudo quando a tolerância vira indiferença para com os outros pontos de vista. É por isso que se imporia a questão de um critério. Para o autor, este poderia ser encontrado "aplicando a hermenêutica a si mesma" e colocando em questão "a identidade na própria subjetividade", quer dizer, considerando a pluralidade como "abertura e, ao mesmo tempo, risco ao interior do próprio sujeito" (1989b:32-33). Em suma: "o pudor consiste em se contrapor ao canibalismo do eu (...) diante de tudo aquilo que é outro da imagem que ele tem de si",[12] e a dimensão ética dar-se-ia, como "lance, sempre repetido, e nunca verdadeiramente executado, por meio do qual conseguimos conter o eu dentro do seu estatuto relativo e parcial" (Rovatti, 1989b:37).

Para Alessandro Dal Lago, junto com o enfraquecimento do pensamento assistir-se-ia a um "retorno" da filosofia moral, como se a filosofia, tomando consciência da própria "incapacidade em reconstruir o discurso da verdade no campo do pensamento, tivesse decidido (...) tentar de novo suas chances no campo do agir prático" (Dal Lago, 1989:137). Mas — adverte o autor — depois dos trabalhos de Michel Foucault, também neste campo, as verdades ter-se-iam revelado contingentes, apesar das esperanças, tanto de Karl Otto Apel como de Jürgen Habermas, sobre o consenso racional, pois este estaria sempre comprometido pela pluralidade dos pontos de vista e os eventuais conflitos.[13] Assim sendo, a experiência prática não se deixaria codificar numa moral, num sistema de valores e princípios, porquanto o agir

12. Num outro contexto, Anders fala em "canibalismo pós-civilizado" (1992:19) para caracterizar a utilização do homem pelo homem, como meio, matéria-prima.

13. Esse argumento, como vimos, constitui um dos principais tópicos desenvolvidos por Lyotard contra Habermas e Rorty (1983; 1985) e pode, portanto, ser considerado um dos *topoi* essenciais da argumentação pós-moderna contra a modernidade.

só se conformaria a escolhas instantâneas e ao juízo prático imediato.[14] Nesse sentido, o bem seria feito, imediatamente ou nunca, e o agir prático não trocaria a urgência pela transcendência — como quer a ética com pretensões universais —, pois a escolha dar-se-ia na particularidade, que tenta sempre resolver conflitos imediatos. Nesta instantaneidade da experiência, a certeza sobre a justiça tornar-se-ia mais precária e o ato moral seria o resultado de uma luta interior, sem possibilidade de generalização nem de obediência a princípios fixos. Para Dal Lago, uma ética não-normativa desse tipo pode ser sintetizada pela formulação da "destituição da transparência do sujeito, desintelectualização da moral, pluralização dos valores" (1989:141). Contudo — especifica o autor —, isso não implicaria um "imoralismo", mas um "deslocar o acento do discurso prático da esfera das normas para aquela do juízo (refletente), no sentido da *Crítica do juízo* de Kant" (1989:142).

Com efeito, toda ética normativa consistiria em transpor um princípio especulativo para um código de comportamento, que quase sempre seria a pretensão de legitimar utilidades e interesses. Ao contrário, a passagem para o juízo de tipo kantiano não pretenderia generalizar regras comportamentais já existentes, mas submeteria o labor empírico da existência à responsabilidade, visto que "os sistemas éticos só podem generalizar funções separadas de pensamento, ou funções limitadas de ação" (Dal Lago, 1989:142). Assim sendo, o juízo não seria uma faculdade parcial ou isolada porque "se exerce sempre perante cada ocorrência e, sobretudo (...), com os outros", quer dizer, "se torna imediatamente público" (1989:142), pois apelaria para o juízo alheio. Em conclusão, a universalidade do juízo, contrariamente àquela das razões práticas, não seria uma pressuposição de tipo transcendental, mas "uma conquista", e "a verdade do diálogo e da comunicação não [se situaria] no começo do agir prático, mas na sua incerta conclusão" (1989:142-143). Dessa forma, a liberdade fugaz do juízo não se fixaria sobre normas pré-constituídas — sobre uma ética normativa — mas

14. Varela (1992) desenvolve esse argumento utilizando o conceito de *breakdown* para indicar as situações cotidianas em que a ação se desencadeia sem precisar de longas reflexões, sendo, portanto, da ordem do *know-how* imediato — "incorporado" (*embodied*) — mais do que do *know-what* mediatizado pela razão reflexiva (1992:9-23). Para Varela a ética seria, portanto, da ordem do *know-how* e não daquela do *know-what*.

consistiria na "*Verantwortung* (responsabilidade), na disponibilidade para a escuta e na capacidade de responder" (1989:143).

Mas — como fez notar Emanuele Severino — quando se opõe "pensamento forte" e "pensamento fraco" se esquece o essencial: que toda a filosofia contemporânea é essencialmente pensamento fraco, porque "nega a possibilidade de qualquer ser imutável afirmado de modo incontrovertível", ou seja, "que o ser tenha a força de salvar-se da dúvida" (Severino, 1989:18). Assim, tanto o chamado "pensamento forte" como o autodenominado "pensamento fraco" compartilhariam "o dogma dominante (...), a fé que o variar do mundo deva ser entendido como um processo no qual, pela irrupção do nada, põe-se em risco o ser" (1989:18). Portanto, conclui Severino, seria sempre no interior desta fé que se discutiria tudo sem nunca questionar o horizonte da discussão. Como o próprio Severino já tinha afirmado (1981), esse questionamento dar-se-ia pela introdução do real da "necessidade" como calcanhar-de-aquiles do niilismo, ou seja, pela insubordinação do real, diante do construtivismo radical, implicado pela vertente nadificadora da hermenêutica.

Do ponto de vista "não-disjuntivo", aqui defendido, a "controvérsia" moderno/pós-moderno pode então ser considerada uma espécie de "arqueologia" praticamente esgotada, porque existe hoje um relativo consenso sobre a transformação "tardia" do projeto moderno. Esta pode ser caracterizada como uma complexificação das várias instâncias, antes tidas como separadas, em particular, como uma vinculação entre a cibernetização globalizante do mundo vivido e a emergência da "ecologia generalizada" (Morin, 1980), que Félix Guattari sintetizou como "caosmose" (Guattari, 1992). Para este autor, tratar-se-ia, atualmente, de fazer "transitar" as chamadas ciências humanas e sociais de "paradigmas cientificistas" para "paradigmas ético-estéticos", entendidos como meios de produção de subjetividade, tanto individual como coletiva, inseparável dos dispositivos técnicos e intitucionais, criando, desta forma, "novos universos de referência" (Guattari, 1992:15). Para enfrentar as transformações tecnocientíficas em que estamos todos mergulhados e que produzem simultaneamente uma homogeneização universalizante e redutora da subjetividade e um reforço da heterogeneidade e da singularização, seria preciso, portanto, um "paradigma estético-processual [que] trabalha[sse] com os paradigmas científicos e éticos e [fosse] por eles trabalhado" (Guattari,

1992:136). Este paradigma seria, assim, "transversal" à tecnociência, o que faria com que a máquina não pudesse mais ser encarada de maneira "mecanicista", mas devesse ser concebida como algo que englobe, simultaneamente, "seus aspectos tecnológicos, biológicos, informáticos, sociais, teóricos e estéticos" (1992:137). Isso teria implicações ético-políticas, porque "quem fala em criação fala em responsabilidade da instância criadora em relação à coisa criada, em inflexão de estado de coisas, em bifurcação para além de esquemas preestabelecidos" (1992:137). Porém, atualmente, a escolha ética não emanaria mais de uma "enunciação transcendente, de um código de lei ou de um deus único e todo-poderoso", visto que "a própria gênese de enunciação encontra-se tomada pelo movimento de criação processual" (Guattari, 1992:137). Assim sendo, os universos de valores estariam permanentemente envolvidos e transformados na produção de subjetividade "maquínica", isto é, no "duplo processo autopoiético-criativo e ético-ontológico" implicado pelo maquinismo, de modo que "o imenso encaixe de máquinas, em que consiste o mundo de hoje, se acha em posição autofundadora de sua passagem ao ser" (1992:138).

Em suma: "o ser não precede a essência maquínica; o processo precede a heterogênese do ser" (Guattari, 1992:138). É por isso que essa "terceira revolução industrial", caracterizada pela informatização acelerada e pelo crescimento complexivo da produtividade, pode também ser responsabilizada pela criação de uma massa crescente de excluídos e por uma "tríplice devastação ecológica" que seria simultaneamente ambiental, social e mental (Guattari, 1990a; 1990b), quer dizer, por uma "desterritorialização generalizada" em que os antigos territórios existenciais se decompõem e muitos indivíduos, "para escapar da neurose", se apegam a reterritorializações sociais arcaizantes, como os integrismos religiosos, as seitas, o racismo e a xenofobia (Guattari, 1990b).

É por esse viés que reencontramos a questão da crise, em particular a crise da Saúde Pública, que será agora abordada na terceira aproximação como crise ética.

CAPÍTULO IV

A CRISE NA SAÚDE E A ÉTICA NATURAL

Num terceiro nível de aproximação, a "crise da Saúde Pública" consiste na crise do *ethos* do ponto de vista da saúde entendida — conforme a definição da OMS — como bem-estar físico, mental e social. Admitindo isso, os dois aspectos analisados no segundo capítulo — que abordamos em dois níveis de aproximação sucessiva — podem ser considerados pertencentes a uma mesma realidade complexa, e a crise da Saúde Pública pode, assim, ser encarada como uma crise de "complexificação" dos problemas do campo da saúde. Portanto, o "operativo" (primeiro nível) e o "real" (segundo nível), de um lado, o "conceitual-metodológico" (primeiro nível) e o "simbólico" (segundo nível), do outro, enraízam-se numa única crise mais profunda — referente aos fundamentos tanto do pensar como do agir —, que é a "crise ética".

Por crise ética entendemos fundamentalmente uma "indecisão" referente aos laços necessários, ou "vínculos", entre as dimensões do agir e do conhecer num ser — o humano — que constrói o mundo e a si mesmo como "ser humano universal" (Behncke, 1990:XXIV), isto é, como "encontro do ser individual com a sua natureza última que é o ser social [em que] o desenvolvimento individual depende da interação social e o próprio mundo de significados em que se existe é função do viver com os demais" (p.XXVII). Assim sendo, a dimensão ética é aquela em que "a aceptação do outro é (...) o fundamento para que o ser auto-observador ou autoconsciente possa aceitar-se plenamente a si mesmo (...), revelar-se em toda a imensa extensão dessa rede de relações interdependentes que conforma a nossa natureza existencial de seres sociais" (p.XXVII).

Esta interdependência social acompanha-se de uma vinculação entre mundo do agir e "mundo" do pensar, o que qualifica a eticidade do viver tanto do ponto de vista da relação com o outro quanto do ponto de vista da vinculação entre teoria e prática. Dessa forma, questão ética e questão epistemológica pressupõem-se reciprocamente.[1] É, aliás, por isso — pensamos — que uma ética, contrariamente a uma moral, nunca pode ser "privada" e, portanto, que a saúde pública implica, necessária e reciprocamente, uma ética.

Esse nível da crise foi apontado parcialmente pelos autores citados no segundo capítulo, mas de forma, por assim dizer, quase sempre "subsidiária" (quando não "derivada") do político, ou associada a este na forma anfibológica do ético-político. No nosso entender, isso quer dizer que quase nunca lhe foi atribuída uma identidade específica como questionamento e crítica da própria política, tornando ambíguo o próprio sentido de "político" como um fazer referido à *pólis* ("cidade"), à *res publica* ("coisa pública"), ao bem comum dos cidadãos, ao bem-estar geral. Em suma, sem colocar a política perante as suas responsabilidades de gestão da complexidade ambiental pelo incremento da complexidade social (Luhmann, 1972; 1984), inclusive as responsabilidades para com o próprio processo biológico da vida, sabendo, no entanto, que "quando Adão e Eva morderam o fruto da árvore do conhecimento do bem e do mal (...) foram transformados em outros seres e nunca mais puderam voltar à sua primeira inocência" (Maturana e Varela, 1990:162).

Essa incapacidade das sociedades modernas em fazer retroagir, de forma autônoma, a ética sobre a política, como controle, crítica radical

---

1. Como afirmam Humberto Maturana e Francisco Varela, "O conhecimento do conhecimento obriga (...) a tomar uma atitude de permanente vigilância contra a tentação da certeza, a reconhecer que nossas certezas não são provas de verdade, como se o mundo que cada qual vê fosse o 'mundo' e não 'um mundo' que encontramos junto com os outros, o que comporta uma ética inevitável [em que] o central é que se encarrega da estrutura biológica e social do ser humano equivale a pôr no centro a reflexão sobre o que este é capaz [de fazer] e o que o distingue" (1990:162-163). Assim, cada vez que estamos "em contradição, ou oposição com outro ser humano, com quem queremos conviver, temos que admitir que o nosso ponto de vista resulta de um acoplamento estrutural num domínio de experiência tão válido como aquele do nosso oponente, mesmo que o seu nos apareça menos desejável" (p.163). A conseqüência disso é que a aceitação do outro na convivência é o "fundamento biológico do fenômeno social" ou, dito diversamente, que "biologicamente, sem amor, sem aceitação do outro, não tem fenômeno social" e que "não prestar atenção ao fato que todo conhecer é um fazer [significa] não ver a identidade entre ação e conhecimento" (pp.163-164). Por isso — concluem os autores —, "todo ato humano tem um sentido ético" (p.163).

ou "desconstrução" desta,[2] deve-se, provavelmente, a um "resto" da relação profunda entre *ethos* e *pólis* que existiu na consciência da própria filosofia grega antiga — onde tais conceitos apareceram juntos — mas que, a partir da Época Moderna, tornou-se uma relação cada vez mais problemática, devido à autonomização do político, do ético — diferenciação funcional entre esfera ética e esfera política — assim como àquela entre meios e fins, sintetizada na fórmula "o fim justifica os meios" de Maquiavel (Machiavelli, 1977). Devemos, portanto, mostrar a dinâmica dessa relação para tentar entender o porquê da crise *do ethos*, pois

> pretendemos que o mundo tenha um devir independente de nós para justificar a nossa falta de responsabilidade nas ações, confundindo a imagem que tentamos projetar, o papel que temos, com o ser que realmente construímos no nosso viver cotidiano (Maturana e Varela, 1990:164).

1. As relações entre ética e política

Originariamente, os termos *ethos* e *pólis* vinculam-se profundamente na configuração da vida "pública" na cidade grega (*pólis*). Este

2. Para Jacques Derrida (1993), a "desconstrução" do político embasa-se na idéia de justiça e permite criticar, de maneira radical, as formas atuais da vida política, inclusive aquelas da assim chamada "nova ordem mundial" que, para o autor, seria *de facto* marcada por dez males: desemprego; exclusão em massa da vida democrática; expulsão e deportação de refugiados, imigrados e apátridas; guerra econômica entre países e entre blocos; cinismo do sistema econômico que leva ao desespero uma parte cada vez mais importante da humanidade; indústria armamentista que regula a pesquisa científica, a economia e a socialização do trabalho nas democracias ocidentais; disseminação das armas nucleares; guerras interétnicas embasadas num imaginário comunitário arcaico; poder de "estados" paralelos como a Máfia e os cartéis de entorpecentes; estado presente do direito internacional favorecedor dos grandes grupos de interesse e de pressão. Nesse sentido, pensamos que a "nova ordem" deveria ser pensada mais como uma desordem auto-organizadora que, no melhor dos casos, consegue preservar a complexidade de sistema e subsistemas sem que estes implodam, ou explodam, devido à incapacidade de acoplá-los estruturalmente.

vínculo é dedutível, por um lado, da sentença de Heráclito *ethos antrôpo daímon*, traduzível por "o *ethos* é o gênio protetor do homem" (Diels e Kranz, 1975:22B,119 *apud* Vaz, 1988: 12) ou por "a própria qualidade interior, para o homem, é um demônio" (Colli, 1980:103) e, por outro lado, porque "os matizes do *ethos* são sugeridos por Platão enumerando as qualidades dos guardiães da cidade, 'seu caráter e seus hábitos'" (Platão, *Leis*, XII, 968d *apud* Vaz, 1988:12, nº5a).

Um aprofundamento do vínculo semântico entre ética e política é dado na leitura que faz Martin Heidegger (1979:147-175) da sentença de Heráclito, interpretando-a como referida ao "morar" do homem como *ex-sistência*, isto é, como abertura do humano ao Ser para além da sua condição de "ser-aí" [*Dasein*] — de ser "jogado" no mundo — e que faz com que o humano encontre a sua verdadeira essência. Heidegger comenta: "A frase: 'O homem *ec-siste*' não responde à pergunta se o homem efetivamente é ou não, mas responde à questão da 'essência' do homem (...), a partir do elemento *ec-stático* do ser-aí", sendo que "como *ec-sistente* o homem sustenta o ser-aí, enquanto toma sob seu 'cuidado' o aí, como a clareira do ser. Mas o ser aí mesmo é como 'jogado'" (1979:156).

Numa reinterpretação mais recente da mesma sentença de Heráclito, Giorgio Agamben (1982) considera que, ao traduzir *daímon* por "figura divina" ou "gênio protetor", se esquece de que o *daímon* significara originariamente não aquele que junta mas "aquele que dilacera, que divide e escinde". Assim seria somente como aquele que divide, que o *daímon* "destinaria". Além disso, *demos*, "povo", significara, na origem, "divisão de um território" e "parte assinada", a saber, tanto a ação do dividir quanto o seu resultado. A sentença *ethos antrôpo daímon* deveria, portanto, ser traduzida por "o ethos é para o homem aquilo que dilacera e divide" (Agamben, 1982:40).

Tanto na interpretação do *ethos* como aquilo que une quanto naquela do *ethos* que divide pode-se, no entanto, supor um nexo profundo no conceito de *ethos* entre os aspectos do "caráter", da "morada" e da "vida política", a saber, entre o viver virtuoso no *oikos* e na *pólis*, entre vida do ponto de vista ecológico e do ponto de vista público.

Mas, enquanto vinculada à política, a ética não lhe é subsumível, pois o *ethos* é a condição da *pólis*. Portanto, o *ethos*, junto com a *physis* ("natureza"), é uma das "duas formas primeiras de manifestação do ser (...) sendo o *ethos* senão a transcrição da *physis* na peculiaridade da *práxis* (...) e das estruturas histórico-sociais que dela resultam" (Vaz, 1988:11). Assim sendo, o *ethos* não é derivado da *pólis*, mas é a sua condição de existência. Dito de forma mais precisa, pode-se afirmar que, no seu sentido originário, "a ética é a condição necessária da política", ao passo que "a política" pode ser considerada "a condição suficiente da ética".[3]

Porém, na consciência moderna — a partir do *Príncipe* de Maquiavel (1513), que estabelece a independência da política da moral e reconhece "o fim que justifica os meios" como lei fundamental da política (Machiavelli, 1977) —, ética e política tornam-se progressivamente não somente antagônicas mas também autônomas. Assim, como numa antiga tragédia grega, a política torna-se "o lugar do confronto entre o homem moderno e o destino" (Vaz, 1988:257), mas como armação moderna, a política torna-se "técnica racionalmente otimizada do exercício do poder [que] obedece à racionalidade da causa eficiente e dos seus instrumentos, que esgota seu fim na eficácia do seu exercício, e, portanto, a 'política' no mundo moderno é um 'fazer' na ordem da causalidade eficiente" (1988:257-258).

Entretanto, a analogia entre tragédia e política contém um paradoxo, pois para a *pólis* o ideal político é a justiça, sendo a vida política concebida como vitória da lei (*nómos*) e da liberdade sobre o tirano e o destino. Isso quer dizer que, "assegurando aos cidadãos a igualdade (*isonomía*) e a eqüidade (*eunomía*), a lei permite ordenar a vida da cidade sob a égide de uma constituição (*politéia*) que submete o agir dos indivíduos à norma da justiça" (Vaz, 1988:258).

Nessa concepção, o que unifica ética e política seria o finalismo do Bem, ou seja, "do que é mais justo para o indivíduo e para a cidade" (Vaz, 1988:259). Mas essa teleologia do Bem só é possível referindo a ordem da *pólis* à "ordem divina da natureza", e é quando esta começa a ruir que "a vontade de poder se impõe como constitutiva do político sem outra finalidade a não ser ela mesma e sem outras razões

3. Por "condição necessária" entendemos uma condição que não pode ser substituída por outra; por "condição suficiente", uma condição que implica sempre uma conseqüência necessária. Nesse sentido, uma política só pode existir se existe uma ética, ao passo que da constatação da existência de uma política pode-se inferir a existência de uma ética subjacente.

legitimadoras senão as (...) da sua força soberana" (1988:259). É essa concepção da política como técnica de poder que Maquiavel explicita com a sua obra e que define a concepção propriamente moderna de política, isto é, a sua "autonomia" (Veca, 1980: 860), o seu divórcio da ética.

A cisão aprofunda-se com a instauração da "razão de Estado" nos Estados Nacionais (Meinecke, 1924) e com o afirmar-se do individualismo ético moderno, legitimado pela interpretação restritiva da autonomia do sujeito moral de derivação kantiana.

Entretanto, o poder do Estado Moderno só se legitima, em princípio, pelas leis que devem ser justas para garantir o direito de cada cidadão e a governabilidade pela chance dada a cada cidadão, no sentido de que os outros observem as mesmas leis. Como não cabe mais a antiga teleologia do Bem — fundada e legitimada "naturalmente" —, impõe-se a necessidade de fundamentar a justiça política diferentemente, por exemplo na racionalidade de um "contrato social" em que "cada um de nós reúne a sua pessoa e todo seu poder sob a direção suprema da vontade geral, sendo cada membro (...) parte indivisível do todo" (Rousseau, 1762:I,6 *apud* Lalande, 1972:185).

Esse tipo de fundamentação será criticado tanto por Emile Durkheim (1893) como por Marcel Mauss (1923-1924), que refutam a identificação do social com o "contrato" na medida em que este já pressuporia a constituição do corpo social e não podendo, portanto, ser tido como a sua causa.

Resumindo: na reflexão sobre as relações entre ética e política deve-se pressupor "a idéia de 'comunidade ética' como anterior, de direito, aos problemas de relação com o poder do indivíduo isolado e submetido ao imperativo da satisfação das suas necessidades e carências, [pois] é no terreno da idéia de 'comunidade ética' que se traça a linha de fronteira entre ética e política" (Vaz, 1988:262).[4]

---

4. Para Kant, leitor de Rousseau, é a opinião pública que assume o papel de crítica racional da política, ou seja, "a crítica da política (...) é o tribunal da razão [que] verifica [os] poderes do poder [e] o contrato é neste sentido (...) um conjunto de princípios à luz dos quais avaliar racionalmente a ordem da sociedade por meio da política" (Veca, 1980:867). Nesse sentido, a avaliação racional da política "coincide de fato com a reabilitação da ética e da sua autonomia [da política]" (1980:867), já anunciada por Kant, quando escreve "Esse contrato é uma 'simples

Na reflexão atual sobre a relação entre ética e política existe, em geral — e feitas as devidas exceções dos movimentos ecológicos e ecumênicos[5] —, uma profunda desconfiança sobre uma possível reconciliação entre as duas esferas. Esse fato corresponde também a uma incapacidade da própria teoria em pensar de forma suficientemente articulada as relações entre ética e política, em desconstruir tais relações.

Essa é a opinião, por exemplo, de Roberto Esposito (1988), para quem as categorias analíticas da reflexão sobre a política teriam perdido a própria pregnância, sendo, portanto, preciso "radicalizar" a análise e "intensificar" a crítica, isto é, passar da análise tradicional do "político" para uma reflexão sobre o "impolítico".[6] Para o autor, a reflexão tradicional teria, de regra, ficado atrelada tanto a uma visão totalizante ou organicista — que seria típica dos discursos mitológicos e teológicos — quanto a uma visão despolitizada — típica de um pragmatismo simplório — que se encontraria tanto nos discursos sobre a secularização do mundo moderno como naqueles sobre o niilismo contemporâneo.

Assim sendo, as tentativas de fundamentar filosoficamente a política estariam fadadas ao insucesso, na medida em que a filosofia, ao invés de criticar a política (como deveria ser pela sua "vocação": Weber, 1921), ter-se-ia limitado a oferecer respostas ordenadas e coerentes, com fins legitimadores, incompatíveis com a própria deontologia filosófica que consiste, essencialmente, na sua vocação crítica. Em particular, o enfoque filosófico da política não teria sido de "pensamento", mas simplesmente de "método", limitando-se à relação entre meios e fins, em vista da realização de uma ordem, de um regime, de um Estado.

---

idéia da razão' [que] tem induvidosamente a sua realidade (prática): isto é, a sua realidade consiste em obrigar cada legislador a fazer leis como se devessem derivar da vontade comum de todo um povo e em considerar cada súdito, que quer ser um cidadão, como se ele tivesse dado seu consenso a esta vontade. Essa é, com efeito, a pedra de toque da legitimidade de qualquer lei pública" (Kant, 1956:262 *apud* Veca, 1980:867).

5. Ver, por exemplo, Ceri (1987), Thompson (1988), Ruffolo (1989), Küng (1992).
6. Com esse termo o autor retoma — criticando-os — um texto de Thomas Mann (1918) e uma série de textos de Carl Schmitt (1972).

Portanto, se a efetiva prática filosófica tivesse consistido em legitimar a política — com o filósofo na posição subalterna e inconfortável de conselheiro do príncipe —, a filosofia teria, então, esquecido o que desde Maquiavel caracterizaria de fato a política: o "conflito violento pelo poder", isto é, a luta que foge da submissão a qualquer tipo de ordem reguladora e a qualquer fundamentação de tipo ético. Em suma: ela teria esquecido os ensinamentos da tradição de pensadores "impolíticos", como Maquiavel, Hannah Arendt, Ernst Jünger, Walter Benjamin, Simone Weil e Georges Bataille que, com suas obras, apontaram para o poder dilacerador do *daímon* da política.

Em conclusão: para Esposito, o enfoque da política, em termos de valores, seria filosoficamente inviável devido a uma alteridade radical entre ética e política, entre Bem e Poder, entre o "direito" — que mede as relações de força — e a "justiça" — que concerne a transcendência reguladora das forças. Nenhuma forma de poder teria, portanto, a capacidade de traduzir o Mal para o Bem e consistiria, ao contrário, numa forma de servidão. Isso valeria também para as democracias, sendo que nestas a servidão só seria mais "distribuída" em microsservidões locais — aqui Esposito encontra as posições de Foucault (1979) —, isto é, conforme uma lei distributiva — só aparentemente menos constrangedora — de servidão entre os vários atores sociais.

Dito de outra forma: a única linguagem da política seria aquela detectada por Simone Weil, quando escrevia: "sobre esta terra não existe outra força senão a força e no que diz respeito à força — que não é desta terra — o contato com ela paga-se ao preço de um transitar por meio de algo que se assemelha com a morte" (Weil, 1949:191 *apud* Esposito, 1988:242). Assim, se existe uma saída das relações de força, esta só seria possível fora do domínio da política e — conforme a sentença de Simone Weil — situar-se-ia no espaço da justiça que, entretanto, não seria "desta terra". A justiça, portanto, seria realizável tão-somente como espaço do impossível, no único evento compartilhado por cada qual: a morte.

Essa reflexão sobre o "impolítico" leva Esposito à concepção de Georges Bataille sobre o "sagrado" identificável com a "comunidade da morte". Para Bataille, "o 'sagrado' é comunicação entre seres", no sentido de "uma fusão, de uma perda de si, que se realiza totalmente só com a morte" (Bataille, 1991:442; 553, nº 4). Retomando a sugestão de Émile Durkheim, segundo a qual a sociedade não é simples soma de indivíduos mas um todo com características específicas (Durkheim, 1895:127), Bataille precisa que este todo é o movimento que se apropria das suas partes, um "ser composto" ou "movimento comunitário" (Bataille e Caillois, 1937). Mas, para Durkheim (1925:92), o mundo estaria dividido em dois domínios distintos: o "sagrado" e o "profano", sendo o primeiro o domínio do heterogêneo e do incomensurável e o segundo o domínio do homogêneo. Bataille critica essa separação entre sagrado e profano, assim como a identificação do sagrado com o heterogêneo, pois esta identificação corresponderia à "tendência da ciência em pôr uma representação 'homogênea' a fim de escapar à presença sensível de elementos fundamentalmente heterogêneos" (Bataille, 1933-1934,II:161). De fato haveria — para Bataille — uma profunda dialética entre sagrado e profano, posição compartilhada também por Roger Caillois (1939), para quem sagrado e profano seriam igualmente indispensáveis ao desenvolvimento da vida social. Essa co-necessidade entre sagrado e profano corresponderia à ambivalência inscrita na própria etimologia, tanto da palavra grega *ágos* como da palavra romana *sacer*, com que se indicara o domínio do "sagrado". Para Bataille, o dispositivo mais potente de sacralização seria o crime, o regicídio (cujo arquétipo imaginário ocidental seria a crucificação).[7] Contudo, com a laicização da sociedade moderna, ba-

7. A esse respeito devemos lembrar as análises de René Girard sobre a "violência mimética" (1972;1978) e o seu desfecho do "bode expiatório" (1982) como fundamento de toda cultura. Em síntese, para Girard, a violência mimética é uma condição ontológica do ser humano, marcado pelo desejo de possuir o que o outro possui, sendo o bode expiatório a vítima sacrifical que permite, provisoriamente, acabar com a violência mimética que resulta dessa "inveja" generalizada e fundar a sociedade. Mas o sacrifício, para Girard, é paradoxal, pois se, por um lado, a violência é um dado da condição humana, por outro, ela constitui também um meio para ultrapassar a própria violência "interna" das comunidades humanas, unificando o grupo por meio de uma transferência coletiva sobre a vítima inocente e evitando, assim, a guerra de todos contra todos. Portanto, a violência é ao mesmo tempo princípio de ordem e de desordem. Para Girard, a única solução não-violenta, encontrada até hoje, para sair do círculo infernal do "mimetismo" seria aquela carismática encontrada pelo cristianismo, ou seja, a renúncia à violência por meio do amor. Para uma primeira avaliação crítica das teses de Girard, veja-se o número especial da revista *Esprit*, 28 (1979), em particular, Dupuy (1979), Kear-

seada na autonomia da pessoa moral como entidade jurídica, ter-se-ia uma progressiva decomposição individualista do social e, portanto, uma secularização do próprio sagrado.[8]

Como afirma também Mircea Eliade (1987), o sagrado e o profano constituem duas modalidades de ser no mundo, e a secularização moderna, longe de indicar o fim da "religiosidade", representaria simplesmente a transformação dos valores humanos e constituiria, "graças a uma misteriosa e paradoxal *coincidentia oppositorum*, um novo tipo de 'experiência religiosa'" (Eliade, 1987:12). O "profano" seria, portanto, a forma secularizada em que se manifestaria o "sagrado" nas sociedades modernas. Esse "numinoso" ou *ganz andere* ("absolutamente diferente") que para Rudolf Otto permaneceria inexprimível (Otto, 1917), para Eliade representa, ao contrário, uma totalidade que se mostra, como "hierofania" ("manifestação do sagrado"), e que faz com que "um objeto qualquer se torne 'outra coisa', sem deixar de ser si mesmo" (Eliade, 1987:18). Nesse sentido, "o sagrado é o 'real' por excelência" (1987:31), que "se desvela" (p.60) e que faz com que a existência humana esteja "'aberta' para o mundo" (p.144). Embora no homem moderno e urbano esta "abertura" esteja "gravemente empobrecida" pela vivência do sagrado, como esfera meramente privada, e, "no melhor dos casos", como responsabilidade "perante a História" (Eliade, 1987:151-152), este "homem a-religioso" moderno, que recusaria qualquer tipo de transcendência porque obstacularia a sua liberdade, seria, no entanto, descendente do *homo religiosus*, resultado da própria "dessacralização da existência humana" (pp.172-173).

---

ney (1979) e Stiker (1979). Ver também Dumouchel e Dupuy (1979), em que os autores aplicam a teoria mimética à concorrência econômica, em particular ao conceito de "inveja" que a sustenta.

8. Jean Bauberot, mais prudente, pergunta-se (1990) se a laicidade é um movimento de dessacralização ou se possui sua esfera própria do sagrado, encontrando-a nos princípios da Declaração de 1789 sobre os direitos naturais, inalienáveis e sagrados do Homem. Tais princípios podem ser considerados sagrados porque visam à unidade do grupo social e porque escapam de qualquer lógica de troca, sendo, portanto, "incomensuráveis" no sentido de Durkheim. A secularização do sagrado não implicaria, portanto, a sua destruição, mas tão-somente novas configurações do sagrado.

Em suma, o homem profano seria, de fato, um "herdeiro" do homem religioso que "não pode abolir definitivamente o seu passado" mesmo que ele se constitua "por oposição ao seu predecessor, esforçando-se em se 'esvaziar'" (1987:173). Isso seria patente nas "formas híbridas de baixa magia e de religião simiesca" (Eliade, 1987:175) das "pseudo-religiões e das mitologias degradadas" (p.177) do homem moderno que reconstituiria, dessa forma, um espaço do sagrado em que, paradoxalmente, tudo poderia tornar-se profano-sagrado.[9]

A esse ponto seria interessante ver em que medida a violência "difusa" e "banalizada" das nossas sociedades contemporâneas, com seus "crimes" aparentemente inexplicáveis (ou explicados por motivos meramente econômicos, ou pelos efeitos da "midiatização"), não estaria de fato preenchendo também um vazio de "sagrado" sob a forma de uma confusão de normas, valores, mundo da vida e mundo da morte, que teriam perdido o sentido. Essa indagação não pode, evidentemente, ser feita aqui. Contudo, ela parece ter tudo a ver com a concepção desenvolvida por Bataille do "sagrado" vinculado à "comunidade da morte", assim como com a teoria da violência mimética de Girard.

Para Bataille — interessado menos numa concepção sociológica do sagrado que numa concepção existencial do mesmo —, o sagrado é aquilo que põe em jogo a existência, inscrevendo-a na necessidade de uma morte em comum (Bataille, 1939). O sagrado seria, portanto, vinculado à "comunidade da morte" que o indivíduo partilha com seus semelhantes, e essa seria a única forma de reativar uma experiência "total" do sagrado na época da sua tendência ao desaparecimento, na época da sua secularização. Esse tipo de experiência seria necessário à própria sobrevivência do social, pois "um vivente que vê seu semelhante morrer não pode mais subsistir senão 'fora de si' [isto é] na comunidade dos seus semelhantes"; o que implicaria que "a vida comum se tenha à altura da morte [pois] uma comunidade não pode durar senão em nível de intensidade da morte; ela se decompõe quando falta a grandeza particular do perigo" (Bataille, 1970:245-246).

9. Numa recente publicação polêmica, Daniel Dubuisson (1993) denuncia a obra de Eliade como sendo infundada teoricamente e sustentada por uma metafísica "anti-semita". Para o autor, o princípio metodológico unificador do "sagrado" faria com que o historiador das religiões, Eliade, assumisse uma postura "profética" que tornaria a sua obra mais mística do que propriamente científica.

Contudo, essa comunidade não se daria como transcendência da finitude dos seus integrantes. Ao contrário, ela seria o lugar em que a finitude constitutiva dos seres seria compartilhada como falta radical, vazio: "O além do meu ser é antes o nada [e] a presença alheia (...) está plenamente revelada somente se o 'outro', por sua parte, se inclina também sobre a orla do seu nada, ou se cai nela (se morre). A 'comunicação' acontece só entre dois seres postos em jogo — dilacerados, suspensos, inclinados ambos sobre o próprio nada" (Bataille, 1945:45). Mas a comunicação para Bataille não se baseia na intersubjetividade "de um ser pleno e intacto para um outro" (1945:44), na medida em que esta só poderia estabelecer-se pela exclusão do outro "diferente" (Esposito, 1988:307). Ela dar-se-ia, portanto, somente na perda da subjetividade, pois "ela quer seres em que se encontra posto em jogo o ser (...) ao limite da morte, do nada" (Bataille, 1945:44).

Em suma, a "comunidade da morte" seria a relação entre a morte do outro e a possibilidade da minha morte. Mas isso não implicaria reconhecimento, pois no outro buscar-se-ia, sobretudo, a sua fratura (ou falta), não a sua identidade, e porque, não sendo cognoscível, a morte seria tampouco compartilhável. Assim, a "comunidade da morte" seria de fato uma "comunidade da impossível comunidade" (Esposito, 1988:308). A ética de Bataille requer, portanto, uma perda, um expor-se constante a tudo e para além de todo valor: "Uma moral vale na medida em que ela nos propõe nos colocar em jogo. Senão ela é somente uma regra de interesse, à qual falta o elemento de exaltação (...), que a indigência batiza com uma palavra servil: 'imperativo'" (1945:50). Ela fundamenta-se, assim, no "desejo do longínquo, como impossível e, portanto, necessário" (Arnaud e Excoffon-Lafarge, 1978:152), mas sem nenhum tipo de heroísmo legitimado por um valor intocável, uma referência última, a não ser "a alegria diante da morte [que] pressupõe, em primeiro lugar, um sentido de 'grandeza' inerente à vida humana [pois] seria puro não-senso se [a vida] não fosse animada por um invencível desejo de grandeza" (Bataille, 1939b:419). Esse valor, "em si", da vida, que aproxima Bataille mais de Nietzsche e de Ortega y Gasset que de Heidegger, permite ao autor resgatar um outro valor : a solidariedade. A este respeito Bataille escreve:

> Muitas vezes a solidariedade (...) parece risível para quem se situa "nas alturas da morte". Mas (...) não tem dúvida de que a solidariedade e a dedicação a uma causa são, em regra, necessárias a quem, sem trapacear, quer se enfrentar à morte (1939b:418-419).

Essa "incursão" na temática da comunidade da morte permite encarar a questão da ética natural como dinâmica complexa da comunidade ética, ou seja, referente aos nexos tanto "dilaceradores" quanto de "sutura" que nesta são tecidos entre a vida e a morte, o sagrado e o profano, a saúde e a doença, o biológico e o sociocultural. Em suma: dos vínculos que fazem da vida uma "realidade radical" (Ortega y Gasset, 1957:261), ou fazem da "sabedoria da vida [um] lugar privilegiado da formação da linguagem do *ethos*" (Vaz, 1988:42).

Resumindo, a "complexidade biológica" da vida humana como "realidade radical" — referente tanto à "primeira natureza" como à "segunda natureza" — parece implicar uma concepção também complexa da ética, capaz de integrar categorias aparentemente opostas. Seria este tipo de ética o fundo a partir do qual deveria mover-se uma reflexão "impolítica" sobre a chamada "crise da Saúde Pública", encarando-a como sendo uma crise essencialmente ética, ou seja, antes, uma crise das relações do que uma crise dos seus objetos, uma crise do sentido de tais relações. Isso implica que se pense ao mesmo tempo no *ethos* como "comunidade da vida" e "comunidade da morte", e a saúde como precariedade e potência do processo biológico, quer dizer, que se pense na saúde como relação complexa entre saúde e doença. Dito de outra forma, uma precariedade que precisa de cuidados especiais a partir do momento em que se verifica uma preponderância do *logos* sobre o *bios* sob a forma da "metafísica realizada", objetivadora da vida pela tecnociência, inclusive pela tecnociência biomédica, que pode revelar-se também como sendo fundamentalmente iatrogênica.[10] Isso não significa "retorno" a uma impossível condição pré-

10. Sobre a iatrogenia da medicina ver Illich (1975). Para uma visão mais global dos efeitos negativos da tecnociência sobre o mundo da vida, ver em particular Dupuy (1980; 1986), Jonas (1987). Para uma visão global sobre a necessidade de uma abordagem ética dos problemas "ambientais" decorrentes da objetivação tecnológica, ver também Bartollomei (1989) e Bradley e Duguid (1989).

tecnocientífica, mas, sim, a readaptação do dispositivo tecnocultural à própria "sabedoria da vida" que, além de possibilidades, tem vínculos que devem ser conhecidos e respeitados.[11] Isso quer dizer que, do ponto de vista "complexo" de uma ética efetivamente "natural", não pode haver disjunção entre as várias dimensões que a vida adquiriu ao longo do seu processo auto-organizador, em particular, a partir da emergência da sua norma especificamente humana ("segunda natureza"), como reforma da norma biológica ("primeira natureza"), que a tornou propriamente *bio-lógica*. Esta disjunção implica de fato a alternativa entre a regressão arcaizante rumo à comunidade do "solo e do sangue" (*Blut und Boden*), de triste memória, e a fuga para frente na sociedade virtual da armação tecnocientífica. Num caso como no outro — a regressão ou o cinismo —, os vínculos entre "primeira natureza" e "segunda natureza" são recalcados de tal forma que o destino das sociedades complexas contemporâneas só poderia jogar-se entre a cruz e a espada, ou melhor: entre a implosão e a explosão.

2. O campo complexo da ética

Como tentamos mostrar no segundo capítulo, a crise ética em saúde enraíza-se numa "bifurcação" que pode ser interpretada como "irrupção radical no presente de uma história tumultuada [em que] a gama de possibilidades que se abre é imensa, como também é grande a 'liberação de energia livre' em experimentação permanente, ante o rompimento de valores e referências que acompanham esses tempos" (Schramm *et al.*, 1992:209). Essa bifurcação dá-se, atualmente, como coexistência/conflito, igualmente provável, entre a lógica irreversível da diferenciação funcional do mundo da vida — requerida pela própria complexificação das sociedades modernas que precisam controlar a complexidade sem reduzir o seu potencial semântico e organizacional (Luhmann, 1984) — e a lógica incerta da globalização, aparentemente integradora, constituída pela "nova (des)ordem internacional", que se acompanha de um certo ecumenismo ecológico e religioso e que, por

11. Nesse sentido, a ausência de doença não significa necessariamente saúde (Abraham e Pellegrini, 1991), nem a ausência de sofrimento uma melhor qualidade de vida (Malacrida *et al.*, 1992; Bondolfi, 1992).

sua vez, vem acompanhando os seus contraditórios e dispersivos conflitos étnicos e territoriais. Diferenciação e globalização revelamse, portanto, como sendo os dois aspectos coexistentes na reestruturação atual do mundo, tanto se a encararmos "negativamente" como "guerra civil mundial [*Weltbürgerkriegspolitik*] [que resulta] de uma vontade de pan-intervencionismo" (Schmitt, 1972:25), quanto se a considerarmos "positivamente" uma das possíveis formas de socialização assumida pelas sociedades secularizadas e "pós-moralistas".

Sobre essa forma do imaginário associativo atual, Habermas pergunta-se, em *O passado enquanto futuro* (1992), se na "grande confusão" do mundo atual as grandes religiões com pretensão universalista não estariam de fato convergindo para um núcleo de intuições morais — ligadas essencialmente aos direitos humanos — no lugar da antiga pretensão em querer dominar as diferenças culturais por um único princípio ordenador. Utilizando uma expressão de John Rawls, Habermas faz a hipótese de que elas estariam, talvez, buscando um "consenso mínimo comum" sobre os bens primários, como "o igual respeito de cada um; o igual respeito da integridade — que precisa de proteção — de cada pessoa; e para com a fragilidade de todas as formas de vida" (Habermas, 1992:19).

A situação de incerteza atinge, portanto, os próprios fundamentos da *Lebenswelt*[12] — o seu *ethos* —, e por isso as grandes religiões "universalistas" preocupar-se-iam em resgatar a própria função originária, que consistiria em "re-ligar" (*religio*), imaginariamente, a realidade "dispersada" do mundo contemporâneo e em atribuir-lhe um sentido aceitável para a sua autocompreensão.

Entretanto, a incerteza concerne mais especificamente ao mundo da "segunda natureza" — a ordem do simbólico —, inclusive ao seu subsistema encarnado pelo *know-how* da tecnociência. Os indícios dessa crise são detectáveis não somente de forma indireta nos chamamentos para uma "nova ética", vindos de toda parte e que resultariam da constatação da incapacidade da ética tradicional em dar conta da complexidade dos problemas da contemporaneidade, inéditos na his-

12. O conceito de *Lebenswelt* ("mundo da vida" ou "vivido") foi introduzido pelo fundador da fenomenologia, Edmund Husserl, em *A crise das ciências européias e a fenomenologia transcendental* (1959), para indicar o mundo que sempre já está aí e que, aqui, chamamos mundo "real" (ver *supra*, II.2.2).

tória do nosso planeta (Jonas, 1979 e 1987). Não viriam tampouco só da ausência pura e simples de preocupações éticas do "pragmatismo" tecnocientífico atual, que — conforme uma sugestão de Jacques Ellul — consideraria a própria tecnociência o valor gerando uma ética que, paradoxalmente, excluiria a problemática ética (Ellul, 1983:12-14), tornando-a uma ética a-ética.

Os indícios dessa crise são ainda detectáveis, "diretamente", nas discussões amplas sobre a "crise dos paradigmas" que atinge também o campo da saúde. Como vimos anteriormente (cap. II), a "crise da Saúde Pública" reúne os dois tipos de crise, ou melhor: contempla os dois aspectos da crise, que, num primeiro nível de aproximação, identificamos como "crise 'por defeito' operativa e conceitual-metodológica", e, numa segunda aproximação, como "crise 'por excesso' do real e do simbólico". Reunindo os dois aspectos da crise, pode-se dizer que ela é "fundamentalmente" ética, na medida que o *ethos* reúne tanto as modalidades do fazer como aquelas do pensar, suas relações recíprocas e co-necessárias que fundamentam o "estar-juntos" dos humanos e a autocompreensão que os humanos têm desta relação, inscrita na ordem do simbólico. Como escreve Jacques Lacan, "A ética (...) tem a maior relação com o nosso habitar a linguagem, e é também (...) da ordem do gesto. Quando se habita a linguagem, há gestos que são feitos [e isso] implica que não se vá além." (Lacan, 1975:92). Dito de outra forma, o dizer, do ponto de vista ético, é um fazer e um situar-se (como demonstra a existência das categorias lingüísticas dos "performativos" e dos "deíticos"); o fazer, por outro lado, é um dizer, ou melhor: um significar (como nos ensina a semiologia com o conceito de "conotação").[13] Mas isso significa também que

13. Os "performativos" são atos de fala (falados ou escritos) que, ao serem utilizados, cumprem o ato que significam (é o caso das promessas e dos juramentos que só têm sentido se cumpridos); os "deíticos" são atos de fala (falados ou escritos) cujo referente só pode ser determinado se relacionado aos interlocutores ou ao termo correlato (é o caso dos pronomes "eu" e "tu", assim como das expressões "aqui" *vs* "aí", "ontem" *vs* "anteontem", "nesse momento" *vs* "naquele momento") (Ducrot e Todorov, 1972:427-428; 323). A "conotação", por seu lado, resulta dos meios empregados para dizer algo, ou para fazer algo, que, pelo fato de serem estes, e não outros, "significam" algo a mais daquilo pelo qual foram utilizados. É o caso de todas as formas artísticas — que significam, "denotativamente", o que querem dizer e, "conotativamente", a maneira como os dizem — mas também das

além de um certo limite se cai fora da linguagem e, portanto, da própria possibilidade de existência de um *ethos* fundador, perpassado pelas dimensões da linguagem e da moral, específicas da humanidade do homem.[14]

Assim, quando nos adentramos no território "onde os anjos hesitam em pisar [*where angels fear to treat*]" (Pope *apud* Bateson, 1987)[15] — que constitui o campo da ética propriamente dito —, é preciso lembrar também a questão da "crise dos paradigmas" de maneira mais específica, radicalizando-a como crise dos modos de pensar por um lado, enraizando-a na crise dos modos de agir por outro.[16]

Como modalidade do pensar, a crise nos remete ao aspecto conceitual-metodológico ou, mais precisamente, à crise epistemológica,

---

modas e, em geral, de todos os comportamentos que queiram marcar uma diferença de grupo ou classe social) (Prieto, 1975b:125-141; Bourdieu, 1978).

14. Embora a ética natural aqui defendida não seja redutível à dimensão lógico-lingüística, ela é inseparável desta. Assim sendo, a ética natural que propomos para dar conta do campo complexo da saúde integra, "necessariamente", a dimensão dos deveres e a dimensão dos valores — que sempre se incorporam em atos e fatos humanos concretos — assim como as dimensões cognitivas, subjetivas e objetivas, como dimensões co-necessárias da existência de um *ethos*. Dito isso, não queremos excluir que, a partir de outros pontos de vista, se possam fundamentar éticas cognitivistas, éticas subjetivistas ou éticas objetivistas, cada uma com seu grau de pertinência. Entretanto, pensamos que a ética natural seja aquela que mais se conforma aos problemas complexos da saúde. Para uma revisão sobre os tipos de ética citados, ver Kutschera (1991).

15. O verso completo de Alexander Pope é *For fools rush in where angels fear to tread*, que traduzimos livremente por "pois os tolos precipitam-se onde os anjos hesitam em pisar".

16. Como escreve Edgar Morin, embora seja impossível deduzir uma ética de uma ciência, mesmo complexa, uma ciência complexa pode estabelecer a comunicação necessária entre conhecimento e ética, "esclarecendo a escolha das finalidades" (Morin,1980:432). Esta "intersolidariedade dos problemas" (p. 433) qualifica, de uma certa forma, também a complexidade em que se insere a crise da saúde (problema epistemológico), embora o termo mais apropriado seja o de "interdefinibilidade" (Garcia, 1991:2). Assim, a "intersolidariedade" e a "interdefinibilidade" podem ser consideradas as duas categorias fundamentais de uma ética "complexa" em saúde que, aqui, chamamos natural para sublinhar a necessária vinculação entre "primeira natureza" e "segunda natureza", mas que pode também ser chamada literalmente "eco-lógica", no sentido de uma ética embasada simultaneamente no *oikos* e no *logos*.

entendendo "epistemologia" no sentido amplo de uma instância crítica, metadiscursiva e metateórica *a posteriori* suscetível de avaliar os princípios, os conceitos, as hipóteses e os métodos das disciplinas, logo seu valor e alcance objetivo (Lalande, 1972:293-294). Como tentamos demonstrar em outra sede a respeito da epidemiologia (Schramm e Castiel, 1992), deste ponto de vista (ou deste metaponto de vista) a crise dos paradigmas na Saúde Pública pode ser encarada mais como uma crise de crescimento e de complexificação do objeto "saúde", como "campo de conhecimento" e de "saber-fazer", do que como uma verdadeira crise "disciplinar" interna. Como parecem apontar as várias tentativas de demarcação territorial, citadas anteriormente — os de "saúde pública", de "saúde coletiva", de "medicina social" e seus desdobramentos sobre "individual", "social", "público", "privado", "papel do Estado", etc. (ver *supra*, II.2.1.3), assim como as indecisões sobre a necessidade de abordagens multi, pluri, inter ou transdisciplinar (ver *supra*, II.2.2.3) —, a questão é mais do que aberta, e mereceria, portanto, uma reflexão da sociologia da ciência que incluísse o aspecto político e estratégico, mas que aqui não pode ser abordada diretamente. Na nossa economia discursiva, a crise de complexificação significa, antes, a tentativa inconfortável de "dar conta" da "hipercrise sanitária", mas que, no nosso entender, não deveria somente assumir os "novos" e os "antigos" problemas que, em princípio, teriam soluções (tanto técnicas como políticas), mas também, e em primeiro lugar, aquele que pode ser apontado como o "problema dos problemas" da Saúde Pública, isto é, o problema da indigência, da miséria, que constitui uma radicalização das iniqüidades pela eliminação pura e simples da dignidade humana e da própria vida humana.[17]

Esse problema pode ser considerado o problema sanitário principal, e, *a fortiori*, o principal problema de Saúde Pública, pois nadifica, junto com o conceito onusiano de completo bem-estar físico, mental e social, aquele de cidadania, inscrito nos direitos humanos fundamentais. Assim sendo, para quem lida, direta ou indiretamente, com a pri-

17. Derrida, num recente panfleto (Derrida, 1993) que pretende resgatar a radicalidade "desconstrutiva" da crítica (teórica e prática) inaugurada por Marx, fala numa "nova Internacional" para indicar o conjunto de humanos, cada vez mais numeroso, afetado pelo sofrimento decorrente da exclusão da "nova ordem" mundial. Ver também, *supra*, a nota 2, p. 169.

meira (e última ?) fonte de valor que é a vida, como é considerada — ou deveria ser — pelo "profissional" em saúde, a questão da miséria só pode ser o problema ético fundamental, o mais radical, o mais profundo, pois ele torna todos os demais epifenômenos de uma insubordinação insuportável do real.

Como escreve Emmanuel Carneiro Leão, ao referir-se à situação sanitária do assim chamado Terceiro Mundo, trata-se de uma miséria radical "sem nome", "sem número" e com a qual somos todos coniventes, pois ela, como "quociente de iniqüidade inerente à condição humana" e "ameaça de morte radical (...) da Humanidade do homem", constitui uma ameaça que concerne a todos e "implica uma transformação ou para o bem ou para o mal dos valores éticos" (Carneiro Leão, 1992:219-221).

Nesse sentido, como afirma também Herbert de Souza, "o nosso olhar está sendo comido pela urgência" (Betinho, 1993).

A "crise da Saúde Pública" é, portanto, antes de mais nada, crise do real no sentido da sua insubordinação diante de qualquer tipo de simbolização (análise, compreensão, controle), crise para a qual se mobilizam recursos de várias ordens sempre já insuficientes e inadequados (obsoletos). Em suma, frente à miséria, a questão da complexificação é, antes de mais nada, um "excesso" do real, que nadifica qualquer tipo de empreendimento simbólico, inclusive a compreensão.

Complexificação, pois, do próprio saber sanitário, encontrando-se o profissional em saúde constrangido ao mesmo tempo entre um aprofundamento da especialização e uma ampliação da generalização. Isso tornaria o sanitarista uma espécie de *generalista especializado* — como sugere implicitamente Campos (Campos, 1991:32). No entanto, esse projeto de uma nova identidade do sanitarista parece dificilmente alcançável, pois "somos todos especialistas no particular e analfabetos no geral ou *vice-versa*" (Barbosa, 1992a:64, grifo nosso). Mas se não queremos nos furtar ao desafio de um "generalista especializado", do ponto de vista da complexidade ele teria que se situar, em primeiro lugar, num domínio de especialização, tarefa imposta ao seu saber-fazer pela diferenciação funcional da sociedade e do próprio conhecimento, pelo impacto da tecnociência no mundo vivido e o fenômeno concomitante da obsolescência que afeta tanto os produtos quanto os projetos, assim como pela dinâmica competitiva do mercado de trabalho, as lutas das corporações, das nações e dos blocos econômicos. Mas, por outro lado, essa especialização vem configurando uma re-territorialização do "arquipélago" (Weiss, 1974) do saber-fazer tecnocientífico, sobretudo com a emergência de novas disciplinas como a biofísica, a bioquímica, a biologia molecular, as biotecnologias, a sociobiologia, a inteligência artificial, etc., sem esquecer ... a própria bioética que reconfigura o território tradicional da ética, introduzindo as dimensões do espaço e do tempo profundos (biosfera, gerações futuras).

Assim, a nova configuração do saber-fazer parece suscitar também a necessidade de reconstruir uma certa compreensão "global" pela contextualização e a inter-relação dos saberes particulares ou "locais", isto é, de um "novo ambiente" e de uma "nova aliança" entre saberes de tipo diferente que, além de "quebrar os 'feudos epistemológicos'" (Japiassu, 1976:214), permitiria assumir os vínculos do saber-fazer com o ambiente, com a sociedade e com os indivíduos que a constituem, com suas necessidades e com as prioridades que cada grupo humano estabelece, conforme suas possibilidades concretas em satisfazer os desejos dos seus membros. Esta necessidade de contextualização e "generalização" — que parece não ser mais separável da também necessária "especialização" — é detectável no desejo de estreitamento das relações interdisciplinares, em particular, nas chamadas tecnociências da vida, devido aos novos objetos "de fronteira" — ou das "situações limites" (Berlinguer, 1993:13) —, como são, por exemplo, aqueles da procriação artificial, da prolongação artificial da vida, da transformação do decurso "natural" da vida pelo transplante de órgãos e, em geral, pela assim chamada "engenharia genética". Tais objetos colocam, todos, novas questões e novos desafios para as sociedades como um todo e para cada indivíduo em particular.[18]

18. Sobre todas essas questões a bibliografia é imensa e em rápida expansão, tratando-se das questões consideradas mais relevantes da bioética "de fronteira". A revisão desta bibliografia, embora importante, não constitui o objeto da nossa pesquisa. Entretanto, podemos pelo menos distinguir os enfoques gerais e globais, de um lado, e as análises de problemas específicos, do outro. Entre as obras de caráter geral podemos assinalar o texto "fundador" da bioética (Potter, 1971), a *Enciclopédia de bioética* (Reich, 1978), a revisão bibliográfica de Isambert e Terrenoire (1987), os *Fundamentos de bioética* que, ao discutir sobre as possíveis bioéticas,

A urgência da generalização — que acompanhe a crescente especialização — parece também ser aquela inscrita nas tentativas de compreensão transdisciplinar (literalmente: "que atravessa as disciplinas") como forma de contornar a dita "crise dos paradigmas" nas disciplinas. Mas esta urgência manifesta-se, sobretudo, na inscrição da "crise dos paradigmas" num contexto mais abrangente, na indispensável contextualização da crise dos paradigmas dentro de uma crise mais geral de identidade da própria tradição científico-cultural ocidental que — conforme uma sugestão de Jean Piaget e Rolando Garcia — chamamos crise do "quadro epistêmico" (Piaget e Garcia, 1983) e que, por sua vez, pode ser inscrita numa crise da "sensibilidade" e das "cosmovisões" (do *Zeitgeist* e da *Weltanschauung*) do nosso tempo (Schramm e Castiel, 1992). Em suma, a crise em que se situa a discussão sobre a saúde é simultaneamente crise de modelos, crise de paradigmas, crise do quadro epistêmico, crise das cosmovisões e crise das modalidades do sentir. É esta generalização e radicalização da crise que identificamos como sendo, essencialmente, uma crise ética.

Seriam essas modalidades da crise os indícios de uma complexificação crescente que afetaria também a própria cultura sanitária, tendo esta que se situar — como campo aberto de saber-fazer e de reflexão sobre si mesma — numa rede de incertezas e urgência, incorporando-se numa prática da qual depende a própria vida nos seus atributos essenciais de bem-estar geral e dignidade pessoal.

---

mostra o caráter "inevitável" de uma ética laica pluralista (Engelhardt, 1986), a abordagem transdisciplinar filosofico-médica do ponto de vista das políticas sanitárias dos Estados Unidos e da Europa Ocidental (Sass e Massey, 1988), o texto da OPS (1990), assim como os trabalhos do grupo laico *Politeia* (Mori, 1991), do grupo católico Associazione Medici Cattolici Italiani (Ghetti, 1991), de Di Meo e Mancina (1989), Malherbe (1989), Mori (1990), Hottois (1990), Ladusãns (1990) e Rodotà (1993). Sobre a questão específica das fronteiras vida/morte, ver os já citados Jonas (1987: 242-246), Bondolfi (1989), Lenoir e Sturless (1991). Sobre a "política" dos transplantes de órgãos, ver Bondolfi *et al.* (1992), sobre seus nexos com o mercado e/ou a doação, ver Berlinguer e Garrafa (1993) e Garrafa (1993a; 1993b). Sobre a questão dos novos territórios da bioética, como o ambiental, ver Bradley e Duguid (1989), Bartollomei (1989) e Serres (1990); sobre a questão controversa dos direitos animais, ver Castignone (1985) e Singer (1991). Sobre as questões epistemológicas levantadas pela "interdisciplinaridade" da bioética, lembramos a obra coletiva organizada por Agazzi (1990).

Nesse contexto "complexo" e "complicado" (de "excesso" do real e de "defeito" do simbólico), a controvérsia moderno/pós-moderno, abordada no terceiro capítulo, parece ser irrelevante ou deslocada. Isso é, em parte, verdadeiro, mas só em parte. Parece ser não-relevante perante a urgência "que come os olhos" da qual fala Herbert de Souza, mas torna-se relevante se a reinserirmos no contexto concreto daquela que, a partir de Daniel Bell (Bell, 1976), costuma chamar-se "revolução pós-industrial" e com a qual, de uma maneira ou outra, temos que lidar.[19]

No caso específico que nos ocupa, a questão da modernidade/pós-modernidade se torna relevante devido ao argumento segundo o qual estaríamos vivendo numa época "pós-moralista" (Lipovetsky, 1992). Mesmo para um crítico feroz do pós-modernismo como Cornelius Castoriadis — que recusa em princípio a denominação "pós-moderno" — seria, todavia, preciso salvar aquela de "pós-industrial", pois esta caracterizaria uma transformação concreta que, desde os anos 1940, vem afetando a realidade produtiva e a organização dos serviços pela automação e a informatização (Castoriadis, 1991:13) , isto é, pela "cibernetização".[20]

19. De fato, como escreve Hans Jonas, "é impossível voltar atrás: existem razões imperativas que nos impedem romper com a técnica moderna, mesmo pelo simples motivo de que um número demasiado grande de humanos não poderia mais viver sem a sua ajuda. Existe toda uma série de razões que impedem um possível retorno ao passado, a uma arcádia idilíaca em viver em harmonia com a natureza" (Jonas, 1991:69). O mesmo argumento já fora desenvolvido pelo próprio autor (Jonas, 1987b:32-46). O problema, portanto, não é de "retorno", mas de uma nova configuração entre exigências da "primeira natureza" e aquelas da "segunda natureza", isto é, de uma relação complexa entre as duas.

20. Querendo ser rigorosos, deve-se distinguir uma "cibernética (*kybernetiké*: "a arte de governar") da primeira ordem" — relativa ao "controle" dos sistemas complexos observados e que exclui, em princípio, o observador — de uma "cibernética da segunda ordem" — que inclui o estudo dos sistemas observadores. Ao se perguntar sobre as relações entre ética e ciência, von Foerster (considerado o fundador da cibernética da segunda ordem) questiona: "Pode a ética ser científica ou a ciência ética? É esta a pergunta mais correta. Não podemos falar em ética, pois corremos o risco de ser moralistas. A ética é implícita. Ética é a maneira como se fala e se age" (1986). Assim, a ética seria uma escolha que consiste em abandonar, necessariamente, o solipsismo — que considera o eu única realidade do mundo — e em considerar a própria identidade igual, de direito, àquela de qualquer outro. Dessa

A cibernetização implicaria uma "desmaterialização" do real e o seu correlato de hiper-realidade dos simulacros, que caracterizariam a nossa época de modelização de todo o real possível (Maldonado, 1992). Existiria, portanto, um processo em curso que se daria como reestruturação da vida individual e coletiva pela potência cibernética da simulação.

Mas o pensador que, talvez, mais radicalizou as análises sobre esta simulação do real é Jean Baudrillard, para quem ela se daria, atualmente, como "transferência do Mal" (Baudrillard, 1990), chegando a afirmar provocatoriamente — como já lembramos — que "não houve a Guerra do Golfo" (Baudrillard, 1991). Essa "transparência do Mal" seria o desmoronamento da própria realidade pela simulação hiper-real e obscena da mídia, que produziria os paraísos artificiais do consenso e da indiferença; a banalização do negativo que resultaria na repetição orgiástica do mesmo; a flutuação dos signos desvinculados de toda referência, levando, para sua proliferação, ao infinito (Baudrillard, 1990). Como característica da sociedade pós-industrial — que não seria mais essencialmente *product-based* mas *information-based* —, a informação-simulação passaria, então, a ser considerada "matéria-prima" das "estratégias fatais" (Baudrillard, 1983) de sobrevivência humana na condição "pós-moderna"; mas resultaria também numa metaforização do real — inclusive dos corpos humanos —, tornando obsoletas as metaforizações "maquínicas" e "organicistas" da época industrial. Para Baudrillard, tanto a metáfora do corpo como "máquina" como aquela do corpo como "organismo" — analogias derivadas respectivamente da física do século XVII e da biologia do século XIX — ter-se-iam tornado obsoletas porque tais ciências não teriam sabido integrar — na sua compreensão da realidade e na sua autocompreensão como disciplinas — o sujeito cognoscente, produtor

---

forma "a cibernética da segunda ordem permite falar e comportar-se eticamente, porque propõe refletir sobre o próprio comportamento. Viver torna-se saber como viver; apreender: fazer sempre melhor. *A identidade entre observador e sistema torna-se já um imperativo ético*" (Telfner,1987:35; grifo nosso). Ver também Behncke (1990:XX-XXI). Querendo resgatar uma filiação filosófica da inseparabilidade entre pensar e agir, valores e fatos, pode-se pensar na tradição do pragmatismo americano (Peirce, James e Dewey) e no segundo Wittgenstein (Putnam, 1992).

e consumidor de informação e de simulacros. Hoje, esta situação teria mudado e as antigas imagens ter-se-iam revertido simbolicamente, sendo que, atualmente, seria a própria máquina a constituir um *analogon* do corpo pensante — como demostrariam as próprias realizações cibernéticas —, e a metáfora para o corpo humano deveria ser, portanto, aquela do computador, como parecem confirmar todas as pesquisas sobre a inteligência artificial, a robótica e os autômatos, assim como as imagens da ficção científica como, por exemplo, aquela do *cyborg*.

Porém, quando pensamos na realidade sanitária concreta, em particular aquela dos países ditos periféricos e das populações "de baixa renda", é preciso lembrar a potência de "insubordinação do real" — que se impõe, por exemplo, na "miséria radical" — e matizar a relevância "concreta" do poder de simulação, que dificilmente consegue "apagar" os efeitos dessa insubordinação. É preciso não esquecer, também, as considerações feitas por von Foerster (1974) sobre a "cibernética da segunda ordem" ("estudo dos sistemas observadores") que, ao incluir o observador — que é também "autor" —, implica, necessariamente, uma ética (ver, *supra*, nota 20, pp. 188-189). A esse respeito valeria, talvez, a pena lembrar o admoestamento do pai da "cibernética da primeira ordem" ("estudo dos sistemas observados"), Norbert Wiener: "Informação é informação, não matéria ou energia (Wiener, 1948:132) bem como aquele de Gotthard Günther: "Informação é informação, não espírito ou subjetividade" (Günther, 1957:18).

Por outro lado, não podemos tampouco esquecer um resultado conceitual — que é também um instrumento heurístico de amplas aplicações — como o conceito de *autopoiese* (Maturana e Varela, 1980) que torna todo ser biológico potencialmente "inteligente", isto é, um sistema capaz de manter a sua organização interna para continuar a existir. Conforme a teoria da autopoiese, desenvolvida inicialmente em neurobiologia (Maturana e Varela, 1973), mas utilizada e adaptada por sociólogos como Niklas Luhmann (1984; 1986), um ser vivo seria um sistema autopoiético na medida em que ele "sabe" autoproduzir-se. Conforme o ponto de vista autopoiético, nenhum ser vivo poderia, portanto, ser definido meramente em termos "maquínicos" de *input/output*, nem na sua variante behaviorista de estímulo-resposta, pois nenhuma transformação constatável num sistema autopoiético poderia ser explicada como mera função dos estímulos vindos do seu ambiente, mas unicamente em termos de conservação constante da própria dinâmica organizacional interna, da própria capacidade em "traduzir" para si os traços relevantes do ambiente ou, ainda, em termos da sua capacidade de "autonomia", que consiste em "dar-se suas próprias leis" (Castoriadis, 1988:43). Isso faria com que se possa falar em "competência cognitiva" como característica essencial dos sistemas vivos — numa escala que vai da "complexidade" mais "simples" do vírus à "hipercomplexidade" das sociedades humanas (Morin, 1977-1992b) —, sendo que a inteligência não poderia simplesmente ser redutível ao aspecto da informação. Na realidade, o conceito de "autopoiese" pertence a um "tema" da reflexão biológica e epistemológica também de Jean Piaget (Piaget, 1967) e de Gregory Bateson (1972), além de ter suas raízes conceituais nas pesquisas cibernéticas desenvolvidas a partir dos anos 1950 conhecidas pelos dois autores. Na sua obra *Biologia e conhecimento*, que pode ser considerada "uma espécie de epistemologia de Piaget por Piaget" (Piattelli-Palmarini, 1979:22), Piaget — que vinha acompanhando os trabalhos cibernéticos desde o início dos anos 1950 (Piaget, 1953) — desenvolve a idéia de "auto-regulação" como característica essencial de todos os seres vivos. O traço fundamental da auto-regulação para Piaget é constituído pelo anel de retroação cibernética e pelos fluxos de informação. O conhecimento seria, portanto, um subdomínio da auto-regulação, embora fundamental e de importância crescente tanto na filogênese quanto na ontogênese humana:

> os processos cognitivos apresentam-se, simultaneamente, como a resultante da auto-regulação orgânica, da qual refletem os mecanismos essenciais, e como os órgãos mais diferenciados desta regulação no interior das interações com o exterior, de tal forma que com o homem acabam por estender estas ao universo inteiro (Piaget, 1967:49).[21]

---

21. Sobre a continuidade entre a obra de Bateson e aquela de Maturana e Varela, ver Dell (1985). Sobre a "filiação" conceitual cibernética da teoria da autopoiese, ver Bocchi e Ceruti (1981), Ceruti (1987;1988b;1989) e Behncke (1990). Sobre a afinidade entre o pensamento de Piaget e de Bateson, ver Munari (1990).

Assim, seria pelo menos redutivo, senão abusivo, inferir da sofisticação atingida pelas técnicas de modelização uma desmaterialização da realidade humana e, *a fortiori*, uma "hiper-realização" do real, reduzidas à mera virtualidade, embora se devam também reconhecer as profundas transformações em curso que afetam a relação entre o real e suas representações/construções pelo dispositivo tecnocientífico no seu estágio "cibernético" e de "virtualização". Portanto, o discurso sobre a desmaterialização seria *de facto* um abuso metafórico, pois, como admite o próprio Tomás Maldonado, "estamos condenados, como todos os seres vivos, a ter que lidar com a nossa fisicidade e com aquela do ambiente" (Maldonado, 1992:12).

Mas o ser "autopoiético", que é o ser humano, não é só um ser vivo, provido, portanto, da necessária inteligência que lhe permite "autonomizar-se" com relação aos desafios vindos de um ambiente; ele é, ainda, um ser vivo que age; um ser "construtor de mundos" e "construtor de si"; um ser que pensa sobre o viver, o pensar e o agir; um ser que aprende e aprende a aprender; que age conforme — ou não — com aquilo que considera que deve ser feito, logo relativamente a valores e princípios, tendo que arcar com as conseqüências do seu agir. Ele é, portanto, um ser "necessariamente" ético, logo "responsável". Como criador de cultura ele é também criador de valores morais, em sintonia com as normas éticas, capazes de avaliar a sua "virtuosidade técnica" de tal forma que esta não sirva somente para fazer o que é possível fazer, nem a continuar produzindo o que vem sendo produzido até hoje, mas a "decidir sobre que tipo de produtos, sobre que tipo de relacionamentos entre as pessoas que decorrem destes produtos, sobre quais aspectos de qualidade e de dignidade da vida humana queremos concentrar nossos esforços" (Eisenberg, 1974:814-815). Portanto, o critério de avaliação do agir — tanto fatual como intelectual — deve ser "o efeito sobre a humanidade, ou melhor, sobre a humanidade no mundo, ao invés da vantagem individual ou nacional" (1974:815).

Tendo em conta o poder atingido pela "segunda natureza" sobre a "primeira natureza", atualmente o problema ético principal parece, então, ser não mais aquele de controlar ou dominar as forças naturais, mas, como escreve Edgar Morin — citando Michel Serres —, de "controlar o controle" pois, "atualmente (...), o único controle possível é a morte [e] deve-se, evidentemente, encontrar um outro controle" (Morin, 1974:821).

Assim, a "crise" obriga-nos a reorientar as categorias de pensamento, em particular as dicotomias que, ao descontextualizar cada membro da dicotomia, o "desnaturalizam", e em procurar uma "unidade diferencial" do real (Cazenave, 1987:15). Esta — que não seria essencialmente empírica, mas metafísica e psíquica — não deveria todavia ser entendida mais como uma síntese no sentido hegeliano de uma progressiva realização do Saber absoluto (Hegel, 1807), mas como uma "unificação que reconheça, ao mesmo tempo, todas as diferenças" (Cazenave, 1987:35) e relacione "dois planos distintos do ser, o do atual fenomenal e o do virtual ontológico" (p. 22), ou seja, como algo que se manifesta na multiplicidade dos fenômenos tomados em conta pelos vários pontos de vista constitutivos das várias disciplinas científicas. Em particular, ela seria uma "ordem implicada", em que o biológico e o lógico se pressupõem reciprocamente (Bohm, 1980:452), o que permitiria justificar o uso feito aqui da expressão "biológica", constitutiva da "ética natural".

A este respeito, vale a pena lembrar as palavras do matemático René Thom:

> pode-se considerar que tentar fundar uma filosofia natural, no momento atual, é perfeitamente inútil, pois a ciência é suficiente para fornecer ciência propriamente científica. Mas (...), se quisermos devolver um pouco de profundidade à ciência, não escaparemos duma certa metaciência ou filosofia natural (Thom, 1987:85-86).

Isso nos leva a procurar "a terceira margem do Rio" (Guimarães Rosa), que se situa no território onde "os anjos hesitam", mas que os "tolos pisam", ou seja, no território da "bioética".

3. A crise ética em Saúde Pública

A crise da Saúde Pública é ética sob dois pontos de vista: a) ela é uma "crise ético-moral" porque concerne a uma indecisão sobre o Bem e o Mal do ponto de vista do bem-estar geral do *publicum* — que no "pragmatismo" relativizador dominante das sociedades secularizadas e "pluralistas" tornou-se altamente problemática, porque a indecisão acaba por bloquear a própria lógica auto-organizadora do agir pragmático; b) ela é "propriamente ética" porque diz respeito aos nexos profundos entre teoria e prática, assim como às transformações valorativas e comportamentais que configuram um mundo aparentemente dessacralizado e leigo, isto é, "pós-moralista".

Sinteticamente, a crise pode ser vista como aquilo que afeta, de maneira significativa, a tradição do bem-viver, a saber: a "configuração entre vínculos e possibilidades" que, tradicionalmente, vinha se construindo entre "mundo vivido" (com suas leis e normas "naturais") e "mundo da cultura" (com suas leis de formação e valores), em particular, entre a dimensão bioecológica e a dimensão tecnocientífica.[22]

A crise da Saúde Púlica pode, ainda, ser encarada como um caso relevante de crise entre "sistema" e "ambiente" que, entretanto, deve ser pensada em termos complexos de retroação de um sobre o outro, pois a cultura (na sua forma especificamente tecnocientífica ou não) pode ser considerada tanto do ponto de vista *autopoiético* — como capacidade emergente e auto-organizadora do sistema — quanto do ponto de vista *alopoiético* — como ambiente "perturbador" do sistema natural. Isto quer dizer que do momento em que entra em crise o equilíbrio dinâmico entre possibilidades internas do sistema e limitações externas, devido a uma prevalência daquelas sobre estas (como, por

22. Para Morin (1992b) — que retoma e aprofunda uma sugestão de Bateson (1972) — existe também uma "vida" das idéias, ou "noosfera", com suas "condições psicocerebrais de formação" — estudadas pela "antropologia do conhecimento" —, suas condições "socioculturais históricas de formação" — estudadas pela "ecologia do conhecimento" — e suas "condições de emergência e de organização" — estudadas pela "noologia". A rigor, poder-se-ia, portanto, falar em "vida" de tudo aquilo que, vindo de um ser vivo, está submetido à "flecha do tempo" (Gould, 1987) e que, no humano, adquire as peculiaridades da história. A sabedoria da linguagem comum contempla, aliás, esta possibilidade ao falar em "vida útil" referida aos objetos de consumo os mais variados e, *mutatis mutandis*, aos produtos culturais, submetidos ao processo de obsolescência. Todavia, o tempo dos produtos humanos — o "tempo histórico" propriamente dito — não é necessariamente o mesmo do "tempo biológico" (Tiezzi,1984). Isso coloca a delicada questão da "sustentabilidade" das formas de desenvolvimento a serem escolhidas pelas sociedades complexas contemporâneas, a saber, as formas de "segunda natureza" transformadoras, compatíveis com os equilíbrios precários da "primeira natureza" estudados pela assim chamada "ética ambiental".

exemplo, nas crises ecológicas ou, respectivamente, nas crises culturais), pode-se considerar tal "excesso" do sistema como um novo ambiente para o sistema. No caso das crises de tipo ecológico, a cultura passa a funcionar como um ambiente "perturbador" do sistema vivo, pois ela se desvincula das normas bioecológicas que asseguram a "sustentabilidade", as condições ambientais de funcionamento do sistema. Este parece ser o caso da cultura meramente "utilitarista" do mundo secularizado que, do ponto de vista do mundo vivido, consistiria em "confundir o fim com os meios" (Lorenz, 1974:45).

Contudo, se os dois pontos de vista são separáveis epistemologicamente — pelo menos numa epistemologia do "primeiro tipo", ou "clássica", que separa sujeito cognoscente e objeto conhecido —, eles revelam-se vinculados quando referidos ao "princípio antrópico" (Dicke,1961; Barrow, 1991), constitutivo do olhar ético que é, essencialmente, um olhar não de objetos separados mas de relações necessárias entre sujeito cognoscente e objeto conhecido.

Nesse sentido, a dimensão ética seria indissociável da dimensão cognitiva e, mais ainda, da dimensão metacognitiva ou epistemológica, pois ambas são co-necessárias ao mundo concreto em que o humano tem que se situar, participando da sua construção. Assim sendo, podemos responder ao chamamento de Gregory Bateson para uma "epistemologia do sagrado" (Bateson e Bateson, 1987), que seria nada mais (e nada menos) que uma "epistemologia complexa", cujos "objetos" seriam os próprios sujeitos implicados na própria atividade de objetivação do real, tanto sob a forma de um conhecer quanto sob aquela de um transformar. Como sugere Bateson, a dimensão necessariamente ética desse tipo de epistemologia revelar-se-ia na capacidade desta em "refletir, sensatamente, sobre a matriz em que vivemos [e reconhecer] nossa afinidade com o resto do mundo, [tratando-o] de maneira ética e responsável" (Bateson e Bateson, 1987:189).

O ponto de vista da "ética natural" aqui desenvolvido pretende situar os problemas da saúde exatamente nesta linha de pensamento, tentando mostrar uma possível "sutura" entre "ciência" e "consciência".[23]

---

23. Morin, em *Ciência com consciência* (1982), aborda essa questão, mostrando que tanto uma "ciência sem consciência" quanto uma "consciência sem ciência" são mutiladas em si e mutilantes uma em relação à outra. Ver também Cazenave (1980 e 1990).

Essa sutura revela-se indispensável se pensarmos nas conseqüências pragmáticas sobre a vida e seus atributos em termos de abusos tecnocientíficos. Como sublinha também Roberto Bartholo Jr., a dessacralização da Natureza operada pelo Mundo Moderno implica a idéia de neutralidade ética dos eventos técnicos, o que "abre o caminho para um poder ilimitado de intervenção" (Bartholo, 1988:17). É esta *hybris* ("desmedida") do agir que está em questão atualmente, tanto na problemática ecológica *lato sensu* da "ecologia generalizada" (Morin, 1980), da "ecosofia" (Guattari, 1990) ou do "contrato natural" (Serres, 1990), quanto na reflexão filosófica sobre o destino da modernidade. De fato, no que diz respeito à tecnociência, a crítica de matriz ecológica destaca o seu constituir-se como fim em si, vinculada somente ao princípio da melhor performatividade, e à "'conversão secularizada' da humanidade para o valor normativo do *homo oeconomicus* em nível planetário" (Bartholo, 1992:18), o que a torna autolegitimante desvinculada do seu contexto (ou ambiente). Isso tem uma conseqüência importante sobre a própria realidade humana vivida, pois corresponde à "institucionalização de um 'mundo da ilimitada factibilidade das coisas e da *autoconstrução do homem como coisa*'" (Bartholo, 1988:32, grifo nosso). A "dessacralização da natureza" — que legitimara a emergência da modernidade tecnocientífica — torna-se, portanto, também "dessacralização da vida", inclusive da vida humana. Nesse sentido, o poder da tecnociência exprimiria um duplo perigo: "[a] destruição da biosfera pela intervenção humana [e a] eliminação da autonomia e dignidade da pessoa, em virtude de sua redução a um objeto de 'controle remoto' cientificista-tecnocrático" (Bartholo, 1992:28). Portanto, na era da microeletrônica, da telemática e da engenharia genética, o "implante" (*Ge-stell*) da tecnociência transforma, radicalmente, tanto o meio ambiente como a "humanitude" (Jacquard, 1987) do homem, impondo, necessariamente, a questão bioética, quer dizer: "que homem o homem quer vir a ser, podendo dispor de tantos meios para a sua própria transformação" (Malherbe, 1989:17).

Entretanto, o poder de "armação" da tecnociência sobre a "humanitude" não se explica somente por causas externas, objetivas, pois, como vimos, todo ser vivo é um ser autopoiético que constrói e se autoconstrói. Para o psicanalista Contardo Calligaris, a "sedução totalitária", inscrita na técnica, não se explicaria pelo simples fato de ser um "dispositivo" arrazoador (em sentido heideggeriano), na medida em que a técnica em si não implicaria o seu exercício (Calligaris, 1991). A tecnociência, em si, seria insuficiente para que haja a alienação dos sujeitos que os torna "disponíveis", submetidos à sedução da "armação" tecnocientífica, pois seria ainda preciso que os sujeitos "funcionem como parte integrante desta técnica, isto é, como instrumentos" (Calligaris, 1991:110). O *Gestell* heideggeriano — seu poder sedutor de "armação" — pode então ser considerado, como sugere Calligaris, como "efeito do interesse e da paixão humana em sair do sofrimento neurótico banal, alienando a própria subjetividade, [reduzindo-a] a uma instrumentalidade" (1991:110). A paixão da instrumentalidade, "a paixão de '*ser* instrumento'" (1991:111), constituiria assim a "inércia natural" da vida social, sendo a base totalitária que permitiria "reduzir, cada vez mais, o campo neurótico de subjetividade para chegar a uma alienação completa na qual o sujeito se sustente 'só' na sua função de instrumento" (pp.115-116).

Contudo, a vinculação entre sistema e ambiente, necessária à sobrevivência do conjunto, não deve ser considerada somente no sentido daquilo que limita o possível. Ela deve, ainda, ser considerada como aquilo que cria novas oportunidades, responsáveis da co-evolução de sistema e ambiente e que participam, a cada estágio evolutivo, da construção de uma estrutura provisoriamente integrada e dinamicamente estável. O vínculo determinaria, portanto, um leque de conseqüências inteligíveis e novas para o sistema, ao invés de se impor do exterior ao sistema (Prigogine e Stengers, 1981). Hoje, os "cuidados" com esta estrutura integrada que, como vimos no terceiro capítulo, desde o início da industrialização da Época Moderna vem sendo deslocada, reterritorializada e desestruturada em continuação, senão parcialmente destruída, recolocam-se como questão central devido também à revisão crítica em curso sobre a modernidade e seus efeitos daninhos sobre a vida, tanto do ponto de vista da necessária biodiversidade quanto daquele da própria diversidade cultural. Portanto, atualmente, o problema ético — que, repetimos, é essencialmente um problema da Razão Prática — coloca-se como problema principal do Humano e para o Humano, porque temos a "suspeita" de que o mundo feito pelo humano não seja feito para ele (Carneiro Leão, 1992:222).

Esta suspeita torna-se patente no atual questionamento sobre a Razão Instrumental na ciência, isto é, da "ciência como mera 'tecnologia da razão'" (Bartholo, 1992:32), assim como sobre os desdobramentos "pragmáticos" e "cínicos" implicados pelo "arrazoamento" (*Gestell*) de todas as dimensões do mundo vivido a meros instrumentos do dispositivo-armação biotecnocientífico entendido como atualização da vontade de poder, como metafísica realizada. Com efeito, o "pragmatismo cínico" pode ser visto como uma "redução" contrária ao espírito "holístico" que animou os fundadores do pragmatismo, Peirce, James e Dewey (Putnam, 1992), isto é, uma pretensão de isentar o poder-fazer — que é sempre um "ultrapassar a vigência elementar da causalidade [que] abriga sempre em si uma indivisível possibilidade de responsabilização pessoal" (Bartholo, 1992:89) — de um "dever-ser ético-político, para, mediante uma 'neutralização ética', pretender [identificá-lo] com um 'ato puro criativo' para além do Bem e do Mal" (p. 90).

Este questionamento do poder-fazer, desvinculado do dever-ser, pode ser lido atualmente tanto nos movimentos ecológicos que, ao apontar para a vulnerabilidade crescente da própria biosfera — inscrita no imperativo de "salvar o planeta" (Brown, 1991) —, individualizam um novo tipo de responsabilidade humana que se tornaria "pela primeira vez cósmica" (Jonas, 1987: 47), quanto nos movimentos pela "ética na política" que pretendem resgatar a "decência" e a responsabilidade na condução da *res publica*. Os dois tipos de movimentos são, na realidade, dois momentos inseparáveis de defesa da integralidade do bem-viver contra a sua degradação, ou "redução", à dimensão meramente utilitarista, em particular, econômica. A esse respeito Guattari (1990) fala em "três ecologias": a do meio ambiente, a do equilíbrio mental, a das relações sociais, como de um único campo de defesa da "qualidade de vida", do bem-viver. Mas isso comporta também um certo grau de incerteza que afeta a responsabilidade, pois esta consistiria na "decisão em assumir mesmo aquilo que não se domina completamente" como condição da dignidade da vida política e da "vida *tout court*" (Barillier, 1993).

No Brasil, entre as "três ecologias", aquela que mais parece ter-se manifestado é a terceira. Com efeito, os movimentos da "ética na política" manifestaram-se, inicialmente, como amplo movimento social de contestação de rua, abrindo o vaso de Pandora da corrupção, desencadeando o processo de "impedimento", a "caça aos sonegadores" e a formação das várias comissões oficiais de inquérito. Tais movimentos, certamente relevantes do ponto de vista ético-político, não nos interessam aqui diretamente.

O que parece ser mais relevante do ponto de vista "bioético" é um fato novo na história dos movimentos de engajamento político no Brasil, a saber, o desdobramento do Movimento Pela Ética na Política dos Comitês de Ação da Cidadania contra a miséria e pela vida, iniciado por Herbert de Souza (Betinho, 1993b), cujo objetivo amplo e radical consiste em "erradicar a miséria e gerar uma nova sociedade". Herbert de Souza qualifica esta luta como sendo "essencialmente uma questão ética e política", pois fome e miséria teriam causas e atores identificáveis. Mas ela teria também uma dupla dimensão — a "emergencial" e a "estrutural" —, cuja articulação, necessária, seria, porém, "complexa e cheia de astúcias", pois

> atuar no emergencial, sem o estrutural, [seria] contribuir para perpetuar a miséria [ao passo que] propor o estrutural sem atuar no emergencial é praticar o cinismo de curto prazo em nome da filantropia de longo prazo (Betinho, 1993b).

Do ponto de vista ético — do *ethos* como tecido "complexo" das relações humanas —, dimensão emergencial e dimensão estrutural devem, portanto, ser consideradas como co-necessárias.

A relevância ética da abordagem da miséria sob o aspecto emergencial é sublinhada, por exemplo, por Jurandir Freire Costa, quando constata que a miséria já "se integrou à paisagem urbana e já faz parte de roteiros turísticos", razão pela qual tudo teria de ser revisto, começando pelo "bê-à-bá [e recuperando] o nível mínimo de solidariedade, que pode barrar a expansão da cultura da crueldade" (Costa, 1993).

Por outro lado, a importância do aspecto estrutural é sublinhada, entre outros, por Sonia Fleury Teixeira, quando afirma que a "fome" da qual padece o Brasil é tanto concreta quanto simbólica e que, neste segundo sentido, o movimento de combate à miséria funcionaria como "possibilidade comunicacional [de] sociabilidade baseada em princípios éticos, racionalmente adotados [a fim de] resgatar o caráter público que deve servir como norma" para se ter um Estado com cidadãos e uma Sociedade governável (Teixeira, 1993).

Os movimentos da "Ética na Política" e da "Ação da Cidadania" sobrepõem-se e denotam, por um lado, a gravidade da crise do *ethos* e, por outro, a urgência de se construir os meios necessários, se não para o seu superamento pelo menos para a reversão dos seus aspectos mais aviltantes, como a indigência e a miséria. Tais aspectos, que atingem a própria dignidade humana — quando não pura e simplesmente a vida humana —, configurariam, como escreve Emmanuel Carneiro Leão, uma "miséria radical" (Carneiro Leão, 1992) que afeta, *de facto*, a própria possibilidade de existência da ética por falta de um objeto prático-discursivo identificável como um *ethos*. Na situação apontada por tais movimentos — que denotam que "o nosso olhar está sendo comido pela urgência" (Betinho, 1993a) — nem se trata, ainda, de questionarmos se dever-se-ia criar uma "nova ética" adaptada aos novos tempos — como requereria, em princípio, a mudada condição antropológica do *homo creator* (Anders, 1992) — mas, essencialmente, de "recuperar a ética" no sentido mais tradicional, ou seja, como momento reestruturante de uma "convivência" social e individual ameaçada no próprio ser (Schramm *et al.*, 1992:210-213).

Num âmbito mais geral, a "crise ética" está apontada como causa principal dos atuais problemas ecológicos *lato sensu*. Em particular, no que diz respeito aos vínculos que existem entre tipo de desenvolvimento, qualidade de vida e saúde: "o que provavelmente está em crise é o código de valores, que até hoje regeu os modelos políticos e econômicos do desenvolvimento mundial" (Leal *et al.*, 1992a:6), razão pela qual se tornaria indispensável uma "nova ética para o desenvolvimento", cujos requisitos urgentes seriam "eqüidade, aproveitamento racional dos recursos (...), sustentabilidade, solidariedade universal (...), nova concepção da cooperação, transferência (...) de conhecimento e processos de revalorização da vida" (pp.14-15).

Em suma: "a questão axial da ética" (Buss, 1992:18) emergiria tanto no bojo das discussões sobre desenvolvimento, ambiente e saúde, quanto com relação aos movimentos contra a miséria e pela ética na política, tratando-se, nos dois casos, de um único problema fundamental. Nos dois casos, o objeto da ética é, em última instância, a própria vida encarada na sua precariedade, embora em níveis de "radicalidade" diferentes. No caso das discussões sobre o tipo de desenvolvimento desejável do ponto de vista da saúde, e mais ainda com relação ao movimento de combate à miséria, a vida é encarada nos seus atributos essenciais — suas "condições necessárias" —, isto é, a vida como "sobrevivência" até meramente orgânica, sem ainda encarar as "condições suficientes do bem-viver", embora a dimensão emergencial (como lembra Betinho) seja inseparável da estrutural. Nos outros casos, trata-se da vida que já pressupõe a sobrevida, na qual enraízam-se "qualidades" como dignidade, liberdade e responsabilidade, que constituem as principais dimensões do "bem-viver", os direitos-deveres fundamentais — ou "naturais" — das pessoas, inscritos na tradição emancipatória ocidental pelo menos *de jure* senão *de facto*.

Esta distinção entre "sobrevivência" e "bem-viver" é certamente problemática, pois parece reintroduzir uma dicotomia, que o próprio Herbert de Souza afasta no seu projeto ético-político de cidadania, a ser construída tanto no plano emergencial quanto no estrutural. Contudo, e apesar do fato que ela corresponde a uma dicotomia inscrita nos fatos da realidade social — dilacerada entre uma miséria numericamente crescente e um bem-viver exclusivo e excludente —, na economia do nosso discurso ela tem, sobretudo, um valor heurístico, permitindo introduzir a questão central nas discussões éticas sobre aquilo que aqui chamaremos "unicismo ético" e "pluralismo ético".[24]

A vantagem principal dessa denominação consiste numa concepção holística pressuposta tanto no unicismo quanto no pluralismo,

24. Contrariamente ao contexto discursivo do terceiro capítulo sobre a Modernidade, em que preferimos utilizar os termos universalismo e relativismo, aqui optamos para os termos unicismo e pluralismo, que têm uma forte conotação "homeopática", sendo que ambos os termos pressupõem um fundo comum — a visão holista e individualizadora do conjunto auto-regulador indivíduo-saúde-doença —, diferenciando-se somente pelos meios terapêuticos a serem adotados — remédio único de cada vez e em dose única para o "unicismo", mais de um remédio para o "pluralismo" (Novaes, 1989:201-207). Assim sendo, os dois termos ao se oporem já pressupõem um denominador comum ou, pelo menos, uma co-vinculação. Sobre a função positiva (alerta) da doença para a saúde, isto é, para a auto-organização do indivíduo doente—saudável, ver Abraham e Pellegrino (1991). É evidente que tais questões mereceriam um aprofundamento que, no entanto, não pode ser feito aqui.

sendo que a diferença se situa, *a posteriori*, na escolha entre o "remédio único" e os "remédios múltiplos", relativos, entretanto, a uma única unidade representada pela pessoa no seu contexto. Dessa forma, recupera-se a possibilidade de pensar a identidade e a diferença como "unidade diferencial", evitando separações mutiladoras que prejudicariam o próprio projeto de pensar uma bioética em termos "naturais" e, portanto, a necessária relação complexa entre "primeira" e "segunda" natureza na realidade humana. Com efeito, ao pensar a norma humana como uma co-necessidade entre natural e cultural, a "ética natural" assume o seu papel de uma teoria reflexiva da moral (ética como "ciência" ou epistemologia da moral) capaz de pensar a unidade da diferença entre unicismo e pluralismo, ou seja, a implicação recíproca entre valor, em si, da vida e valor, para si, da mesma.[25]

De fato, a questão da sobrevivência parece remeter para leis naturais que constituem a "norma" bioecológica (ou um conjunto de normas: Canguilhem, 1978:187-189), que não pode ser ultrapassada para além de uma certa variabilidade e adaptabilidade sem tornar a vida caótica e, portanto, transformá-la em doença e morte "antecipadas". A questão da sobrevida parece, então, apontar para um certo "unicismo ético" relativo ao conjunto de normas que deve, necessariamente, ser respeitado para que haja vida. Mas, por outro lado, a questão do bem-viver parece implicar uma suficiente coexistência de qualidades deste viver e, portanto, apontar para um "pluralismo ético". No primeiro caso, poder-se-ia falar em "norma natural" de espécie

---

25. Essa concepção é parecida com aquela desenvolvida por Luhmann (1986,cap.21) sobre as possibilidades de existência de uma "ética ambiental". Para o sociólogo alemão, a sociedade moderna pode adaptar-se às ameaças ecológicas somente no interior das limitações determinadas pelas suas possibilidades de comunicação. Assim sendo, uma "ética ambiental" precisaria, em primeiro lugar, ser distinguida de uma moral, pois esta, tendo sempre a ver com "casos patológicos" a serem dirimidos em situações de incerteza, desacordo ou controvérsia, seria, no entanto, incapaz de evitar, por sua vez, conflitos. Por isso, somente a ética, como ciência ou epistemologia da moral, seria capaz de expressar um juízo moral sobre a moral, isto é, ser uma teoria reflexiva sobre a moral capaz de pensar a unidade da diferença entre bem e mal. A principal tarefa da ética seria, portanto, aquela de *desparadoxalizar os paradoxos da moral*, apresentando-se como *sistema de segunda ordem* capaz de representar um fundo relativamente estável para as avaliações morais.

stricto sensu, que garante a mera sobrevivência orgânica dos indivíduos e/ou da espécie; no segundo caso, poder-se-ia falar em "norma natural" *lato sensu*, que garante a dignidade das pessoa e/ou das coletividades na convivência bioantropossociocultural. Assim, o "unicismo ético" parece ser necessariamente requerido pela sobrevivência individual e/ou coletiva da espécie humana, num contexto de ameaça à própria norma natural *stricto sensu* (mas esta norma existe, em princípio, para qualquer ser vivo como condição da sua *autopoiése*, da sua organização interna, da sua vida "normal"). Em suma: o "unicismo ético" pode ser considerado a condição necessária para a escolha entre o ser e o nada, que determina a "sobrevida". Por outro lado, o "pluralismo ético" — que já pressupõe a norma da sobrevida — é requerido pelo viver efetivo num contexto de qualidades que determinam o "bem-viver", isto é, o que faz com que a vida valha a pena de ser vivida. O pluralismo ético é, portanto, a condição suficiente da "con-vivência". Todavia, é o respeito da condição necessária da "sobre-vivência", isto é, da condição que não pode ser substituída por outra, que permitiria, subseqüentemente, que haja os inevitáveis conflitos entre valores, que emergem na "con-vivência" de toda sociedade histórica, mas que se agudizam nas sociedades complexas e secularizadas do mundo contemporâneo. Tais sociedades, pois, opõem-se a uma "ética pura", devido ao grande número de tábuas da lei e de imperativos existentes, conforme a pluralidade de interesses e a diversidade de pertinências (pontos de vista) que as caracterizam, o politeísmo e a secularização que as qualificam como propriamente modernas(Veca, 1982). Pelo menos até quando a aposta não esteja constituída pela própria vida nos seus fundamentos, pois nesse caso a pluralidade de formas não pode infringir o princípio auto-referencial da "autoconsistência performativa" (Apel, 1986b) e, portanto, o pluralismo ético só pode continuar existindo enraizado no unicismo ético como condição necessária da sua possibilidade.

Resumindo: se queremos contextualizar a discussão sobre unicismo e pluralismo ético, referindo-a ao "território" (mas seria talvez mais correto chamá-lo *no man's land*) da "miséria radical", esta representaria o calcanhar-de-aquiles do pluralismo ético, na medida em que a miséria questiona a própria existência de uma norma específica do humano que não seja já, previamente, reconhecimento do valor da sobrevivência como tal. Nesse sentido — como afirma lucidamente o sanitarista e bioeticista Giovanni Berlinguer —, existiria uma "profunda distorção" na própria reflexão bioética, "tanto no seu objeto como nas suas orientações", pois a bioética seria essencialmente uma disciplina do "Norte do mundo", mas cujos problemas mais graves estariam sobretudo no Sul do planeta e tratar-se-ia, portanto, de "individualizar temas e idéias que possam ter um caráter mais universal" (Berlinguer, 1992, comunicação pessoal).

No nosso entender, a questão da miséria é exatamente uma dessas questões e, talvez, a questão mais profunda, pois, além de ser "sem nome, sem número [e] ameaça de morte radical(...) da Humanidade (...) no homem" (Carneiro Leão, 1992:219-221), ela torna problemático o próprio "bem-viver" dos demais que já resolveram, provisoriamente, a questão da sobrevivência, mas que não estão necessariamente ao abrigo de retrocessos sempre possíveis e, talvez, cada vez mais prováveis. De fato, a realidade da miséria ameaça a própria convivência da humanidade consigo, responsabilizando-a, individual e coletivamente, pela própria ameaça de "morte radical" que pesa sobre ela. E isso não só do ponto de vista da sua dignidade, mas também do ponto de vista da própria possibilidade do viver de maneira saudável (Brundtland, 1991; Leal *et al.*, 1992). Para esclarecer melhor essas afirmações, queremos destacar que no nível da sobrevivência não se coloca ainda a questão de uma convivência pela ultrapassagem (ou "desparadoxalização" no sentido de Luhmann) dos conflitos morais que trazem consigo "a exigência de uma criação ética superior" (Vaz, 1988:32). Nesse sentido, a nossa questão, aqui, não é ainda nem teológica nem sociológica, mas de "filosofia natural" (no sentido de Jonas: 1991). Ela situa-se, portanto, e por assim dizer, num nível "inferior" de complexidade na escala evolutiva, mas não necessariamente menos complicada do ponto de vista ético, na medida em que enfrenta o "quociente de iniqüidade inerente à condição humana (...) fora de toda e qualquer possibilidade de escolha" (Carneiro Leão, 1992:219).

Colocando a questão da bioética em termos de filosofia natural, queremos destacar que, na biologia humana, a característica simbólica — ou lógico-lingüística — faz parte da sua norma específica — da sua antropologia —, como demonstra o vasto campo das assim chamadas "doenças mentais" (e que Birman, retomando Freud, apontou quando lembrou que se pode morrer por causas simbólicas: ver *supra*, II.2.2). Nesse sentido, a dimensão simbólica pertence à naturalidade *lato sensu* da espécie humana. Por sua vez, o problema moral como manifestação da característica simbólica dos seus vínculos emerge "como o maior problema do homem" (Prodi, 1987:VIII), embora seja possível sustentar que uma certa intersubjetividade, sob a forma de um agir "auto-presentativo", emerge no mundo dos seres vivos já a partir de insetos como os gafanhotos, o que faria com que o indivíduo biológico, como "interioridade", possa sempre ser considerado "pré-constituído para a supra-individualidade" (Portmann, 1965:25), permitindo considerar "a evolução ética" um "resultado (...) profundamente relacionado com nossa singularidade biológica" no interior do processo evolutivo da própria biosfera (p.200).

Por outro lado, queremos também destacar que a ambigüidade — ou "paradoxalidade" (Luhmann, 1986) — entre unicismo e pluralismo inscrita na ética parece derivar da polissemia da própria palavra *ethos*, como demonstra, por exemplo, o debate no interior da bioética sobre os dois princípios, aparentemente contraditórios, de "Sacralidade da vida" e "Qualidade da vida" (Mori, 1990), entre a concepção da vida como valor em si, não objetivável nem relativizável — de derivação kantiana (Kant, 1991) — e a da vida, ao contrário, como "algo" que pode ser função de outro "algo" — seja o que for — que relativiza o valor em si da vida por instâncias transcendentes. É exatamente para evitar a dificuldade intransponível que uma oposição entre os dois princípios traz consigo, que propomos uma bioética complexa, fundada, "naturalmente", conforme a norma específica humana que integra, necessariamente, linguagem e moral na própria biologia humana extensa.

Desse ponto de vista, o próprio conflito entre "unicismo" e "pluralismo" ético revela-se inevitável se mantivermos os princípios da "sacralidade" e da "qualidade" no mesmo nível lógico. Conforme a distinção em "tipos lógicos" — proposta por Bertrand Russel nos *Principia Mathematica* para resolver o paradoxo da classe que não pode ser membro de si mesma (Russell e Whitehead, 1910) e retomada por Gilbert Ryle (1955) —, "unicismo ético" e "pluralismo ético" podem ser considerados pertencentes a dois níveis hierárquicos diferentes no interior de uma mesma "unidade diferencial", sendo que o pluralismo — nível de "segunda ordem" — pressuporia o unicismo — nível de "primeira ordem". Se não respeitarmos esta distinção hierárquica do ponto de vista lógico, os dois princípios tornar-se-ão contraditórios racionalmente, porque operaríamos uma confusão entre *classe* de objetos (unicismo) e *classe de classes* de objetos (pluralismo), que devem, portanto, ser situadas em níveis lógicos hierarquicamente distintos. Desse modo, não seria mais possível "retroagir" racionalmente sobre os comportamentos nem justificar tais comportamentos, "desparadoxalizando-os", ao passo que a ética só poderia ser fundada, intuitivamente, excluindo a dimensão "hipercomplexa" lógico-lingüística, que constitui uma dimensão essencial da bioética natural no sentido extenso aqui proposto.

A argumentação de Russel e Whitehead é retomada também por Gregory Bateson (Bateson, 1979) e, em parte, por nós (Schramm e Castiel, 1992). Ela aparece ainda — pelo menos de forma indiciária — até num defensor tenaz do pluralismo ético como o antropólogo Arnold Gehlen em *Moral e hipermoral* (Gehlen, 1984).

Gehlen pertence à vertente chamada "comportamentalista" da assim chamada "antropologia filosófica" (Scheler, 1947), cuja tese fundamental é a indeterminação originária ("retardo") do homem que, embora represente uma continuidade com o animal do ponto de vista evolucionário, é essencial e necessariamente "aberto" para o mundo (Herder, 1784 *apud* Portmann, 1989; Plessner, 1975) como ser biologicamente "neotênico" (Bolk, 1926; Portmann, 1978; Bourguignon, 1990:167-171).

Devido a esta condição ontológica, que Freud chama "desamparo" (*Hilflosigkeit*: Freud, 1948c), o ser humano deve, então, tornar-se um ser de cultura (inclusive técnica) e de liberdade, capaz de escolher o "que há de ser" (Ortega y Gasset, 1958:406), tendo que conquistar a própria dignidade humana na configuração da sua vida individual e coletiva (Oliveira, 1993:12n).

Gehlen admite, preliminarmente, que "os problemas éticos (...) transformam-se em pesadelos quando começamos a nos ocupar, mais de perto, com eles" (Gehlen, 1984:28). Para ele, haveria, por um lado, não somente uma "pluralidade de instâncias morais, mas também de instâncias *últimas*" (1984:40) que, por não terem origem sobrenatural, deveriam ser consideradas de natureza sócio-regulativa, independentes entre si tanto do ponto de vista funcional como do ponto de vista genético. Por essa razão, um "*ethos* dominante" só poderia existir, em princípio, se fosse proclamado por uma "camada social dominante" (1984:40). No entanto, Gehlen aponta, por outro lado, os riscos da tolerância em "questões éticas", sendo que esta poderia levar à "bagatelização" dos piores horrores,[26] ou a um "domínio absoluto, à sombra do qual todos os outros valores se tenham reduzido a ninharias [pois] a passagem da tolerância ao niilismo, que praticamente dá trânsito a tudo, é difícil de delimitar [sendo] tão ambígua na vida pública" (1984:43). O autor conclui que

> o relacionamento entre os seres humanos necessita, em relação à ética, de uma *precisa delimitação das exigências absolutas* e de uma *boa porção de tolerância* nas concessões (Gehlen, 1984:44, grifo nosso).

O próprio pluralismo ético deveria, portanto, admitir um unicismo — um fundo não-relativizável — a partir do qual a ética possa encontrar a sua unidade latente, apesar das diferenças e paradoxos implicados pelas codificações morais. Esta impressão se confirma quando o autor, comentando *O assim chamado mal* do etólogo Konrad Lorenz (Lorenz, 1963) e a tese deste sobre a instintiva inclinação à agressividade no homem, afirma:

> parece haver um equilíbrio entre a força que rompe e a que une, porque está comprovada a *tenacidade vital* da espécie, que sempre consegue reequilibrar a imponente tendência congênita à agressividade, porque, apesar de todas as perturbações, *a cola simbiótica é sempre renovada logo após sua destruição* (Gehlen, 1984:44, grifo nosso).

26. Gehlen refere-se provavelmente ao panfleto, considerado "anti-semita", *Bagatelle pour un massacre* do médico-escritor francês Louis-Ferdinand Céline (1937).

Para Gehlen, o comportamento que inibiria a agressão seria o "olhar" que se dá nas relações intra-específicas, isto é, nas relações sociais de uma mesma espécie, como a humana.[27]

Como afirma também o filósofo Emmanuel Levinas, as relações humanas se dão entre "pessoas" que — conforme o sentido literal latino de persona ("máscara") — são a face oferecida pelo Outro que obriga a me responsabilizar por ele (Lévinas, 1982:75ss.). É por isso que

> o acesso à face é logo ético [pois] a face está exposta, ameaçada, como que nos convidando para um ato de violência e, ao mesmo tempo, a face é o que nos proíbe de matar (Levinas, 1982:90).

A responsabilidade como "estrutura fundamental da subjetividade" é, então, essencialmente, "responsabilidade para aquilo que não tem a ver comigo e, logo, tem a ver comigo" (Levinas, 1982:102).[28]

Na nossa interpretação do texto de Gehlen, a "exigência absoluta" que, para o autor, deveria ser delimitada mas que nem por isso poderia impunemente ser "bagatelizada" é menos da ordem de uma "ética superior" e mais referente à própria vida que, pelo fato de "ser", se oporia com toda sua "tenacidade vital" àquilo que, constantemente, a ameaça pela nadificação. Do ponto de vista do "unicismo ético", a vida seria, portanto, um valor "absoluto" que, como os princípios absolutos das religiões (ou as condições transcendentais kantianas, não ulteriormente fundáveis, citadas por Apel), constituiria o território do

---

27. Um discurso à parte deveria ser feito sobre as relações ecológicas, quer dizer, sobre as relações interespecíficas, entre espécies diferentes a partir da relação predador—presa. Mas essa discussão não compete a este trabalho.

28. Num outro escrito (Levinas, 1974), o autor, ao mostrar como a transcendência do Infinito se torna relação com outrem, considera que é a partir da responsabilidade inderrogável para com a face do outro homem — que é preocupação para com o próximo, inclusive com a sua morte — que se forma a subjetividade do "eu" (*je*). Esta se enuncia em primeira pessoa, sendo numa situação inconfortável, contrária àquela do indivíduo protegido pelo "eu" (*moi*) da filosofia da consciência. Assim, a ética decorrente desta responsabilidade não seria o resultado de uma visão de mundo — fundada no ser e no conhecimento —, mas um questionamento constante do conforto da identidade do Mesmo, sendo, portanto, "um pensamento mais pensante do que o pensamento do ser" (Levinas, 1978:197).

sagrado no qual, conforme o verso de Alexander Pope, que dá o título do último livro de Gregory Bateson, "os anjos hesitam em pisar" [*where Angels fear to treat*] (Bateson e Bateson, 1987), mas no qual, aqui, tivemos que pôr o pé. Como escreve, também neste sentido, Carneiro Leão: "a vida vai abrir sempre o sistema", pois, em última instância, ela é "o parâmetro" e "o último valor" (Carneiro Leão, 1992:231). A ética unicista teria, portanto, como princípio a sacralidade da vida no sentido kantiano de valor em si, isto é, no sagrado entendido como a dimensão do incomensurável (Durkheim, 1925).

Essa fundamentação unicista da ética pelo argumento ontológico do "ser" — ou pela "realidade radical da vida" (Ortega y Gasset, 1957) — constitui a condição necessária para que haja "pluralismo ético", que só se torna, portanto, possível se baseado, literalmente, numa "bioética" *stricto sensu*, isto é, numa ética cujo objeto é a vida como algo da ordem do incomensurável, que não pode tornar-se objeto ou função de algo alheio sem perder o seu caráter "sagrado". Nesse sentido, a bioética, ou "ética da vida", constituiria a condição de possibilidade de toda ética "superior", sendo a mais "fundamental", ou seja, relativa aos fundamentos, às fundações, à estrutura vital.

Este argumento insere-se na discussão filosófica sobre o ser e o nada, em particular, na "superioridade" do argumento ontológico do ser sobre o contra-argumento sofístico do nada e que — como vimos no terceiro capítulo — esbarra naquela que Apel e Habermas chamam "autocontradição performativa".[29]

Essa é uma questão que se tornou eminentemente metafísica, abordada no nosso século, com êxitos diferentes, tanto pela fenomenologia existencialista de Jean-Paul Sartre, em *O ser e o nada* (Sartre, 1943), como por Martin Heidegger, em *Introdução à metafísica* (Heidegger, 1952); pela "filosofia natural" de Hans Jonas, em *O princípio responsabilidade,* e no seu desdobramento de ética aplicada

29. O argumento da "não-contradição performativa", desenvolvido por Apel, não se atém, todavia, à simples afirmação da vida como um *primum* inquestionável, mas recupera toda a argumentação do paradoxo , que afeta toda a crítica, de uma fundamentação por meio da não-fundamentabilidade. Isto é patente quando Apel afirma que o "princípio último" da vida, que permite a fundamentação última pragmático-transcendental da ética, não pode ser, por sua vez, fundamentado (ver *supra* III.2).

Técnica, medicina e ética: práxis do princípio responsabilidade (Jonas, 1979; 1987), além dos já citados Apel e Habermas. Esta questão — a mais ampla, profunda e originária da metafísica, segundo Heidegger; dualismo ontológico insolúvel para o homem condenado à liberdade e à responsabilidade para Sartre; inscrita na própria evolução natural para Jonas e argumento da fundamentação transcendental da ética discursiva para Apel — encontra-se já claramente formulada, durante o século de Descartes, por Jacques Bénigne Bossuet: "De onde vem que algo é e que o nada não seja, a não ser que o ser valha mais que o nada, e que o nada não possa prevalecer sobre o ser e impedir o ser de ser ?" [*D'où vient que quelque chose est et qu'il ne peut se faire que le rien soit, si ce n'est que l'être vaut mieux que le rien et que le rien ne peut pas prévaloir sur l'être et empêcher l'être d'être ?*] (Bossuet *apud* Carneiro Leão, 1991:3-4, nossa tradução). Ela encontra-se, ainda, sintetizada em Leibniz: "por que há algo ao invés de nada ?" [*Pourquoi il y a plutôt quelque chose que rien ?*"] (Leibniz, 1714:602,607).

No entanto, a superioridade argumentativa atual do ser com relação ao nada, cuja formulação Habermas critica em Apel (Habermas, 1989:109), não exclui a precariedade ontológica do ser — já apontada por Sartre.[30] Ao contrário, é exatamente na precariedade e fragilidade que se torna patente na crise, isto é, literalmente, na "decisão que se tornou indecisão" e que faz com que, numa situação de complexidade crescente, o risco se torne um fator determinante de toda decisão a ser tomada, que o "círculo virtuoso" que se estabelece entre "o imperativo

30. Sartre, na *Introdução* ao *Ser e o Nada* (1943), "À procura do Ser", divide a existência em duas regiões distintas: 1) o mundo das coisas materiais — o Ser em si — e 2) o mundo da subjetividade — o Ser para si. Na primeira parte, "O problema do Nada", desenvolve o argumento do poder nadificador da consciência. Na segunda parte, "o Ser para si", investiga a estrutura básica da consciência, consistente na alternância entre "presença a si" e "ausência a si", o que faz com que a consciência seja diferente do ser pleno e compacto do ser em si. Na terceira parte, "O Ser para o Outro", estuda as relações humanas como estar em presença dos outros como um dos aspectos essenciais do ser para si. Na quarta parte, "Ter, fazer, ser", aborda o humano em situação, atacando o determinismo psicológico, o inconsciente freudiano, propondo uma "psicanálise existencial" que preanuncia os desenvolvimentos ulteriores da antipsiquiatria de Ronald Laing e David Cooper dos anos 1960.

de viver mais" e "viver melhor a vida" (Leal *et al.*, 1992b:4) se vincula àquilo que Castoriadis chama "*ethos* da mortalidade" e que se oporia ao recalcamento da morte, inscrito na onipotência da tecnociência (Castoriadis, 1990:98-99).[31] Sobre esta questão, o pensamento de Castoriadis encontra aquele de Heidegger de *Ser e Tempo*, quando o filósofo alemão fala da morte como "possibilidade do ser poder não ser" (Heidegger, 1927:333).

Assim, uma "bioética", fundada no Princípio da Sacralidade da Vida, só pode existir se for consciente daquilo que sempre ameaça a vida no seu ser. Como escreve ainda Carneiro Leão, "a única possibilidade de haver uma retomada da importância do valor da ética é na crise" (1992:231). Já para Castoriadis, mais que de uma reforma do entendimento humano, o tamanho dos perigos que nos ameaçam requer uma reforma do ser humano como ser social-histórico, uma transformação da sociedade política pela "paixão de todos para com as questões comuns" (1990:100), isto é, pela paixão da "coisa pública" (*res publica*). Assim, recuperar-se-ia aquela unidade da comunidade ética que viu nascer na Grécia da *pólis* ao mesmo tempo filosofia e democracia, e que o "'dualismo trágico', introduzido pela Revolução Francesa [transformou] de uma concepção holista da relação entre *pólis* e "cosmos" para uma concepção individualista que tenta fazer do Estado secular o espaço histórico onde o homem moderno se move" (Bartholo, 1992:33).

Neste terceiro nível, os vários aspectos da crise da Saúde Pública, detectados no segundo capítulo, vinculam-se uns aos outros. Assim, as questões tais como: o ser e o nada, a vida e a morte, o bem-estar e o sofrimento, o operativo e o conceitual-metodológico, o real e o simbólico, o saber científico e o conhecimento filosófico,... representam várias duplas entrelaçadas, a partir das quais encarar a crise do *ethos*, sendo que — no nosso entender — a crise ética na Saúde, propriamente dita, dá-se, essencialmente, como efeito de uma disjunção entre os termos destas duplas, em particular aquela operada pelos vários pontos de vista antagônicos entre teoria e prática sanitárias. É por isso que consideramos a abordagem da crise da Saúde Pública pelo nível da

31. Sobre a "aprendizagem" em morrer, referida ao convívio com doentes terminais (cancerosos), ver Schwartzenberg e Viansson-Ponté (1978).

crise ética como sendo o mais fundamental, ou seja, teoricamente, a "gênese" dos outros, porquanto é nele que se dá mais profundamente (estruturalmente) o embate entre o que une e o que dilacera (o *daímon* de Heráclites). Dito de outra forma, se do ponto de vista conceitual-metodológico — ou daquele simbólico — a saúde é um "desafio" que "provoca" a pulsão epistemofílica do cientista que a assume como objeto da sua análise, tendo, portanto, que "distinguir" e "separar" para poder "entender" e "compreender", do ponto de vista prático-operativo — ou do real — a saúde permanece um "objeto inatingível" (Minayo, 1992:249), uma realidade opaca, permanentemente em crise.

Mas — insistimos — a crise não é só do real; ela atinge o próprio saber sobre o real. Isto se deve, por um lado, ao próprio caráter *construtivo* de qualquer conhecimento, que faz com que o real, em si, nunca seja realmente atingido, nem assintoticamente, e que, ao contrário, "o objeto se transforma na medida em que o conhecimento lhe se aproxima" (Piaget, 1979:412). Nesse sentido, como já afirmara Ferdinand de Saussure, "é o ponto de vista que cria o objeto" (Saussure, 1974:23). Por outro lado, a realidade sanitária é um objeto inatingível, porque o conhecimento em saúde não parece ser facilmente delimitável, tendo sempre a ver com uma totalidade dinâmica e complexa que inclui o próprio pesquisador, do duplo ponto de vista da sua precariedade de indivíduo saudável—doente e como parte necessariamente participante e responsável desta totalidade. Este fato não é evidentemente exclusivo do saber-fazer sanitário, mas, neste, se complica enormemente, devido tanto ao aspecto necessariamente implicado do observador quanto ao aspecto também necessariamente responsabilizante do observador. Se conhecer significa sempre "reduzir" o real à "realidade" simbólica, fazendo hipóteses, construindo modelos e teorias, isto é, reduzindo-o a pertinências (Prieto, 1975) ou conforme interesses (Habermas, 1968), o conhecimento em Saúde Pública tem ainda uma "profunda cumplicidade com a problemática social mais ampla" (Minayo, 1992:14). É por esta razão, aliás, que se propende mais em considerar a Saúde Pública um "campo" do que uma verdadeira disciplina, embora o seu maior desafio atualmente seja o de ser as duas coisas ao mesmo tempo, como indica, entre outros, Gastão Wagner de Souza Campos (Campos, 1991:32), o que poderia ser traduzido pela imagem anfibológica do "generalista especializado". Em suma: tanto do ponto de vista do mundo "vivido" como do mundo "pensado" o objeto saúde participa das "turbulências do ser humano como ser total" (Minayo, 1992:15).

Mas o que seria, de fato, este "ser total" ?

Pode-se começar a responder a esta pergunta fazendo referência ao conceito de "relação dialógica" de Martin Buber e à fenomenologia de Edmund Husserl.

A partir de Buber, o ser total dar-se-ia, antes, no diálogo eu—tu, sendo que "toda vida verdadeira é encontro" (Buber, 1974:19) e o "eu" sem o "tu" mera abstração. A relação dialógica seria comprometimento do eu com o tu na realidade concreta da experiência vivida, na *práxis* cotidiana. Mais especificamente, o diálogo seria vínculo entre *práxis* e *logos*, implicando "responsabilidade" para com o outro na sua totalidade, com a sua alteridade e unicidade.

Este "princípio dialógico" (Buber, 1977) dar-nos-ia o sentido fundamental da existência humana, não só na relação dos humanos entre si, mas também na capacidade de estender a relação dialógica à natureza como um todo. Mas, para poder "dialogar" com o todo, a relação nunca deveria ser objetivante, do tipo eu—isso, que sempre implica rebaixamento ou exclusão da alteridade. Ao contrário, na relação dialógica do eu—tu dar-se-ia o homem autêntico — a "pessoa" — que toma consciência de si, como uma subjetividade entre as outras. Isso implica que a totalidade do "ser" só se daria pela relação dialógica assumida na "responsabilidade" para com o outro, isto é, como "garante" do outro.

Todavia, pensamos que a "relação dialógica" é ainda insuficiente para aproximar a totalidade do "ser", pois trata-se, ainda, de uma relação de tipo "dual" que, no nosso entender, deve ser ultrapassada. Isso é apontado implicitamente, por exemplo, por Gregory Bateson quando fala da "relação amorosa" que, além de implicar um "eu" e um "tu", estabeleceria um terceiro elemento formado pelo conjunto das próprias relações e que "constitui um sistema maior, que contém um certo grau de autonomia" (Bateson e Bateson, 1989:190). Para Bateson, esta estrutura não seria mais dual, mas "ternária" — simbolizada pela relação amorosa —, e constitui a condição necessária para poder falar do mundo vivo, pois somente assim "reconheceremos nossa afinidade com o resto do mundo vivo e o trataremos eticamente e com responsabilidade" (Bateson e Bateson, 1989:190).

No mundo dos seres vivos, a questão principal não se define, portanto, em termos de "objetos" ou de "sujeitos", isto é, de "classes", mas de "relações" entre classes, de "classes de classes", identificáveis nos vínculos que existem entre sujeitos e entre sujeitos e objetos. Como escreve também Edgar Morin, sintetizando o que acabamos de escrever, "objetividade/subjetividade: dois domínios irredutíveis um ao outro e, não obstante, inseparáveis" (Morin,1974:820).

Esta problemática consta também das preocupações da fenomenologia, em particular da tentativa de Edmund Husserl (Husserl, 1947; 1950) de passar de uma filosofia do conceito para uma filosofia da consciência que o leva para o "mundo vivido" [*Lebenswelt*] constituído pela experiência concreta da intersubjetividade. Para isso, Husserl postula um "subjetivismo transcendental" capaz de reintroduzir o mundo externo na consciência individual, dinamizando, dessa forma, a abordagem disjuntiva de sujeito/objeto formulada por Descartes e que, desde então, serviu como legitimação do pensamento moderno, em particular, da objetivação do real pela tecnociência moderna. Existiria, então, uma "interdependência universal" — ou "intersubjetividade universal" — configurada pela "intercomunicação das consciências", formadoras do tecido unificador entre as coisas e os seres, que Husserl chama *Lebenswelt* ("mundo da vida" ou "mundo vivido").

Na interpretação de Raymond Abellio (Abellio, 1965:9-33), a meditação husserliana teria sido o ponto de partida para o questionamento do "divórcio entre ciência e filosofia" (Abellio, 1965:30), ou seja, entre o conhecimento analítico e necessariamente redutor, de um lado (a ciência), e o conhecimento sintético e integrador, do outro (a filosofia). Para esse fenomenólogo — conhecedor da tradição esotérica — enquanto o "saber científico" seria mera mediação entre mundo (objetividade) e consciência (subjetividade), o conhecimento filosófico seria uma tomada direta (*prise directe*) da consciência sobre o mundo. O autor escreve textualmente:

> a ciência procura estabelecer, por toda parte, distinções, oposições. Ela é redutora; o conhecimento [filosófico] vê, por todo lado, complementaridade: ele é integrador (Abellio, 1965:14).

Para o autor, é por isso que a ciência seria incapaz de dar conta de uma noção complexa como a de "estrutura", sendo que esta significaria, essencialmente, "interdependência". Mais do que isso: a complexidade crescente dos fatos do mundo, encarada pelas ditas ciências humanas — as primeiras "ciências" que tentaram explicitar e formalizar a noção de "estrutura" —, requereria, de fato, a noção de "estrutura absoluta" como chave interpretativa universal de ser e devir, quer dizer, um ponto de vista universal sobre a interdependência entre percepção e intuição, assim como sobre a dialética entre elas. O "ego transcendental" husserliano, a saber, "a tomada de consciência da própria consciência" que salvaria o ego do "isolamento e do pontilhismo" (Abellio, 1965:15), fundaria um novo tipo de racionalismo, transformando a ciência em conhecimento e o conceito em idéia, reconciliando, desta maneira, ciência e filosofia, análise e interação.

O "postulado metafísico" da interdependência universal teria, portanto, a vantagem de não introduzir nenhuma negação, nem exclusão, e fazer da consciência e da inteligência a matéria unificadora do mundo.[32] Para Abellio, este universalismo seria, aliás, tão natural quanto admitir a multiplicidade como fato originário, e pergunta-se "por que a inteligência e o conhecimento seriam menos universais que a gravitação ?" (1965:17). Trata-se, portanto, de transcender a bipolaridade entre sujeito e objeto para conceber o conhecimento como "dinamogênico", pois, no contato entre homem e mundo, o eu integraria este, abrindo a ciência para novos campos de saber. Dessa forma, a "estrutura absoluta", mais do que um método ou uma receita, seria uma nova maneira de conhecer, de comunicar com o mundo, e também de existir. Em suma: "um conhecer que é um co-nascer" junto com o conhecido, ou — dito com os termos de Bateson — uma relação que integraria no sistema formado pelo "eu" e o "outro", pelo "sujeito"

32. Nesse sentido Abellio opõe-se, programaticamente, à interpretação sartriana do dissídio entre consciência subjetiva e mundo objetivo, entre por si e em si (ver nota 30, p. 210).

e o "objeto", a "qualidade emergente" da "relação" que transforma o sistema dual num sistema ternário de segunda ordem formado por "sujeito", "objeto" e "relação sujeito — objeto".

Esta última incursão filosófica na fenomenologia de tradição husserliana serve-nos para argumentar, de novo, o vínculo profundo que existe entre saber científico e conhecimento filosófico, apesar das diferenças profundas, constitutivas de cada tradição (separar, integrar), apontadas por Abellio e que continuam sendo operações consideradas pertinentes, sobretudo se pensamos a "norma" do saber-fazer científico atual.

Contudo, esta "norma" disciplinar parece também encontrar, atualmente, suas fronteiras territoriais — que são ao mesmo tempo possibilidade de interfaces com as disciplinas contíguas — como indicam as inúmeras discussões sobre inter e transdisciplinaridade, assim como a emergência de novos campos de saber, a partir de "diálogos" e "bricolagens" entre disciplinas. Isso quer dizer que hoje se coloca a questão, por um lado, do tipo de relações indispensáveis entre disciplinas que se "encontram" no momento em que suas estratégias cognitivas e pragmáticas atingem uma fronteira considerada comum; e, por outro lado, aquela do também indispensável "transitar" entre as disciplinas, requerido tanto pela vocação filosófica em "compreender" como pela "urgência" dos complexos problemas atuais do mundo da vida, ou seja, por aquilo que chamamos a "insubordinação do real", que implica não só o saber ou o saber-fazer, mas ambos em configurações e doses variáveis, conforme a especificidade de cada caso particular sem esquecer a sua integração no todo. Em suma: o "especialismo", certamente necessário ao avanço do conhecimento e requerido, em particular, pela lógica concorrencial da pesquisa e pela produção de novos objetos, não pode eximir-se de conviver (dialogar?) com um certo "generalismo", quer dizer, com aquilo que lhe permita escapar do *apartheid* teórico em que se confina quando se abstrai do *ethos* que o estrutura e desestrutura em continuação.

Esse vínculo entre especialidade e generalidade está pressuposto, por exemplo, nas expressões *know-how* ("saber como") e *know-what* ("saber o que"), que indicam, por um lado, o campo genérico do "saber" a partir de dois pontos de vista igualmente necessários: aquele "concreto" do fazer operativo e aquele "teórico" do "fazer" especulativo.

Assim sendo, não somente o saber é sempre um "saber-fazer", um "saber incorporado" (*embodied*) (Varela; Thompson e Rosch, 1991) ou um "ato", mas também o fazer é, sempre já, um conhecer, pois a "construção de mundos" em que se concretiza a prática é indissociável da pertinência — do ponto de vista — que recorta e classifica o real para transformá-lo (Prieto, 1975), isto é, para incorporá-lo.[33]

Mas o vínculo entre teoria (ou pertinência) e prática faz com que não seja possível escamotear um terceiro termo, constituído pela pergunta *know-why ?* ("saber por quê ?") que, ao retroagir sobre a relação saber-fazer, faz emergir o questionamento ético. Com efeito, a ética é, sem dúvida, da ordem da "prática" comportamental, "da mesma maneira que todos os demais modos de comportamento" (Varela, 1992:28), mas ela é também — como reflexão sobre os comportamentos — da ordem da teoria.[34]

Assim sendo, a questão ética não é essencialmente um "capricho" metafísico. Ao contrário, ela é reconhecida, atualmente, como questão fundamental dentro do próprio campo da saúde. Além dos autores apontados no segundo capítulo, podemos citar, para concluir, a revista *Saúde em Debate*, do Centro Brasileiro de Estudos de Saúde (CEBES), que dedicou, em plena "euforia" pós-impedimento, um número especial chamado "Ética, Democracia e Saúde" (1992:36). Como escreveram seus redatores no editorial:

---

33. Essas afirmações referem-se, evidentemente, a condições "normais", tanto do fazer como do conhecer. Precisariam, portanto, ser confrontadas tanto com situações "patológicas" como com situações "paranormais". Este confronto, no entanto, não compete ao nosso trabalho aqui. Além disso, existe toda uma reflexão a ser feita a respeito da configuração do saber em saber-fazer, isto é, a respeito do saber que, sob a impulsão da lógica tecnocientífica contemporânea, se torna cada vez mais um agir, afetando, portanto, a própria forma do trabalho intelectual, sua pertinência e legitimidade.

34. Nesse ponto discordamos de Francisco Varela (1992) que, ao querer justamente resgatar a ética como sabedoria inscrita na vida, no entanto, considera que a única dimensão pertinente seja aquela do *know-how*, esquecendo tanto o *know-what* quanto o *know-why* como questões relevantes para a ética. Do nosso lado, pensamos que as questões *o quê?*, *como?* e *por quê?* constituem as três dimensões essenciais e inseparáveis da condição humana no mundo que se inscreve necessariamente num *ethos*, assim como na *theoria* e na *práxis*.

> Vivemos um momento histórico (...) A novidade é o crescimento da cidadania em torno [da] ética (...) diretriz que (...) retira do comportamento brasileiro o "jeitinho" (p. 3).

A palavra "ética" teria também sido a mais pronunciada durante a IX Conferência Nacional de Saúde (Brasília, 9-14 de agosto de 1992), como escreve, na mesma revista, Sylvain Lévy. Para esse autor, poder-se-ia falar no surgimento de uma "nova ética para a saúde", anunciada pela IX Conferência, e que marcaria a passagem da "condição narcísica" de uma ética pessoal do "eu faço, eu ganho, eu posso, eu aconteço", para uma ética social, de tipo "socialista, em que o outro não [seria] competidor mas parceiro" (Lévy, 1992:94).[35] Mas, pergunta-se muito apropriadamente o autor, devemos mesmo falar em "nova ética" arriscando, assim, "alterar nossa visão sobre o bem e o mal" ou modificar a atitude perante o reconhecimento entre o que julgamos certo e o que julgamos errado? Desse ponto de vista, a mera condenação moral seria insuficiente, pois "para a maioria dos brasileiros", que não pertenceriam nem à elite "sonegadora ou corruptora" nem à "marginália contraventora", a questão fundamental seria mais "etológica" do que ética e, portanto, seria "uma nova etocracia que se impõe" como maneira de transformar a sociedade sem uma revolução sangrenta, ou uma caída na barbárie e no vazio social e político" (Levy, 1992:94). Contudo, o autor não especifica claramente o que entende por "etológico" e por "etocracia".

Pode-se, portanto, supor que ele queira, simplesmente, referir os atuais problemas éticos em saúde a um novo tipo de responsabilidade no comportamento que, conforme Konrad Lorenz, deve ser entendido como função de um sistema "que deve a própria existência e a própria forma específica a um processo histórico que se desenvolveu no decorrer da filogênese, do desenvolvimento individual e, no caso do ho-

35. Seria, talvez, oportuno matizar essa afirmação do autor, lembrando a dimensão criativa da competição, sem a qual, pensamos, não haveria progresso nem no saber nem no saber-fazer. O problema, portanto, não é tanto o de eliminar a competição em si, mas de torná-la não-excludente; fazer, em suma, com que a competição se torne meio de integração, isto é, um competir para incluir e não para excluir. Dessa forma, a competição pode ser perfeitamente ética no sentido aqui desenvolvido.

mem, da evolução cultural" (Lorenz, 1974:15). Assim, "uma nova etocracia" pode ser entendida, provavelmente, como uma nova articulação ética, mas não necessariamente uma nova ética, ou seja, um agenciamento literalmente "contemporâneo" ("que se dá ao mesmo tempo") de comportamentos individuais e coletivos (que formam o sistema), no contexto (ou ambiente) específico dos desafios da atualidade que são, ao mesmo tempo, globais e locais e que, em termos sanitários, ameaçam os sujeitos, as coletividades e a própria biosfera.

CONSIDERAÇÕES FINAIS

Uma pesquisa é como um quebra-cabeça, um saber-fazer operante por tentativas e erros em que, a um certo momento, como que por encanto, as peças começam a se encaixar, acelerando o processo de construção do objeto final. Como o quebra-cabeça, a pesquisa parte de peças baralhadas (indícios) que, combinadas de uma certa maneira (método), formarão um conjunto provido de forma e sentido. Nesse construir, os caminhos inicialmente escolhidos podem mudar de rumo várias vezes, até que se chegue ao ponto crítico necessário em que se terá a sensação de chegar a cabo. Mas, antes de ter esta sensação resolutora do processo, acontece que se deva trocar de ponto de vista várias vezes, ou, então, que se tenha que adotar mais de um ponto de vista como maneira de atingir uma suficiente generalidade — um meta-ponto de vista — sem o qual a figura "não sai". O resultado, portanto, só será obtido a partir desse momento de bifurcação que decide do resultado da operação, e o método, efetivamente utilizado, só será conhecido *a posteriori*, depois de tê-lo "percorrido".

O objetivo da nossa construção consistia, inicialmente, em delinear um possível universo discursivo para uma ética em Saúde Pública — chamada aqui "ética natural" —, tendo em conta, ao mesmo tempo, a complexidade do campo da saúde e a exigência de vincular os dois princípios que informam o debate em bioética, a saber: o princípio unicista da Sacralidade da Vida e o princípio pluralista da Qualidade da Vida. Tentou-se escapar, assim, de uma dicotomia conceitual sem perder, entretanto, a capacidade de distinguir, nem a consciência que, em muitos casos concretos, os dois princípios se opõem. Este objetivo se manteve ao longo da pesquisa e cabe agora ao leitor avaliar o resultado, tendo construído o próprio percurso de leitura.

Em particular, tratava-se de delinear um possível diálogo entre as ciências que estudam a "primeira natureza" humana, que, até pouco tempo, se queriam "objetivas", e aquelas que estudam a "segunda natureza", igualmente humana, e que não podem deixar de ter em conta a "subjetividade", tanto individual como social, ou seja, o *ethos* em que ambas se enraízam para o ser humano concreto que age, sente, pensa, julga e reflete sobre este agir, pensar, refletir e julgar.

Tentar abrir um caminho entre o bioecológico — que define, *grosso modo*, o ponto de vista da objetividade — e o sociocultural — que introduz o ponto de vista da subjetividade *lato sensu* — não é inocente nem desprovido de perigos, pois se, por um lado, recoloca em jogo antigos feudos epistemológicos, por outro, pode revelar-se como sendo, de fato, uma tentativa de construir um novo feudo, totalizante, pela subsunção das especificidades disciplinares, desrespeitando, assim, os aspectos pertinentes da complexidade que se quer integrar.

Aqui, no entanto, se quis resgatar algo ao mesmo tempo parecido e diferente da totalidade: o ponto de vista global, que só pode ser pensado vinculado ao ponto de vista local; o ponto de vista unicista vinculado ao ponto de vista pluralista.

Uma das conseqüências mais significativas deste ponto de vista complexo aqui adotado talvez consista na consciência "ética" da inseparabilidade entre sujeito e objeto, isto é, o reconhecimento, por parte do humano, de estar ligado, "por todas as suas fibras, àquelas da vida e da matéria que o tem precedido sobre a terra" (Rosnay, 1987:274) e, portanto, também o reconhecimento da responsabilidade que decorre desta relação simultaneamente precária e necessária. Assim sendo, do duplo ponto de vista da complexidade e da eticidade — daquilo que "liga" os saberes e os comportamentos —, a biologia humana deve ser concebida, por um lado, como natureza "reformada" pela emergência da competência técnica e lógico-lingüística que, além de transformar em continuação a "primeira natureza" do humano, transforma também, de modo irreversível, a própria biosfera, o ambiente em que o sistema humano — quer queira ou não -- se insere, tendo que situar-se e ressituar-se em continuação na precariedade da sua condição de "generalista especializado". Por outro lado, a partir do ponto de vista da "ética natural", pode-se igualmente supor que os efeitos prováveis de um agir imprudente da "segunda natureza" sobre a "primeira" situam o debate ético num patamar inédito na história da hominização, colocando a questão da responsabilidade a um nível de radicalidade que chamamos do tempo e do espaço profundo, pois, atualmente, o agir humano tem a potência "criativa" e "nadificadora" de interagir com a inteira biosfera e com o próprio projeto da vida. Isso quer dizer — para utilizar a imagem de um chefe indígena que circulou durante a CNUMAD 92 — que o saber-fazer deve ser referido às sete gerações que nos precederam e às sete outras que nos seguirão, supondo, entretanto, optar, individual e coletivamente, pelo ser ao invés do nada.

Assim sendo, as ciências da complexidade detectam uma mesma lógica evolutiva e auto-organizadora — de complexificação do ser — tanto nos fenômenos naturais como nos processos histórico-sociais, apesar do fato de que os primeiros (como processos da "primeira natureza") devam ser considerados propriamente "complexos", ao passo que os segundos — conforme a distinção feita por Morin — devam ser tidos como "hipercomplexos", isto é, emergências das escolhas e construções da "segunda natureza" do humano.

Portanto, este novo "quadro epistêmico" que se delineia a partir do "desafio da complexidade" implica uma nova cosmovisão ou, então, a recuperação de uma sabedoria — que se tornou minoritária com o reducionismo objetivante da modernidade — capaz de integrar a parte e o todo, o "local" e o "global", ou seja, o todo não-redutível à soma das suas partes e as partes não subsumíveis ao todo, como condição do próprio bem-estar, simultaneamente particular e geral, físico, mental e social.

O desafio que a complexidade coloca à ética é grande, pois se trata, na maioria dos casos, de escolher em situação de incerteza e de conflito, tendo que intensificar e generalizar o princípio de responsabilidade ao mesmo tempo, quer dizer, radicalizar e estender a responsabilidade individual e coletiva, integrando os conflitos que, necessariamente, surgem da pluralidade de interesses e valores, mas que são fundados num comum pertencer à "Terra-Pátria" como "comunidade destinal [*Schicksalgemeinschaft*]" (Morin, 1993b:42).

No campo da saúde, o "sentimento" da complexidade, talvez mais do que o seu conceito, não é novo. Na América Latina, ele começa a configurar-se como enfoque "social", "coletivo" ou "público" a partir dos anos 1960, incorporando inicialmente o olhar da antropologia social e da sociologia. Mas é a partir dos anos 1970 (Conferência de Cuenca, 1972), com a tentativa estruturalista de romper com o enfoque positivista nas ciências sociais e com a história natural das doenças, que se criam as condições para um enfoque interdisciplinar da saúde (Nunes, 1991). Este enfoque pode ser considerado um primeiro passo para um olhar complexo, ainda que insuficiente, na medida em que parece obliterar a dimensão bioecológica do processo saúde/doença, subsumindo-a à dimensão sociocultural. Um passo ulterior, desta vez significativo do ponto de vista de um encaminhamento rumo à complexidade, parece estar sendo dado, a partir dos anos 1980, com as abordagens sistêmicas (OPS, 1992) que tentam integrar o bioecológico e o sociocultural, inclusive a relevância da dimensão tecnocientífica para o bem-estar de indivíduos e populações. Mas, na medida em que o campo da Saúde Pública se complexifica, revelam-se necessários dois tipos de operações coordenadas que, no nosso entender, são: a) a aquisição de uma "competência epistêmica" em situação de incerteza e de obsolescência acelerada dos meios tecnocientíficos; b) a aquisição de uma "competência evolutiva" em situação de responsabilidade permanente e crescente para com os delicados processos da vida.

Este duplo desafio, complexo e ético, que o termo integrador de "ética natural" quis apontar ao longo do nosso caminho, nos levou ao interior dos meandros das ciências evolutivas, do debate sobre a modernidade tardia, sobre o niilismo, as sociedades pós-moralistas e as dimensões entrelaçadas da crise, para atingir o próprio *ethos*, como fundo atravessado, atualmente, por todas essas questões. Assim sendo, o que está em jogo, tanto no campo específico da saúde como no "campo de campos" mais geral do mundo da existência concreta, é a constelação de relações entre vínculos e possibilidades da própria vida humana, relações que precisam de cuidados especiais no momento em que o *homo faber*, tornado *homo creator*, parece estar ultrapassando os tradicionais limites da prudência, tornando a própria "primeira natureza" potencialmente obsoleta.

Essa nova condição "super-humana" parece, portanto, exigir uma "liberdade altamente responsável" como patamar evolutivo do pensar e do agir, requerido "necessariamente" pela reforma que a "segunda natureza" impõe — quer se queira ou não admiti-lo — à "primeira natureza". Dessa forma, a ética natural tem que recuperar o "princípio do bem-estar geral", baseando-se na integração prático-teórica entre eqüidade, solidariedade e liberdade, ou — para utilizar os termos da "trindade ideal" da Revolução Francesa — da igualdade, fraternidade e liberdade que se contradizem entre si, mas que pertencem, todas, a um mesmo tipo de civilização (*ethos*), que é indivisível e que constitui ainda boa parte do imaginário social das sociedades ocidentais, apesar das forças dispersivas e ameaçadoras.

Assim, o principal problema para uma ética que se queira "natural" parece ser aquele de integrar, "na justa medida", dinamicamente evolutiva, uma "ética da tolerância" e uma "ética da solidariedade" pelo "princípio de responsabilidade radical". Com efeito, pensamos que a "tolerância" é requerida, por um lado, pela diferenciação funcional e pelo agir comunicativo incorporados nas sociedades modernas pluralistas, democráticas e "pós-moralistas" como meio para compensar a própria entropia interna pela criatividade, pela criação do novo, que só é possível extraindo matéria, energia e informação do ambiente. Dito de outra forma, um certo grau de tolerância é indispensável à *autopoiese* do sistema, à sua estabilidade dinâmica e complexificação crescente, sendo que a emergência do novo, em situações inéditas, deve ser acompanhada da recuperação de antigas soluções, quer dizer, as tradições que pertencem ao capital simbólico, à sabedoria da vida (biodiversidade, diversidade antropossocial) e que foram recalcadas não por serem "obsoletas" em si, mas porque contrárias à lógica puramente mercantil que incentiva a compulsão do novo, que faz aparecer como "obsoletos" tanto os objetos que produz quanto os sujeitos que reproduz ou transforma, mas que, ao reduzir a diferença, torna-se, por sua vez, obsoleta, ameaçada pela própria entropia. Em termos de direitos humanos, a ética da tolerância assume o princípio da liberdade individual, mas, em termos ético-morais, encontra, necessariamente, o princípio dos direitos do outro e, portanto, inscreve/incorpora o direito à liberdade num ambiente público. Assim sendo, coloca-se, necessariamente, a questão do controle e da norma, ou — dito em termos habermasianos — do "agir comunicativo" que regule os eventuais abusos da tolerância, evitando que o sistema passe da tolerância para a ingovernabilidade e o caos. A sobrevivência da complexidade das sociedades pluralistas exige, então, e paradoxalmente, "redutores de complexidade" capazes de gerir a complexidade pela diferenciação funcional em subsistemas, sem destruir, entretanto, a própria complexidade. Dessa forma, a "redução" é simultaneamente uma forma de normalização do sistema e uma condição da sua autopoiese (Luhmann, 1984). Mas como a ética da tolerância não consegue, sozinha, resolver tais problemas, ela precisa de uma "ética da solidariedade" que parece, também, ser indispensável num mundo cada vez mais globalizado, devido aos efeitos probabilísticos de "bumerangue" que as ineqüidades e uma *lifeboat ethics* (do "salve-se quem puder" e da "lei de Gerson") podem ter sobre o bem-estar geral, logo, de cada um.

Um certo "unicismo" parece ser, portanto, "co-necessário", junto com o "pluralismo", para que se enfrente a complexificação crescente, os conflitos crescentes e a incerteza também crescente que afetam a vida concreta de indivíduos e populações. Dessa forma, a ética da solidariedade parece ser um aprofundamento e uma generalização da ética da tolerância, pois não somente os direitos do outro são "tolerados", mas assumidos ativamente, sendo que se torna um dever do sujeito ético permitir que existam de fato.

Mas isso implica um paradoxo, na medida em que toda ética suficientemente radical é também paradoxal, sendo ao mesmo tempo unívoca e equívoca: ela obriga para com o outro, que é um outro "eu" e, ao mesmo tempo, uma "alteridade egomórfica", de tal forma que a preferência incondicional do outro não pode ser justificada racionalmente (Jankelevitch, 1981:37-40), pelo menos por uma racionalidade de tipo clássico, de primeiro tipo, baseada nos princípios da não-contradição e do terceiro excluído. Entretanto, naquela que Morin chamou recentemente "crise do futuro" (1993:14ss.), parece que uma combinação entre os dois tipos de ética se torna indispensável. Esta solução é apontada pela filosofia natural como uma "ética da responsabilidade", isto é, uma radicalização das éticas tradicionais (da convicção e da proximidade) que integre tolerância e solidariedade, referindo-as à totalidade do mundo na sua dialética entre unicidade e pluralidade. Tratar-se-ia, portanto, de uma espécie de *nova physis*, de uma nova maneira ou, talvez, também, da recuperação de uma antiga maneira de "habitar a terra" (Ceruti e Laszlo, 1988), transversal ao fato total constituído pelo social, perpassando a política local e global, os direitos naturais e humanos, o *know-how* tecnocientífico, as relações intra-específicas entre humanos e entre estes e o resto da biosfera, assim como a ecologia das idéias e as relações entre culturas tecnocientíficas e não-tecnocientíficas.

Nesta ética da responsabilidade radical, ou ética natural, direitos e deveres, liberdades e obrigações revelam-se igualmente necessários, constituindo os "vínculos" que unem e separam as várias facetas da totalidade do mundo vivido.

Neste momento histórico, que parece ser marcado pela crise ética mais profunda, estamos também assistindo a um chamamento pela ética, vindo de toda parte e que, se por um lado, parece dar um novo fôlego à reflexão filosófica — tirando-a da mera "teoria" pela "incorporação" no saber-viver (Varela, 1992) —, por outro, atinge a gênese do próprio sentido do corpo social, superando o âmbito "específico" da filosofia. Tudo se passaria, portanto, como se a crise ética revelasse termos atingido algum órgão vital do corpo social e como se os chamamentos pela ética fossem o sintoma de um ponto de bifurcação entre a igual probabilidade de melhora ou piora do "paciente". Nesse sentido, a crise ética deve ser considerada a mais profunda e radical, pois é nela que se vinculam as demais crises (política, econômica, administrativa, epistêmica, ...), tratando-se da crise do próprio "estar juntos", dos fundamentos e das condições da vida social e, portanto, das possibilidades da própria vida individual.

Provavelmente não é um acaso que o chamamento pela ética surja num momento de profunda desconfiança na política, identificada com os políticos considerados, em geral, aéticos. No Brasil, isso se torna patente tanto no movimento pela "ética na política", como no seu desdobramento do combate contra a miséria e a fome, que revelam uma profunda necessidade de enraizar a política numa ética, considerada essencial pela própria sobrevivência do estar-juntos na forma das sociedades, das comunidades, das novas formas de tribalismo, das relações interpessoais e até da relação de cada um consigo mesmo. Dito de outra maneira, o território da ética é coextensivo ao tecido social, pois refere-se à totalidade das relações sociais, dos comportamentos, normas e valores socialmente relevantes. Mas é também coextensivo à própria vida, pois a vida seria "por si ética" (Ortega y Gasset, 1958:406).

É essa vinculação entre *bios*, *ethos* e *socius* — considerada por Bateson a tarefa de uma epistemologia do sagrado (1987) — que permite estabelecer uma "ponte" entre problemas epistemológicos e problemas éticos. Esta metáfora da "ponte" aparece, aliás, no próprio texto tido como fundador da bioética (Potter, 1971) como forma para indicar os rumos que os debates éticos deveriam tomar, ou seja, uma dimensão necessariamente bioética, devido ao poder de transformação, sem precedentes, dos processos da vida atingido pelo *homo creator*.

Do ponto de vista da bioética, o mais importante nesse poder de criação não é tanto a capacidade de tornar o real virtual, isto é, de modelização e simulação do real, mas sim o fato de que tal poder atinge o próprio segredo sagrado da vida, tornando os produtos do nosso imaginário realizáveis.

É esse possível, tornado real, que radicaliza o princípio de responsabilidade perante o futuro da vida. Assim sendo, atualmente não é mais suficiente enfrentar a poderosa bifurcação representada pelo dispositivo biotecnológico com o lema hölderliniano, citado por Heidegger, de que "aquilo que nos ameaça pode também nos salvar", nem com a conclusão tardia de Heidegger de que "somente um Deus poderá nos salvar" (Heidegger, 1976), pois atualmente a questão parece colocar-se mais em termos de que aquilo que até hoje nos salvou pode também nos ameaçar de tal forma a que nem um deus poderá nos salvar. Como nos lembra Hans Jonas, ex-aluno de Heidegger, em Auschwitz, o Deus "infinitamente bom" revelou a sua radical impotência diante do mal, e essa verdade atribui ao humano, e somente a ele, em todo tempo e em todo lugar, a responsabilidade perante seus atos, no bem e no mal. Assim sendo, somente se souber tornar-se imagem e semelhança da infinita bontade de Deus, e não da sua presunçosa onipotência, o humano poderá salvar-se da solução final do problema humano, qualquer que ela seja (Jonas, 1991b). E, provavelmente, não é por acaso que a ética se torna pela primeira vez bioética durante o processo de Nüremberg contra os crimes da "solução final".

Como já lembramos, citando Betinho, na atual situação sanitária brasileira "o nosso olhar está sendo comido pela urgência", pois estamos num processo de *apartheid* social devido à miséria, à violência, à aética do salve-se quem puder, que só podem retroagir negativamente sobre o bem-estar geral e individual, de todos e de cada um. Por isso, apontamos o problema da indigência como sendo o principal problema da bioética no contexto em que estamos falando, embora possa ser aplicado a inúmeras outra situações. Como lembrara na mesma ocasião Betinho (1993), a "cultura da indigência" é um fato novo no Brasil, e isso coloca, à nossa maneira de ver, a questão bioética também num contexto novo, pois o que está em jogo é a própria imagem que temos e queremos para o humano, o que, necessariamente, radicaliza o princípio de responsabilidade para com os rumos que desejamos para nós, os outros, nós como outros e nós como nós. Urgência e radicalização da responsabilidade colocam-nos num espaço-tempo do "desassossego" (Pessoa) e da *Unheimlichkeit* (Freud), em que a alternância cínica entre o "tudo bem" e o "deixa para lá" só pode revelar-se suicida, além de tola.

Permanece, no entanto, em aberto a questão antropológica fundamental, que consiste em saber se precisamos de uma "nova ética" ou se os princípios que teceram o *ethos* ao longo da história da hominização, em particular aqueles da tradição ocidental que se encarnou na tradição carismática do cristianismo, por um lado, na tradição moderna da Declaração Universal dos Direitos Humanos, por outro, podem ainda ser fonte de inspiração para o agir na atualidade que obriga à radicalização da responsabilidade. É com essa pergunta que concluímos a nossa viagem, conscientes do fato de que criamos mais perguntas que respostas, mas esta consciência só ficou clara quando o quebra-cabeça começou a ter não a forma que queríamos, mas aquela que, provavelmente, devia ter. É só isso que a nossa pesquisa sobre a ética natural pôde mostrar, mas tivemos pelo menos o consolo do poeta:

> We shall not cease from exploration
> And the end of all our exploring
> Will be to arrive where we started
> And know the place for the first time

(T. S. Elliot, *Little Gidding*).

REFERÊNCIAS BIBLIOGRÁFICAS

ABELLIO, R. 1965. *La structure absolue. Essai de phénoménogie génétique.* Paris. Gallimard.

ABRAHAM, G. e Pellegrini, C. 1991. *Ammalarsi fa bene. La malattia a difesa della salute* (1989). Milão. Feltrinelli — Universale Economica.

ABRAHAM, R. e Shaw, C. 1984. *Dynamics: The Geometry of Behaviour.* Santa Cruz (Cal.), Aerial Press.

ADORNO, T.W. 1965. *Sobre la metacrítica de la teoría del conocimiento. Estudios sobre Husserl y las antinomias fenomenológicas.* Caracas. Monte Ávila.

AGAMBEN, G. 1982. "*Se. L'Assoluto e l'Ereignis". *Aut Aut.* Milão, nºs 187-188 : 39-58.

AGAZZI, E. (org.) 1990. *Quale etica per la bioetica?* Milão. Franco Angeli.

ALBERT, H. 1968. *Traktat über kritische Vernunft.* Tübingen. Mohr Verlag. (2ª ed.)

————. 1975. *Transzendentale Träumereien, K.O. Apels Sprachspiele und sein hermeneutischen Gott.* Hamburgo. Hoffman und Camp Verlag.

AMARANTE, P. e Schramm, F.R. 1993. "Norma umana e biologia". Em Rodotà : 386-396.

ANDERS, G. 1992. *L'uomo é antiquato. La terza rivoluzione industriale.* Torino. Bollati-Boringhieri.

APEL, K.O. 1973. "Das a priori der Kommunikationsgemeinschaft und die Grundlagen der Ethik". *Transformation der Philosophie,* II, 405 ss. Frankfurt. Suhrkamp Verlag.

————. 1976. "Das Problem der philophischen Letzbegründung im Lichte einer transcendentalen Sprachpragmatik. Versuche einer Metakritik des 'kritischen Rationalismus'". Em B. Kantschneider (org.). *Sprache und Erkenntnis.* Innsbruk — Munique, pp.53-83.

————. 1979. *Die Erklären/verstehen Kontroverse in transcendental-pragmatischer Sicht.* Frankfurt. Suhrkamp Verlag.

————. 1981. "La question d'une fondation ultime de la raison". *Critique.* Paris, *413* : 895-928.

———. 1985."L'etica della responsabilità nell'era della scienza". *Il Mulino*. Bolonha, XXXIV (*297*): 47-73.

———. 1986a."Le problème phénoménologique à la lumière d'une sémiotique transcendentale". *Critique*. Paris, 464- 465 : 79-113.

———. 1986b. "La ragione possible". *Alfabeta-Supplemento*. Milão, *85* : 7-11.

ARENDT, H. 1991. *A condição humana*. Rio de Janeiro. Forense Universitária.

ARNAUD, A. e Excoffon-Lafarge. 1978. *Bataille*. Paris. Seuil.

AROUCA, S. 1993b. "Quando o paciente tem algum direito". *JCFM*. Brasília, VIII (*40*) : 5.

ASHBY, W.R. 1956. *An Introduction to Cybernetics*. Londres. Chapman and Hall Press.

ASSAD, J. E. (org.) 1993. *Desafios éticos*. Brasília. Conselho Federal de Medicina.

ATLAN, H. 1972. *L'organisation biologique et la théorie de l'information*. Paris. Hermann.

ATLAN, H. 1979. *Entre le cristal et la fumée*. Paris. Seuil.

ÁVILA, F.B.d. 1993. "Cosmogênese, antropogênese, cristogênese". *Diálogos em Ciência e Religião*. Forum de Ciência e Cultura da UFRJ. Rio de Janeiro, 1 : 1-7.

BACHELARD, G. 1985. *O novo espírito científico*. Rio de Janeiro. Tempo Brasileiro.

BADGLEY, R.F. 1992. "Salud publica: tendencias y desafios". *OPS*, pp.57-73.

BANATHY, B. 1988. "Le caratteristiche e l'acquisizione di una competenza evolutiva". Em Ceruti e Laszlo, pp. 351-72.

BARBOSA, W.d.V. 1993a. "As andorinhas e os relógios". *Diálogos em Ciência e Religião*. Forum de Ciência e Cultura da UFRJ. Rio de Janeiro, 1 : 57-68.

———. 1993b "*Tecnociência, ética e natureza ou considerações sobre o desafio dos desafios*". Rio de Janeiro (*mimeo.*).

BARILLIER, E. 1993. "Responsables à mourir". *L'Hebdo*. Lausanne, 19 : 87.

BARREAU, H. *et al.* 1991. *Le hasard aujourd'hui*. Paris. Seuil.

BARROW, J.D. 1991. *Il Mondo dentro il mondo*. Milão. Adelphi.

BARROW, J.D. e Tipler, F.J. 1986. *The Antropic Cosmological Principle*. Oxford. Oxford University Press.

BARTHOLO, R.S.Jr. 1986. *Os labirintos do silêncio. Cosmovisão e tecnologia na modernidade*. São Paulo. Marco Zero.

———. 1992. *A dor de Fausto*. São Paulo. Revan.

BARTOLLOMEI, S. 1989. *Etica e ambiente*. Milão. Guerini e Associati.

BATAILLE, G. 1933-1934. "La structure psychologique du fascisme". *La critique sociale*. Paris, *II (10)* : 159-165 e *III (11)* : 205-211.

———. 1939. "Le sacré". Paris, *Cahiers d'Art, 1-4* : 47-50.

———. 1939b. "*La gioia dinanzi alla morte*". Em Hollier (1991): 415-422.

———. 1945. *Sur Nietzche, volonté de chance*. Paris. Gallimard.

———. 1979. "La limite de l'utile". *Oeuvres Complètes*, VII. Paris, Gallimard.

———. 1991. "Il Collegio di Sociologia" (1939). Em Hollier (1991): 435-444.

BATAILLE, G. e Caillois, R. 1937."*La sociologia sacra e i rapporti tra 'società', 'organismo', 'essere'*". Em Hollier (1991): 91-105.

BATESON, G. 1972. *Steps to an Ecology of Mind*. Nova York. Ballantine Press.

———. 1979. *Mind and Nature. A Necessary Unity*. Nova York. E.P. Dutton Press (trad. "Mente e natureza. A unidade necessária". Rio de Janeiro. Francisco Alves. 1986).

BATESON, G. e Bateson, M.C. 1987. *Angels Fear. Towards an Epistemology of the Sacred*. By the Estate of Gregory Bateson and Mary Catherine Bateson. Nova York. Mac Millan.

———. 1989. *El temor de los angeles. Epistemologia de lo sagrado*. Barcelona Gedisa (tradução do original de 1987).

BATESON, G. *et al*. 1956. "Toward a Theory of Schizofrenia", *Behavioral Science, 1* : 251-264.

BAUBEROT, J. 1990. *Vers un nouveau pacte laïque*. Paris. Seuil.

BAUDRILLARD, J. 1981. "*Trasparenza*". Em Magris e Kaemper, pp.100-105.

———. 1981b. *Simulacres et simulation*. Paris. Galilée.

———. 1983. *Les stratégies fatales*. Paris. Grasset.

———. 1990 *La transparence du Mal*. Paris. Galilée.

———. 1991. *La guerre du Golfe n'a pas eu lieu*. Paris. Galilée.

BELBEOCH, B. e Belbeoch. 1993. *Tchernobyl. Une catastrophe*. Paris. Allia.

BEHNCKE, R. C. 1990. "Al pié del árbol". Em Maturana e Varela, pp.9-28.

BELL, D. 1976. *The coming of post-industrial Society* (1973). Nova York. Basic Books (trad. H.d.L. Dantas "O advento da sociedade pós-industrial. Uma tentativa de previsão social". São Paulo. Cultrix. 1977).

BÉJIN, A. 1976. "Crises des valeurs, crises des mesures". *Communications*. Paris, *25* : 39-72.

BÉJIN, A. e Morin,E. 1976. "Introduction". *Communications*. Paris, *25* : 1-3.

BERLINGUER, G. 1993a. *Questões de vida. Ética, ciência, saúde*. Salvador— São Paulo — Londrina. APCE —Hucitec— Cebes.

————. 1993b "Per un'etica della salute". Roma (*mimeo.*).

BERLINGUER, G. e Garrafa, V. 1993. "La merce uomo". *MicroMega*. Roma, *1* : 217-234.

BERTALANFFY, L. v. 1968. *General System Theory: Foundation, Development, Applications*. Nova York. Braziller Press.

BERTALANFFY, L. v. e Rapoport, A. (orgs.). 1956 *General Systems*. Bedford (Mass.), Society for General Systems Research. (1956 ss.)

BERTI, E. 1991. "L'Etica alla Ricerca della Persona". *Il Mulino*. Bolonha, *336* : 579-588.

BETINHO (Herbert de Souza). 1993. "Prioridades sociais e qualidade de vida" (mesa–redonda do 26-05-1993). Rio de Janeiro. ENSP–FIOCRUZ.

————. 1993b. "Ação e reação contra a miséria". *Jornal do Brasil*. Rio de Janeiro, 22/4/93.

BIRMAN, J. 1991a. "A physis da saúde coletiva". *Physis*. Rio de Janeiro, *1* (1) : 7-11.

————. 1991b. "Interpretação e representação na saúde coletiva". *Physis*. Rio de Janeiro, *1* (2) : 7-22.

BOCCHI, G. *et al* 1991. *L'Europa nell'era planetaria*. Milão. Sperling e Kupfer.

BOCCHI, G. e Ceruti, M. 1981. *Disordine e costruzione. Un' interpretazione epistemologica dell'opera di Jean Piaget*. Milão. Feltrinelli.

————. (org.) 1985. *La sfida della complessità*. Milão. Feltrinelli.

BOHM, D. 1980. "L'imagination et l'ordre impliqué". Em Cazenave, pp.451-454.

BOHR, N. 1918. "On the quantum theorie of line-spectra". *Kongelige Danska Videnskabernes Selskabs Skrifter, Naturvidenskabelik og Mathematisk Afdeling*. Copenhague, VIII, (4) : 1-36.

BOLAFFI, A. 1990. "Mai più responsabili. Intervista a Hans Jonas". *L'Espresso*. Milão, 28-01-1990, pp.104-106.

BOLK, L. 1926. "On the problem of antropogenesis." *Proc. Section Sciences Kon. Akad. Wetens*. Amsterdam, 29 : 465-475.

BONDOLFI, A. 1989. *Malattia, eutanasia e morte nella discussione contemporanea*. Bolonha. Dehoniane.

————. 1992. *Primum non nocere. Studi di etica biomedica*. Comano. Alice.

BONDOLFI, A. *et al.* 1992. *Etica e trapianti. Ethique et transplantation. Ethik und Transplantationsmedizin*. Comano. Alice.

BOULDING, K.E. 1956. "Toward a general Theory of Growth". *General Systems*. Bedford (Mass.), *I* : 66-75.

————. 1962. *Conflict and Defense. A General Theorie*. Nova York. Harper and Row Press.

BOURDIEU, P. 1978. *De la distinction*. Paris. Minuit.

BOURGUIGNON, A. 1990. *História natural do homen. 1. O homen imprevisto.* Rio de Janeiro. Jorge Zahar.

BRADLEY, R. e Duguid, S. (org.) 1989. *Environmental Ethics. II*. Burnaby (Can.). Simon Frazer University Press.

BROWN, L.O. (org.). 1991. *Qualidade de vida 1991. Salve o planeta!* São Paulo. Globo.

BRUNDTLAND, G.H.(org.). 1991. *Nosso futuro comum*. Rio de Janeiro. Fundação Getúlio Vargas.

BUBER, M. 1974. *Eu e tu*. São Paulo. Morães.

————. 1977. *Do diálogo e do dialógico*. São Paulo. Perspectiva.

BURTT, E.A. 1991. *As bases metafísicas da ciência moderna*. Brasília. Editora Universidade de Brasília.

BUSINO, G. 1982. "Società", *Enciclopedia* (1977-1984), 15 : 590-599. Torino. Einaudi.

BUSS, P.M. 1992. "Apresentação". Em Leal (1992a) :15-29.

————. 1993. "Ética e ambiente". Em Assad: 68-82.

CAILLOIS, R. 1939. *L'homme et le sacré*. Paris. Gallimard.

CALLIGARIS, C. 1991. "A sedução totalitária". Em Aragão *et al. Clínica do social*. S. Paulo. Escuta, pp.107- 118.

CAMPOS, G.W. 1991. *A saúde pública e a defesa da vida*. São Paulo. Hucitec.

CANGUILHEM, G. 1966. *Le normal et le pathologique*. Paris. Presses Universitaires de France.

————. 1978. *O normal e o patológico*. Rio de Janeiro. Forense Universitária.

CAPRA, F. 1974. *The Tao of Physics*. Berkeley. Schambhala Press.

————. 1979. "Quarck physics without quarks : A review of recent developments in S. matrix theory". *American Journal of Physics*, *47* (1974), 11 ss.

————. F. 1982. *The Turning Point*. Nova York. Simon and Schuster Press.

————. 1988. *Uncommon Wisdom. Conversations with remarkable people*. Nova York. Simon and Schuster Press.

CARDOSO DE MELO, J.A. 1991. "Apresentação". Em Campos: 9-10.

————. (org.) 1993. *Educação, razão e paixão*. Rio de Janeiro. Panorama/ENSP.

CARDOSO DE MELO, J.A. e Schramm, F.R. 1993. *Educação, razão e paixão*. Em Cardoso de Melo: 19-26.

CARNEIRO LEÃO, E. 1989. "Metafísica e pensamento", *Revista Filosófica Brasileira*. Rio de Janeiro, IV (*4*) : 13-20.

————. E. 1991. "Para uma crítica da interdisciplinaridade". Rio de Janeiro (mimeo.).

————. 1992."A ética do desenvolvimento". Em Leal (1992a): I, 217-232.

CASATI, G. (org.) 1991. *Il caos. Le leggi del disordine*. Milão. Le Scienze S.p.A.

CASTIGNONE, S. (org.). 1985. *I diritti degli animali*. Bolonha. Il Mulino.

CASTORIADIS, C. 1978. *Les carrefours du labyrinthe*. Paris. Seuil.

————. 1987. *As encruzilhadas do labirinto 2. Os domínios do Homen*. Rio de Janeiro. Paz e Terra.

————. 1988. "*Physis* e autonomia". Em Ceruti e Laszlo: 42-50.

————. 1990. *Le monde morcelé. Carrefours du labirynthe III*. Paris. Seuil.

CASULLO, N. (org.). 1989. *El debate modernidad — pos modernidad*. Buenos Aires. Ponto Sur. (2ª ed.)

CAZENAVE, M. (org.) 1980. *Science et conscience. Les deux lectures de l'Univers*. Paris. Stock.

————. 1987. "Unidades e diferenças". Em Monchicourt: 11-27 e 35.

————. 1990. *La science et l'âme du monde*. La Varenne-Saint-Hilaire. Seveyrat.

CEBES (Centro Brasileiro de Estudos de Saúde). 1992. "Ética, democracia e saúde". *Saúde em Debate*, 36.

CERI, P. (org.) 1987. *Ecologia politica*. Milão. Feltrinelli.

CERUTI, M. 1985b. "La costruzione del soggetto e il soggetto della costruzione: per una teoria dell'osservatore". Em Ceruti *et al.* : 77-94.

————. 1987. "Per una storia naturale della conoscenza". Em Maturana e Varela : 7-27.

————. 1988. "Autonomia e ecologia: un nuovo modo di conoscere". Em Thompson : 7-26.

———. 1989. *Il vincolo e la possibilità*. Milão. Feltrinelli. (2ª ed.)

———. 1989b. *La danza che crea. Evoluzione e cognizione nell'epistemologia genetica*. Milão. Feltrinelli.

———. (org.) 1992. *Evoluzione e conoscenza. L'epistemologia genetica di Jean Piaget e le prospettive del costruttivismo*. Bergamo. P. Lubrina.

CERUTI, M. e Laszlo, E. (org.) 1988. *Physis: abitare la terra*. Milão. Feltrinelli.

CERUTI, M. *et al.* 1985. *Dopo Piaget. Aspetti teorici e prospettive per l'educazione*. Roma. Lavoro.

CFM. 1993. *Bioética*. Brasília. Conselho Federal de Medicina, I (1).

CHEW, G. 1968. "Bootstrap: a scientific idea?. *Science*, CLXI (23-05-1968): 762-765.

———. 1970. "Hadron Boothstrap: Triumph or Frustration ?". *Physics Today*, XXIII (outubro 1970): 23-28.

COCCIMIGLIO, A. *et al.* 1985. "Intervista a Bärbel Inhelder". Em Ceruti, M. *et al.*: 95-103.

COLLI, G. 1980. *La sapienza greca III. Eraclito*. Milão. Adelphi.

Communications. 1976. "La notion de crise". Paris. Seuil.

COSTA, J.F. 1993. "A crueldade e a ética". Rio de Janeiro. *Jornal do Brasil* (5/7/93)

COSTA, N.R. 1992. "Política e projeto acadêmico: notas sobre a gênese do campo da saúde coletiva". Rio de Janeiro. *Cadernos de História e Saúde*, 2 : 125-136. Fundação Oswaldo Cruz.

CRESPI, F. 1989. "Modernidad: la etica de una edad sin certezas". Em Casullo: 229-238.

DAL LAGO, A. 1983. "*L'etica della debolezza. Simone Weil e il nichilismo*". Em Vattimo e Rovatti : 91-119.

———. 1989. "Gli equivoci della ragion pratica". Em Dal Lago e Rovatti : 23-47.

DAL LAGO, A. e Rovatti, P.A. 1989. *Elogio del pudore per un pensiero debole*. Milão. Feltrinelli.

DAVIES, P. 1982. *The acidental Universe*. Cambridge. Cambridge University Press.

DEBRAY, R. 1993. *L'État séducteur*. Paris. Gallimard.

DE CAROLIS, M. 1982. "Destino e grammatica. Il rapporto fra il linguaggio e la morte nel pensiero di Heidegger". Milão. *Aut Aut*, 187-188: 59-101.

DELL, P.F. 1985. "Understanding Bateson and Maturana: Toward a Biological Foundation for the social Sciences". Washington DC. *Journal of Marital and Family Therapy, 1*: 1-20.

DERRIDA, J. 1967. *De la grammatologie*. Paris. Minuit.

———. 1983. *D'un ton apocaliptique adopté naguère en philosophie*. Paris. Galilée.

———. 1993. *Spectres de Marx. L'État de la dette, le travail du deuil et la nouvelle Internationale*. Paris. Galilée.

DELACAMPAGNE, C. (org.) 1990. *Filosofias. Entrevistas do Le Monde*. São Paulo. Ática.

DESCAMPS, C. (org.) 1989. *Idéias Contemporâneas. Entrevistas do Le Monde*. São Paulo. Ática.

———. 1990. "Jacques Derrida". Em Delacampagne: 71-82.

DESCARTES, R. 1985. *Meditações sobre a filosofia primeira*. Coimbra. Livraria Almedina.

DEWEY, J. 1922. *Human Nature and Conduct. An Introduction to Social Psychology*. Londres. Allen e Unwin Press.

DICKE, R.H. 1961. "Mach's Principle and Equivalence". *Rendiconti del XX corso della Scuola Internazionale di Fisica 'Enrico Fermi'*. Nova York. Academic Press, 1962.

DIELS, H. e Kranz, W. 1975. *I presocratici: Testimonianze e frammenti*. Roma-Bari. Laterza (2 v.).

DILTHEY, W. 1883. *Einleitung in die Geisteswissenschaften*. Leipzig. Dunker und Humblot Verlag.

DI MEO, A. e Mancina, C. (org.) 1989. *Bioetica*. Roma-Bari. Laterza.

DUBUISSON, D. 1993. *Mythologies du XXe siècle. Dumézil, Lévi-Strauss, Eliade*. Lille. Presses Universitaires de Lille.

DUCROT, O. e Todorov, T. 1972. *Dictionnaire encyclopédique des sciences du langage*. Paris. Seuil.

DULBECCO, R. 1989. *Il progetto della Vita*. Milão. Mondadori.

DUMOUCHEL, P. e Dupuy, J-P. 1979. *L'enfer des choses. René Girard et la logique de l'economie*. Paris. Seuil.

———. (org.) 1983. *L'autoorganisation. De la physique au politique*. Paris. Seuil.

DUPUY, J-P. 1979. "Le refus du monde". Paris. *Esprit, 28* : 55-57.

———. 1980. *Introdução à crítica da ecologia política*. Rio de Janeiro. Civilização Brasileira.

————.1986. *Ordini e disordini*. Florença. Hopefulmonster.

DURKHEIM, E. 1893. *La division du travail social*. Paris. Alcan.

————. E. 1895. *Les règles de la méthode sociologique*. Paris. Alcan.

————. 1925. *Les formes élémentaires de la vie religieuse*. Paris. Alcan. (2ª ed.)

————. 1982. *O suicídio. Estudo sociológico*. Rio de Janeiro. Zahar.

EIGEN, M. e Schuster, P. 1979. *The Hypercycle. A Principle of Natural Self-Organization*. Berlin-Heidelberg-Nova York. Springer Verlag.

EINSENBERG, L. 1974. "Ethique et Sciences de l'homme". Em Morin e Piattelli-Palmarini : 790-805.

EINSTEIN, A. 1916. "Die Grundlage der allgemeine Relativitästheorie". *Annalen der Physik*, XLIX: 769-822.

ELIADE, M. 1987. *Le sacré et le profane*. Paris. Gallimard—Folio.

ELLUL, J. 1983. "Recherche pour une éthique dans une société technicienne". *Ethique et technique*. Bruxelas. Annales de l'Institut de Philosophie e de Sciences Morales de l'Université de Bruxelles.

ENGELHARDT, H.T.Jr. 1986. *The Foundations of Bioethics*. Nova York. Oxford University Press.

ESPOSITO, R. 1988. *Le categorie dell'impolítico*. Bolonha. Il Mulino.

FERRARIS, M. 1983. "Invecchiamento della 'scuola del sospetto'". Em Vattimo e Rovati : 120-136.

FERREIRA, J.R. 1992. "La crisis". *OPS* : 233-236.

FETSCHER, I. 1981. "Il nichilismo". Em Magris e Kaemper : 13-28.

FOERSTER, H. v. (org.) 1971. *Interpersonal Relational Networks*. CIDOC Cuaderno nº 1014. Cuernavaca. Centro Intercultural de Documentacion.

————. 1974. "Notes pour une epistémologie des êtres vivants". Em Morin e Piattelli-Palmarini :401-416.

————. 1982. *Observing Systems*. Seaside (Cal.). Inter Systems Publishing.

————. 1986. "Seminario sulla costruzione della realtà". Pádua, *apud* Telfner (1986).

————. 1987. *Sistemi che osservano*. Roma. Ubaldini.

————. 1992. "La percezione della quarta dimensione spaziale". Em Ceruti : 443-458.

FOUCAULT, M. 1963. *Naissance de la clinique*. Paris. Presses Universitaires de France.

————. 1975. *Surveiller et punir*. Paris. Gallimard.

————. 1979. *Microfísica do poder*. Rio de Janeiro. Graal.

FRANCO, S.A. (org.). 1991. *Debates em Medicina Social*. Quito. OPS-Alames.

FRANCO, S.A. e Nunes, E.D. 1991. "Presentación". Em Franco : 7-16.

FRANKENA, W. K. 1973. *Ethics*. Englewood Cliffs (N.J.). Prentice Hall .

FREITAG, B. 1989. "O conflito moral". Rio de Janeiro, *Jürgen Habermas: 60 anos. Rev. Tempo Brasileiro*, 98 (jul.-set.): 79-124.

FRENK, J. 1992. "La nueva salud publica". *OPS* : 75-93.

FREUD, S. 1948a. "Die Traumdeutung". *Gesammelte Werke* (*G.W.*), 2-3 : 1-642. Frankfurt. S. Fischer Verlag.

————. 1948b. "Das Unbehagen in der Kultur". *G. W.*, 14: 421-506.

————. 1948c. "Die Zukunft einer Illusion". *G. W.*, 14 : 325-80.

FUKUYAMA, F. 1992. *O fim da História e o último homem*. Rio de Janeiro. Rocco.

GACHET, M. 1989. *La révolution des droits de l'homme*. Paris. Gallimard.

GADAMER, H. G. 1983. *Verità e Metodo*. Milão. Bompiani.

GALE, G. 1982. "Universo e osservatori", *Le Scienze-Scientific American*, 162, *apud* Prattico (1989): 41.

GALLO, E. 1992. "Crise teórica e crise política: impactos na saúde coletiva". Rio de Janeiro, *Cadernos de História e Saúde*, 2 : 137-141. Fundação Oswaldo Cruz.

GARCIA, R. 1991. "*La investigación interdisciplinaria de sistemas complejos*". México. Proyecto UNESCO-UNAM (mimeo.).

GARGANI, A. (org). 1979. *Crisi della ragione. Nuovi modelli nel rapporto tra sapere e attività umane*. Torino. Einaudi.

GARRAFA, V. 1993a. "O mercado de estruturas humanas" ("A soft human market"), *Bioética*, *1*(2):115-23.

————. 1993b. "Respostas éticas ao mercado humano. Doações, pesquisa e prevenção". Brasília (mimeo.).

GEHLEN, A. 1984. *Moral e hipermoral*. Rio de Janeiro. Tempo Brasileiro.

GHETTI, V. (org.). 1991. *Etica nella ricerca biomedica*. Milão. Franco Angeli.

GINZBURG, C. 1979. "Spie. Radici di un paradigma indiziario". Em Gargani: 57-106.

GIRARD, R. 1972. *La violence et le sacré*. Paris. Grasset.

————. 1978. *Des choses cachées depuis la fondation du monde*. Paris. Grasset.

————. 1982. *Le bouc émissaire*. Paris. Grasset.

GLANSDORFF, P. e Pigogine, I. 1971. *Thermodynamic Theorie of Structure, Stability and Fluctuations*. Nova York. Wiley Publ.

GLASERFELD, E.V. 1988. "Introduzione al costruttivismo radicale". Em Watzlawick : 17-36.

————. 1992. "Aspetti del costruttivismo. Vico, Berkeley, Piaget". Em Ceruti: 421-431.

GLEICK, J. 1989. *Caos. A construção de uma nova ciência*. Lisboa. Gradiva.

GÖDEL, K. 1931. "Über formale unentscheidbare Sätze der Principia Mathematica und verwandter Systeme". *Monatshefte für Mathematik und Physik. 37* : 349-360.

GOULD, S. J. 1987. *Time's Arrow, Time's Cycle. Myth and Metaphor in the Discovery of Geological Time*. Cambridge (Mass.)-Londres. Harvard University Press.

GRONDIN, J. 1986. "Rationalité et agir communicationnel chez Habermas", *Critique*. 464-465 : 40-59.

GROSSI, E e Bordin, J (org.). 1983. *Construtivismo pós-piagetiano*. Petrópolis. Vozes.

GUATTARI, F. 1990. *As três ecologias*. Campinas. Papyrus.

————. 1990b. "Reinventar a Política", *Folha de São Paulo* de 19-08-1990.

————. 1992. *Caosmose. Um novo paradigma estético*. Rio de Janeiro. 34.

GUILLERMIT, L. 1979. "Emmanuel Kant et la philosophie critique". Em Châtelet, F. *La Philosophie*, t. 3. De Kant à Husserl. Verviers, Les Nouvelles Éditions Marabout, pp. 11-60.

GUITTON, J. 1992. *Deus e a ciência, em direção ao metarrealismo*. Rio de Janeiro. Nova Fronteira.

GÜNTHER, G. 1957. *Das Bewusstsein der Maschinen*. Krefeld. Agis Verlag.

GUSDORF, G. 1977. "Passé, présent, avenir de la recherche interdisciplinaire". Paris. *Revue internationale des sciences sociales*. XXIX : 627-648.

HABERMAS, J. 1968. *Erkenntnis und Interesse*. Frankfurt. Suhrkamp.

————. 1980. "Die Moderne: ein unvollendetes Projekt". Frankfurt, *Die Zeit*, 39.[Agora in : *Kleine Politische Schriften I-IV*. Frankfurt. Suhrkamp. 1981: 444-464.

————. 1984a. *Vorstudien und Ergänzugen zur Theorie des Kommunicativen Handelns*. Frankfurt ain. Suhrkamp.

————. 1984b. *Mudança estrutural da esfera pública*. Rio de Janeiro. Tempo Brasileiro.

————. 1985. *Die Neue Unübersichtlicheit*. Frankfurt. Suhrkamp.

————. 1986a. *Teoria dell'agire comunicativo*. Bolonha. Il Mulino. (2 vol.) [orig. alemão: "Theorie des kommunikativen Handelns". 2t. 534 e 641 pp. Frankfurt. Suhrkamp. 1981].

————. 1986b. "Moralität und Sittlichkeit. Treffen Hegels Einwand gegen die Diskursethik zu ?". Em Kuhlmann, W. (org.). *Moralität und Sittlichkeit. Das problem Hegels und die Diskursethik*. Frankfurt Suhrkamp. *Apud* Freitag (1989).

————. 1988. *Il discorso filosofico della modernità*. Roma-Bari. Laterza.

————. 1989a "Jürgen Habermas fala a Tempo Brasileiro. Entrevista por Barbara Freitag". Rio de Janeiro. *Tempo Brasileiro*, 98 : 5-21.

————. 1989b. *Consciência moral e agir comunicativo*. Rio de Janeiro. Tempo Brasileiro.

————. 1989c. "A unidade da razão na multiplicidade de suas vozes". Rio de Janeiro. *Revista Filosófica Brasileira*, IV (4) : 53-81. UFRJ.

————. 1989d. "Motivos do pensamento pós-metafísico." Rio de Janeiro. *Revista Filosófica Brasileira*, IV (4) : 25-47.

————. 1990. *Pensamento pós-metafísico*. Rio de Janeiro. Tempo Brasileiro.

————. 1992. *Dopo l'utopia. Il pensiero critico e il mondo di oggi*. Veneza. Marsilio.

Haken, H. 1977. *Synergetics: An Introduction*. Heidelberg. Springer Verlag.

————. 1983. *Sinergetica: il segreto del successo della natura*. Torino. Bollati-Boringhieri.

————. 1985. "Synergetics An Interdisciplinary Approach to Phenomena of Self-Organization", *Geoform*. *16* : 205.

HAWKING, S. 1988. *A Brief History of Time*. Nova York. Bantam Books.

HEGEL, G.W.F. 1807. *Phänomenologie des Geistes*. Bambere Würzburg. Gebhardt.

HEIDEGGER, M. 1927. *Sein und Zeit*. Tübingen. Max Niemeyer Verlag. (trad. italiana P. Chiodi "Essere e tempo". Milão. Longanesi. 1976.)

————. 1950. *Holzwege*. Frankfurt. V. Klostermann Verlag.

————. 1952. *Einführung in die Metaphysik*. Tübingen. Max Niemeyer Verlag.

————. 1957. *Der Satz von Grund*. Pfulligen. Neske Verlag (trad. francesa Préau "Le principe de raison". Paris. Gallimard. 1962).

————. 1961. *Nietzsche*. Pfullingen. Neske Verlag.

————. 1962. "*Zeit und sein*": *Zur sache des Denkens* : 2-25. Tübingen. Max Niemeyer Verlag. 1969

————. 1976. "Nur noch ein Gott Kann uns helfen". *Der Spiegel* (31-05-1976) : 193-219.

————. 1979. *Conferências e escritos filosóficos*. São Paulo. Abril Cultural.

————. 1990."Die Frage nach der Technik". *Vorträge und Aufsätze* : 9-41. Pfullingen. Günther Neske Verlag. (6ª ed.)

HEISENBERG, W. 1930. *Die physikalischen Prinzipien der Quantentheorie*. Leipzig. Hirzel Verlag.

HENRICH, O. 1981. "Interprétation de la vie pour l'avenir". Paris. *Critique*, *413* : 970-994.

HERDER, J.G. 1784. *Ideen zur Philosophie der Geschichte der Menschheit*. Riga und Leipzig. Hartknoch. 1791.

HINTIKKA, J. 1985. *Knowledge and the known*. Dordrecht. Reidel.

HÖFFE, O. 1983. *Immanuel Kant*. Munique. C.H. Beck Verlag.

HÖLDERLIN, F. 1943. *Sämtliche Werke*. Stuttgart. Grosse Stuttgarter Ausgabe. 1943 ss.

HOLLIER, D. 1991 *Il collegio di sociologia 1937-1939*. Torino. Bollati-Boringhieri.

HOLTON, G. 1973. *Thematic Origins of Scientific Thought*. Cambridge (Mass). Harvard University Press.

————. 1985. *La imaginación científica*. México. Fondo de Cultura Económica.

HOTTOIS, G. 1990. *Le paradigme bioéthique. Une éthique pour la tecnoscience*. Bruxelas. De Boeck.

HUSSERL, E. 1913. *Ideen zu einer reinen Phänomenologie und phänomenologischen Philosophie*. Halle. Niemeyer Verlag.

————. 1947. *Méditations cartésiennes*. Paris. Vrin.

————. 1950. *Idées directrices pour une phénomenologie*. Paris. Gallimard.

————. 1959. *Die Krisis der europäischen Wissenschaften und die transcendentalen Phänomenologie*. Den Haag. Nijhoff.

ILLICH, I. 1975. *Nemesis médicale, l'expropriation de la santé*. Paris. Seuil.

ISAMBERT, F-A. e Terrenoire, G. 1987. *Ethique des sciences de la vie et santé*. Paris. La Documentation française.

JACQUARD, A. 1987. *A herança da liberdade. Da animalidade à humanitude*. Lisboa. Dom Quixote.

JANTSCH, E. 1980. *The Self-Organizing Universe. Scientific and Human Implications of the Emerging Paradigm of Evolution*. Oxford. Pergamon Press.

JANKELEVITCH, V. 1980. *Le Je-ne-sais-quoi et le Presque rien*. Paris. Seuil.

————. 1981. *Le paradoxe de la morale*. Paris. Seuil.

————. 1986. *Traité des vertus*. Paris. Bordas.

JAPIASSU, H. 1976. *Interdisciplinaridade e patologia dos saberes*. Rio de Janeiro. Imago.

JAUSS, H.R. 1978. *Pour une esthétique de la réception*. Paris. Gallimard.

JONAS, H. 1974. *Philosophical Essays. From Ancient Creed to Technological Man*. Chicago. The University of Chicago Press.

————. 1979. *Das Prinzip Verantwortung. Versuch einer Ethik für die technologische Zivilisation*. Frankfurt. Insel Verlag.

————. 1987a. *Technik, Medizin und Ethik. Praxis des Prinzips Verantwortung*. Frankfurt. Suhrkamp

————. 1987b. *Wissenschaft als persöhliches Erlebnis*. Göttingen. Vandenhoeck e Ruprecht.

————. 1991. "Dalla filosofia alla scienza", *Lettera Internazionale, 30* : 60-70.

————. 1991b. *Il concetto di Dio dopo Auschwitz. Una voce ebraica*. Gênova. Il Melangolo.

JORNAL DO BRASIL, 1993. "Ao sul do Rio Grande" (editorial). 14-06-93

JÜNGER, E. 1993. "Esta é a era dos titãs. Entrevista a Le Monde". *Folha de S. Paulo* (11-7-1993) : 6.13.

KANT, I. 1785. *Grudlegung zur Metaphysik der Sitten*. Riga. Hartknoch.

————. 1787b. *Kritik der praktischen Vernunft*. Riga. Hartknock.

————. 1989. *Crítica da razão pura (1787)*. Lisboa. Calouste Gulbenkian (2ª ed.).

————. 1956. *Scritti politici e di filosofia* della storia e del diritto. Torino. UTET.

————. 1991. *Lezioni di etica*. Roma-Bari. Laterza. (2ª ed.) (orig. "Eine Vorlesung Kants über Ethik". Im Auftrage der Kantgesellschaft, herausgegeben von Paul Menzer. Berlim. Pan Verlag Rolf Heise. 1921).

————. 1992. *Crítica da faculdade do juízo*. Rio de Janeiro. Forense Universitária.

KATCHALSKI, A. e Curran, P. F. (org.) 1965. *Nonequilibrium Thermodynamics in Biophysics*. Cambridge (Mass.). Harvard University Press.

KEARNEY, R. 1979. "Terrorisme et sacrifice. Le cas de l'Irlande du Nord". Paris. *Esprit, 28* : 29-44.

KENNEDY, P. 1993. *Preparando para o futuro.* São Paulo. Campus.

KIEFFER, G.H. 1979. *Bioethics. A Textbook of Issues.* Menlo Park-Londres-Amsterdam. Addison Wesley Publ. Comp. Reading.

KLIR,G.J. (org.) 1972. *Trends in General System Theory.* Nova York. Wiley.

KOESTLER, A. 1980. *Il principio di Giano.* Milão. Comunità.

KOHLBERG, L. 1969. *Stages in the development of moral thought and action. Apud* Montesano (1985).

————. 1971. "From Is To OughtT". Em Mischel, T. (ed.). *Cognitive Development and Epistemology. Apud* Habermas (1989b).

————. 1973. " The Claim to Moral Adequacy of Highest Stage of Moral Judgement". *Journal of Philosophy,* 70

————. 1974. "Il bambino come filosofo morale". *Psicologia contemporanea, 3* : 11-16.

————. 1981-1985. *Essays on Moral Development.* São Francisco. Harper and Row Publishers (3 v.).

————. 1983. *Moral stages. A current formulation and a response to critics.* Basiléia-Munique-Paris-Sidney. S.Karger.

KOJEVE, A. 1947. *Introduction à la lecture de Hegel.* Paris. Gallimard.

KORTIAN, G. 1979. *Métacritique.* Paris. Minuit.

————. 1981. "De quel droit ?". Paris, *Critique,* 413 : 1131-1144.

KOVALIK, T. 1978. "Crisi", *Enciclopedia* (1977-1984), 4 : 128-179. Torino. Einaudi.

KUHN, T. S. 1962. *The structure of scientific revolution.* Chicago. The Chicago University Press.

KÜNG, H. 1992. *Projeto de ética mundial. Uma moral ecumênica em vista da sobrevivência humana.* São Paulo. Ed. Paulinas.

KUTSCHERA, F. v. 1991. *Fondamenti dell'etica.* Milão. Franco Angeli.

LACAN, J. 1966. *Écrits.* Paris. Seuil.

————. 1974. *Télévision.* Paris. Seuil.

————. 1975. *Le Séminaire XX. Encore.* Paris. Seuil.

LADUSÃNS, S. (org.) 1990. *Questões atuais de bioética.* São Paulo. Loyola.

LALANDE, A. 1972. *Vocabulaire technique et critique de la philosophie.* Paris. Presses Universitaires de France (11ª ed.).

LASZLO, E. 1972. *Introduction to Systems Philosophy: toward a New Paradigm of Contemporary Thought.* Nova York. Gordon and Breach.

————. 1986. *Evoluzione*. Milão. Feltrinelli.

————. 1990. *I limiti della natura humana*. Milão. Feltrinelli.

LEAL, M.C. *et al.* (org.) 1992a. *Saúde, ambiente e desenvolvimento.* São Paulo-Rio de Janeiro. Hucitec—Abrasco (2 v.).

————. 1992b. *A ética do desenvolvimento e as relações com saúde e ambiente*. Rio de Janeiro. Fundação Oswaldo Cruz.

LEBRUN, G. 1993. *Sobre Kant.* São Paulo. Editora da Universidade de São Paulo: Iluminuras.

LEIBNIZ, W.G. 1714. "Principes de la Nature et de la Grâce". *Philosophische Schriften* (7 v.). Berlim. Gebhardt. (1875-1890). Vol. IV.

LENK, H. 1970. "Philosophische Logikbegründung und rationaler Kriticismus", *Zeitschrift für philosophische Forschung*, 24.

LENOIR, N. e Sturlese, B. 1991. *Aux frontières de la vie: une éthique biomédicale à la française*. Paris. La Documentation Française.

LE ROY LADURIE, E. 1976. "La crise et l'historien". Paris. *Communications, 25* : 19-33.

LEVINAS, E. 1974. *Autrement qu'être ou au-delà de l'essence.* La Haye: Nijhoff.

————. 1978. "La pensée de l'être et la question de l' autre". *Critique. 369* : 187-197.

————. 1982. *Éthique et Infini*. Paris. Fayard.

LEVY, S. 1992. "Ética e etocracia". *Saúde em Debate, 36* : 94.

LIPOVETSKY, G. 1992. *Le crépuscule du devoir. L'éthique indolore des nouveaux temps démocratiques*. Paris. Gallimard.

LORENZ, K. 1963. *Das sogenannte Böse. Zur Naturgeschichte der Aggression.* Wien. Borotha-Schoeler.

————. 1974. *Die acht Todsünden der zivilisierten Menschheit.* Munique. R. Piper Verlag.

LOVELOCK, J. 1979. *Gaia. A New Look at Life on Earth.* Oxford. Oxford University Press.

————. 1988. *The Ages of Gaia: a Biography of our Living Earth.* The Commonwealth Fund Book Program (trad. B. Sidou "As eras de gaia:a biografia da nossa Terra viva". São Paulo. Campus. 1991).

LUHMANN, N. 1972. *Rechtssoziologie*. Hamburgo. Rowohlt.

————. 1981. Politische Theorie im Wohlfahrstaat. Munique Piper Verlag.

————. 1990. *Sistemi Sociali. Fondamenti di una teoria generale.* Bolonha. Il Mulino.

————. 1986. *Ökologische Kommunikation. Kann die moderne Gesellschaft sich auf ökologische Gefährdungen einstellen?* Opladen. Westdeutscher Verlag. (trad. it. "Comunicazione ecologica. Può la società moderna adattarsi alle minacce ecologiche ?". Milão. Franco Angeli. 1989.)

LYOTARD, J-F. 1979. *La condition postmoderne*: rapport sur le *savoir*. Paris. Minuit.

————. 1983. *Le différend*. Paris. Minuit.

————. 1985. "Histoires culturelles et différences culturelles". *Critique, 456* : 559-568.

LYOTARD, J-F. e Rorty, R. 1985. "Discussion". Paris. *Critique, 456* : 581-584.

MACEDO, C.G. 1992. "El contexto". *OPS* : 237-243.

MACHADO, A. 1983. "Provérbios e cantares". *Poesias completas*. Madri. Espasa-Calpe.

MACHIAVELLI, N. 1977. *Il Principe* (1513). Torino. Einaudi.

MAGRIS, C. e Kaemper, W. (org.) 1981. *Problemi del nichilismo*. Milão. Shakespeare and Company.

MALACRIDA, R. *et al.* (org.) 1992. *Verso una società indolore? Le aporie del dolore contemporaneo*. Comano. Alice.

MALDONADO, T. 1992. *Reale e virtuale*. Milão. Feltrinelli.

MALHERBE, J-F. 1989. *Per un'etica della medicina*. Milão. Paoline.

MANN, T. 1918. *Betrachtungen eines Unpolitischen*. Berlim. Fischer Verlag.

MARCUSE, H. 1964. *One-Dimensional Man. Studies in the Ideology of Advanced Industrial Society*. Boston. Beacon Press.

MARQUARD, O. 1964. "Hegel und das Sollen", *Philosophisches Jahrbuch*, 71 : 110-16.

MARTIGNONI, G. 1993. "Alice, dieci anni". Em Romeo, L. (org.). *Viaggiatori del tempo. Droga e lavoro sociale* : 21-26. Comano. Alice.

MARX, K. e Engels, F. 1932. "Die deutsche Ideologie" (1845-46). *Historisch-Kritische Gesamtausgabe*. Frankfurt-Berlim-Moscou. Marx-Engels-Lenin Institut.

MATURANA, H. 1993. "'O motor do conhecimento é a paixão'. Entrevista de Ivana Bentes", *Caderno Idéias/Livros. Jornal do Brasil. 365* : 132.

MATURANA, H. e Varela, F. 1973. *De Maquinas y Seres Vivos*. Santiago do Chile. Editorial Universitaria.

————. 1980. *Autopoiesis and Cognition. The Realization of the Living.* Boston. Reidel.

————. 1987. *L'albero della conoscenza. Un nuovo meccanismo per spiegare le radici biologiche della conoscenza umana.* Milão. Garzanti.

————. 1990. *El árbol del conocimiento. Las bases biológicas del entendimiento humano.* Santiago do Chile. Universitaria. (7ª ed.)

MAUSS, M. 1923-4. "Essai sur le don. Forme et raison de l'échange dans les sociétés archaïques", *L'année sociologique*, 2, I.

MAYR, E. 1988. *Toward a* Nova *Philosophy of Biology. Observations of an Evolutionist.* Cambridge (Mass.). Harvard University Press.

MC PHEE, J. 1980. *Basin and Range.* Nova York. Farrar, Straus e Giroux Publ.

MEADOWS, W.T. 1972. *The Limits of Growth.* Nova York. New American Library.

MEINECKE, F. 1924. *Die Idee der Staatsrason in der neureren Geschichte.* Munique-Berlim. Oldenbourg Verlag.

MENEZES, P. 1991. "Ética e cultura". *Síntese Nova Fase. 55* : 559-575.

MERCHANT, C. 1980. *The Death of Nature. Women, Ecology and the Scientific Revolution.* Nova York. Harper e Row.

MERTON, R.K. 1968. *Social Theory and Social Structure* (edição ampliada). Nova York. The Free Press.

MEYER-ABICH, K.M. 1984. *Wege zum Frieden mit der Natur. Praktische Naturphilosophie für die Umweltpolitik.* Munique. C. Hanser Verlag.

MICHAELLIS, C. 1993. "Vamos ressuscitar a integridade. Entrevista a Peter Eigen", *Jornal do Brasil*, 6/6/93

MINAYO, M.C.S. 1992. *O desafio do conhecimento.* São Paulo — Rio de Janeiro. Hucitec—Abrasco.

MINSKY, M. 1989. *La società della mente.* Milão. Adelphi.

MONOD, J. 1970. *Le hasard et la necessité. Essai sur la philosophie naturelle de la biologie moderne.* Paris. Seuil — Coll. Points.

MONSCHICOURT, M-O. (org.) 1987. *Abordagens do real.* Lisboa. Dom Quixote.

MONTESANO, D.F. 1985. "Processi di costruzione del sapere: per un'etica post-piagetiana". Em Ceruti : 17-27.

MORI, M. 1990. "La bioetica: la risposta della cultura contemporanea alle questioni relative alla vita". Em Viano : 186-224.

————. (org.) 1991. *La bioetica. Questioni morali e politiche per il futuro dell'uomo*. Milão. Bibliotechne.

MORIN, E. 1973. *Le paradigma perdu: la nature humaine*. Paris. Seuil.

————. 1974. "*Avant et après la diaspora*". Em Morin e Piatelli-Palmarini : 816-829.

————. 1976. "Pour une crisologie". Paris. *Communications, 25* : 149-163.

————. 1977. *La Méthode I. La Nature de la Nature*. Paris. Seuil.

————. 1980. *La Méthode II. La Vie de la Vie*. Paris. Seuil.

————. 1982. *Science avec Conscience*. Paris. Fayard.

————. 1983. "*Peut-on concevoir une science de l'autonomie*". Em Dumouchel e Dupuy : 317-329.

————. 1986. *La Méthode III: La conaissance de la connaissance*. Paris. Seuil.

————. 1991. "*Il grande disegno*". Em Bocchi *et al.* : 224-238.

————. 1991b. "*1989/1789*". Em Bocchi *et al.* : 17-27.

————. 1991c. "*Il pensiero ecologizzato*". Em Bocchi *et al.* : 210-223.

————. 1992. "*Epistemologia e sfida della complessità*". Em Ceruti: 499-505.

————. 1992b. *O* "método" *IV. As Idéias: a sua natureza, vida, hábitat e organização*. Portugal. Europa-América.

————. 1993. "*A construção da sociedade democrática e o papel da educação e do conhecimento para a formação do imaginário do futuro*". Em Grossi e Bordin : 11-25.

————. 1993b. *Terre-Patrie*. Paris. Seuil.

MORIN, E. e Piattelli- Palmarini, M. (org.) 1974. *L'Unité de l'Homme. Invariants biologiques et Universaux culturels*. Paris. Seuil.

MORRIS, R. 1984. *Time's Arrow*. Nova York. Simon e Schuster.

MOSCOVICI, S. 1979. *Essai sur l'histoire humaine*. Paris. Flammarion.

MUNARI, A. 1990. "Incontri: Bateson e Piaget". Bergamo. *Oikos*, 2 : 173-181.

————. 1992. "*Dall'epistemologia genetica all'epistemologia operativa*". Em Ceruti : 507-519.

MUSIL, R. 1957. *Nachlass zu Lebzeiten*. Estrasburgo. Rowohlt Verlag.

————. 1978. *Der Mann ohne Eigenschaften*. Reinbek. Rowohlt Verlag (trad. bras. L. Luft e C. Abbenseth: "O homem sem qualidades". Rio de Janeiro. Nova Fronteira. 1989.)

NEUMANN, J. v. 1958. *The computer and the Brain*. New Haven (Conn.). Yale University Press.

NICOLIS, G. e Prigogine, I. 1977. *Self-Organization in Non-Equilibrium Systems: from Dissipative Structure to Order trough Fluctuations*. Nova York. Wiley Press.

NIETZSCHE, F. 1965. "La Gaia scienza" (1882). *Opere di Friedrich Nietzsche* (*Op. F.N.*). Milão. Adelphi, V (II) : 11-276.

————. 1968a. "Così parlò Zarathustra" (1883-85). *Op. F.N.*, VI (I).

————. 1968b. "Al di là del bene e del male" (1886). *Op. F.N.*, VI (II) : 1-209.

————. 1969. *Das Phisophenbuch/Le livre du philosophe* (1872). Paris. Aubier-Flammarion (ed. bilingüe).

————. 1970. "Crepuscolo degli idoli. Ovvero: come si filosofa col martello" (1888). *Op. F.N.*, VI (III) : 51-161.

————. 1975. "Frammenti postumi 1885-1887". *Op. F.N.*, VIII (I).

NOVAES, R.L. 1989. *O tempo e a ordem. Sobre a homeopatia*. São Paulo. Cortez.

NUNES, E.D. 1992."Contribuição ao estudo da produção sócio-médica: análise de alguns aspectos da literatura". Rio de Janeiro, *Cadernos de História e Saúde*, *2* : 142-147. Fundação Oswaldo Cruz.

————. *et. al.* 1991. "Ciências Sociais em Saúde Pública". *Anais*. São Paulo. Coordenação dos Institutos de Pesquisa : 38-49.

OFFE, C. 1989. *Capitalismo desorganizado*. São Paulo. Brasiliense.

OLIVEIRA, M.A. 1993. *Ética e sociabilidade*. São Paulo. Loyola.

OMS. 1979. *Formulación de estratégias con el fin de alcanzar la salud para todos en el año 2000*. Genebra. Organização Mundial da Saúde.

OPS. 1990. *Bioética: Temas y Perspectivas*. Washington DC. Organización Panamericana de la Salud. (Publicación Científica; 527.)

————. 1992. *La crisis de la salud publica: reflexiones para el debate*. Washington DC. Organización Panamericana de la Salud. (Publicación Científica; 540.)

ORELLANA, H.S. 1992. "Situación y tendencias de la salud pública". *OPS* : 169-172.

ORTEGA Y GASSET, J. 1958. "Pidiendo un Goethe desde dentro". *Obras* completas de Ortega y Gasset, IV : 395-419. Madri. Revista de Ocidente.

————. 1958b. *El Hombre y la gente*. Madri. Revista de Ocidente.

————. 1963. *Meditação da técnica*. São Paulo. Livro Ibero-Americano.

————. 1987. *El tema de nuestro tiempo*. Madri. Revista de Ocidente en Aliança Editorial.

OTTO, R. 1917. Das Heilige. *Uber das Irrationale in der Idee des Göttlichen und sein Verhältnis zum Rationalem*. Munique. Beck Verlag.

PEIRCE, C.S. 1965-1967. *Collected Papers* (1931-35). Cambridge (Mass.). The Belknap Press of Harvard University Press. (4 v.)

PESSIS-PASTERNAK, K.G. 1989. "Edgar Morin". *Descamps* : 33-40.

PIAGET, J. 1932. *Le jugement moral chez l'enfant*. Paris. Alcan.

————. 1937. *Le construction du réel chez l'énfant*. Neuchâtel/Paris. Delachaux e Niestlé.

————. 1953. "Structure opérationnelle et cybernétique". Paris. *Année Psychol.*, 53 : 379-390.

————. 1967. *Biologie et connaissance*. Paris. Gallimard.

————. 1979. "Remarques finales". Em Piatelli-Palmarini : 406-412.

PIAGET, J. e Garcia, R. 1987. *Psicogênese e história das ciências*. Lisboa. Dom Quixote.

PIATTELLI-PALMARINI, M. (org.) 1979. *Théories du langage, théories de l'apprentissage*. Paris. Seuil.

PIATTELLI-PALMARINI, M. 1979b. "Introduction. A propos des programmes scientifiques et leur noyau central". Em Piattelli-Palmarini, 1979 : 19-48.

PINA PRATA, F. 1962. *Dialética da razão vital. Intuição originária de José Ortega y Gasset*. Lisboa. Livraria Morais.

PLESSNER, H. 1975. *Die Stufen des Organischen und der Mensch* (1928). Berlim.

POPPER, K.R. 1972. *Ojective Knowledge, an Evolutionary Approach*. Oxford. Clarendon Press.

————. 1987. O realismo e o "objetivo" da ciência. Lisboa. Dom Quixote.

————. 1988. *O universo aberto*. Lisboa. Dom Quixote.

PORTMANN, A. 1978. *Biologie und Geist*. Frankfurt. Suhrkamp.

————. 1989. *Le forme viventi*. Milão. Adelphi. (2ª ed.)

POTTER, V.R. 1971. *Bioethics. Bridge to the Future*. Englewood Cliffs (N.J). Prentice Hall.

PRATTICO, F. 1989. *Dal caos... alla coscienza*. Roma-Bari. Laterza.

PRIETO, J.L. 1975. *Pertinence et Pratique*. Paris. Minuit.

————. 1975b. *Etudes de linguistique et de sémiologie générale*. Genebra. Droz.

PRIGOGINE, I. 1955. *Introduction to Thermodynamics of Irreversible Processes*. Springfield (Ill). Thomas.

————. 1986. *Dall'essere al divenire*. Torino. Einaudi.

PRIGOGINE, I. e Stengers, I. 1979. *La Nouvelle Alliance, Metamorphose de la Science*. Paris. Gallimard.

————. 1981. "Vincolo", *Enciclopedia* (1977-1984), *14* : 1064-1080. Torino. Einaudi.

————. 1988. *Entre le temps et l'eternité*. Paris. Fayard.

PRODI, G. 1977. *Le basi materiali della significazione*. Milão . Bompiani.

————. 1982. *La storia naturale della logica*. Milão Bompiani.

————. 1983. *L'uso estetico del linguaggio*. Bolonha. Il Mulino.

————. 1987. *Alla radice del comportamento morale*. Gênova. Marietti.

————. 1989. *L'individuo e la sua firma*. Bolonha. Il Mulino.

PUTNAM, H. 1992. Il pragmatismo: una questione aperta. Roma-Bari. Laterza.

QUINE, W.V.O. 1969. "Epistemology Naturalized". *Ontolological Relativity and other Essays*: 80-91. Nova York. Columbia University Press.

RAPOPORT, A. 1966. "Mathematical Aspects of General Systems Theory", *General Systems*. *11* : 3-11.

RAWLS, J. 1971. *A Theory of Justice*. Harvard. Harvard University Press (trad. francesa C. Audard "Théorie de la justice". Paris. Seuil. 1986).

REGNIER, A. 1974. *La crise du langage scientifique*. Paris. Anthropos.

REICH, W.T. (org.) 1978ss. *Encyclopedia of Bioethics*. Nova York. Mac Millan-Free Press.

RIBEIRO, J.M. 1993. "Arranjos neocorporativos e defesa de interesses dos médicos". Rio de Janeiro. *Cad. Saúde Publ*., *9*(1): 05-20.

RICOEUR, P. 1965. *De l'interprétation.Essai sur Freud*. Paris. Seuil.

ROBERT, P. 1984. *Le Petit Robert 1. Dictionnaire Alphabétique et Analogique de Langue Française*. Paris. Le Robert.

RODOTÀ, S. (org.) 1993. *Questioni di bioetica*. Roma-Bari. Laterza.

RORTY, R. 1985. "Le cosmopolitisme sans émancipation. En réponse à Jean-François Lyotard". Paris. *Critique*. *456* : 569-580.

————. R. 1989. *Contingency, irony, and solidarity*. Cambridge. Cambridge University Press.

ROSNAY, J. de. 1987. *Le macroscope. Vers une vision globale*. Paris. Seuil. Coll. Points. (1ª ed. 1975.)

ROSS, W.D. 1930. *The Right and the Good*. Oxford. Oxford University Press.

ROTH, G. 1987. "Das reale Gehirn und seine Wirklichkeit". Em Schmidt : 229-255.

ROVATTI, P.A. 1989a. "Effetti del pensiero debole". Em Dal Lago e Rovatti : 9-22.

————. 1989b. "Elogio del pudore". Em Dal Lago e Rovatti : 23-47.

RUELLE, D. 1993. *Acaso e caos*. São Paulo. Editora da Universidade Estadual Paulista.

RUFIN, J-C. 1991. *L'Empire et les nouveaux barbares*. Paris. Lattès.

RUFFOLO, G. 1989. "Solo la politica potrà salvarci". Roma, *MicroMega*. *5* : 191-211.

RUSCONI, G.E. 1986. "Introduzione all'edizione italiana". Em Habermas (1986a) : 9-41.

RUSSEL, B. e Whitehead, A. 1910. *Principia Mathematica*. Cambridge. Cambridge University Press.

RUYER, R. 1977. *La gnose de Princeton*. Paris. Fayard.

RYLE, G. 1955. *Lo spirito come comportamento*. Torino. Einaudi.

SACHS, I. 1978. "Civiltà", *Enciclopedia* (1977-1984), *3* : 107-136. Torino. Einaudi.

SANTOS, B.d.S. 1987. *Um discurso sobre as ciências*. Porto. Afrontamento.

————. 1989. *Introdução a uma ciência pós-moderna*. Rio de Janeiro. Graal.

SARTRE, J-P. 1943. *L'Etre et le néant*. Paris. Gallimard.

SASS, H-M. e Massey, R.U. (org.). 1988. *Health Care Systems. Moral Conflicts in European and American Public Policy*. Dordrecht-Boston-Londres. Kluwer Academic Press.

SAUSSURE, F. 1974. *Cours de linguistique générale*. Paris. Payot. (1ª ed. 1916.)

SCHELER, M. 1947. *Die Stellung des Menschen im Kosmos*. Munique: Nymphenburger Verlag. (1ª ed. 1928.)

SCHMIDT, S.J. (org.) 1987. *Der Diskurs des radikalen Konstructivismus*. Frankfurt. Suhrkamp.

————. 1992. "Oltre la realtà e la finzione ?". Em Ceruti : 483-498.

SCHMITT, C. 1972. *Le categorie del 'politico'*. Bolonha. Il Mulino. (O texto reúne artigos do autor que vão de 1932 a 1968, publicados em Berlim pelo editor Duncker e Humblot.)

SCHRAMM, F.R. 1992. "Ecologia, ética e saúde: o princípio de responsabilidade". Em Leal : I, 233-255.

———. 1993. "A dimensão ética do trabalho em saúde". Em Cardoso de Melo : 51-63.

SCHRAMM, F.R. *et al.*, 1992. "Ética e ecologia: algumas reflexões comuns". Em Leal, I, 207- 216.

SCHRAMM, F.R. e Castiel, L.D. 1992. "Processo saúde/doença e complexidade em epidemiologia". Rio de Janeiro. *Cad. Saúde Publ.* *8*(4): 379-390.

SCLIAR, M. 1993: "A revolução dos mosquitos. A vida de Carlos Chagas no Brasil insalubre e otimista do fim do século", *Jornal do Brasil. Caderno Idéias/livros, 353* : 4 (03/07/1993).

SCHWARTZENBERG, L. e Viansson-Ponte, P. 1978. *Changer la mort.* Paris. Albin Michel.

SERRES, M. 1980. *Le passage du Nord-Ouest.* Paris. Minuit.

———. 1990. *Le contrat naturel.* Paris. François Burin.

SEVERINO, E. 1980. *Destino della necessità.* Katá tó kreón. Milão. Adelphi.

———. 1981. "*Essenza del nichilismo*". Em Magris e Kaemper : 91-99.

———. 1989. *La filosofia futura.* Milão. Rizzoli.

SHANNON, C.E. e Weaver, W. 1949. *The Mathematical Theory of Communication.* Urbana (Ill.). University of Illinois Press.

SINACEUR, M.A. 1977. "Qu'est-ce que l'interdisciplinarité ?". Paris. *Revue Internationale des Sciences Sociales*, XXIX : 617-648.

SINGER, P. 1991. *Liberazione animale.* Milão. Rizzoli.

SLOTERDIJK, P. 1983. *Kritik de zynischen Vernunft.* Frankfurt. Suhrkamp. (2 v.)

———. 1986. "Weimar et la Californie. Note sur la crise de la philosophie de l'histoire et sur la prolifération des doctrines holistiques". *Critique.* 465-465 ; 114-127.

———. 1992. *Mobilização copernicana e desarmamento ptolomaico: ensaio estético.* Rio de Janeiro. Tempo Brasileiro.

SNOW, C.P. 1959. *The Two Cultures.* Londres. Cambridge University Press.

SPINOZA, B. 1677. "Ethica ordine geometrico demonstrata". *Opera postuma.* Amsterdam. Riewerts.

STARN, R. 1976. "Métamorphoses d'une notion". *Communications, 25* : 4-18.

STENGERS, I. 1985. "Perché non può esserci un paradigma della complessità". Em Bocchi e Ceruti : 61-83.

STOURDZE, Y. 1976. "Le pouvoir en miettes". *Communications*, *25* :113-117.

STYCER, D. 1993. "Rumo ao capitalismo inteligente. Entrevista a Paul Kennedy." Rio de Janeiro. *O Globo*, 06/06/1993.

STYKER, H-J. 1979. "Sur le mode de penser de René Girard". *Esprit*, *28* : 46-55.

TAYLOR, C. 1989. *Sources of the Self. The Making of the Modern Identity*. Cambridge. Harvard University Press.

TEILHARD DE CHARDIN, P. 1956-1965. Oeuvres complètes. Paris. Seuil. (9 v.)

TEIXEIRA, L. 1990. *Ensaio sobre a moral de Descartes*. São Paulo. Brasiliense. (2ª ed.)

TEIXEIRA, S.M.F. 1993. "Fome de quê ?". Rio de Janeiro. *Jornal do Brasil*, 2/8/1993.

TELFNER, U. 1987. "Heinz von Foerster. Costruttivismo e psicoterapia". Em Foerster : 27-38.

TERRIS, M. 1992. "Tendencias actuales en la salud pública de las Americas". *OPS* : 185-204.

TESTA, M. 1992. "Salud pública: acerca de su sentido y significado". *OPS* : 205-229.

THOM, R. 1977. *Stabilité structurelle et morphogenèse. Essai d'une théorie générale des modèles*. Paris. Interéditions.

————. 1976. "Crise et catastrophe". *Communications*. *25* : 34-38.

————. 1980. *Paraboli e catastrofi. Intervista su matematica, scienza e filosofia*. Milão. Il Saggiatore.

————. 1987. "O que é a ciência?". Em Monchicourt : 83-97.

THOMPSON, W.I. (org.) 1988. *Ecologia e autonomia. La nuova biologia: implicazioni epistemologiche e politiche*. Milão. Feltrinelli.

TIEZZI, E. 1984. *Tempi storici, tempi biologici*. Milão. Garzanti.

TOULMIN, S. 1982. "How medicine saved the life of ethics". *Perspectives in Biology and Medicine*, 25 : 736-750.

TOURAINE, A. 1969. *La Société postindustrielle*. Paris. Denoël.

VALADARES, J. C. 1992. "Ambiente, espaço, emoção e ética". Em Leal *et al*. 1992b : I, 265-274.

VALERY, A. 1957. "La politique de l'Esprit" (1932). *Oeuvres* I, 1014-1040. Paris. Pléiade — Gallimard.

VARELA, F. 1979. *Principles of biological autonomy*. Nova York. Elsevier North Holland.

————. 1987. *Scienza e tecnologia della cognizone. Direzioni emergenti*. Florença. Hopefalmonster. (Para uma reprodução parcial ver: Varela, F. "Abordagens à ciência e tecnologia da cognição", *Ciência e Cultura. 40* (5): 460-470, (1980).)

————. 1992. *Un* know-how *per l'etica*. Roma-Bari. Laterza.

VARELA, F. *et al.* 1991. *The Embodied Mind. Cognitive Science and Human Experience.* Cambridge (Mass.). Massachusetts Institute of Technology Press.

VATTIMO, G. 1981. *Al di là del soggetto.* Milão. Feltrinelli.

————. 1981b. "Apel". *Enciclopedia Garzanti di filosofia.* Milão. Garzanti. (2ª ed.)

————. 1983 "*Dialettica, differenza, pensiero debole*". Em Vattimo e Rovatti : 12-28.

————. 1985. *La fine della modernità. Nichilismo ed ermeneutica nella cultura post-moderna.* Milão. Garzanti.

————. (org.) 1986. *Filosofia '86.* Roma-Bari. Laterza.

————. 1986b. "Introduzione". Em Vattimo (1986) : V-X.

VATTIMO, G. e Rovatti, P.A. (org.). 1983. *Il pensiero debole.* Milão. Feltrinelli.

VAZ, H.C.L. 1967. *Universo científico e visão cristã em Teilhard de Chardin.* Petrópolis. Vozes.

VAZ, H.C.L.1988. Escritos de filosofia II: ética e cultura. São Paulo. Loyola.

VECA, S. 1982. "Giustizia. Consuetudine, Diritto, Giustizia, Istituzioni, Responsabilità." *Enciclopedia* (1977-1984), *15*, 286-291.

VERDU, V. 1993. "La moda de la ética", *El País*, 07/02/1993.

VIANO, C.A. (org.) 1990. *Teorie etiche contemporanee.* Torino. Bollati-Boringhieri.

VICO, G. 1967. *La Scienza nuova giusta l'edizione del 1744.* Bari. Laterza.

VILLAS-BOAS, L. 1993. "O mundo pede uma nova ordem. Entrevista/ Eric Hobsbawn". Rio de Janeiro. *Jornal do Brasil.Caderno Idéias. Livros e Ensaios. 328* : 8.

VIZENTINI, P.G.F. (org.). 1992. *A grande crise. A nova (des) ordem internacional dos anos 80 e 90.* Petrópolis. Vozes.

WADDINGTON, C.F. 1960. *The Ethical Animal.* Londres. Allen and Unwin.

WATZLAWICK, R. (org.) 1988. *La realtà inventata.* Milão. Feltrinelli.

WEBER, M. 1920-21. "Die protestantische Ethik und der Geist des Kapitalismus". *Gesammelte Aufsätze zur Religionssoziologie (1920-21).* Vol. I. Frankfurt . Suhrkamp. 1973.

————. 1921."Politik als Beruf" (1919). Em *Gesammelten Politische Scriften*: 396-450. Munique. Duncker e Humboldt (trad. W. Dutra "A política como vocação". Em Weber, M. *Ensaios de sociologia.* Rio de Janeiro. Zahar, 3ª ed. 1974: 97-153.

————. 1922. "Wissenschaft als Beruf" (1918). *Gesammelten Aufsätze zur Wissenschaftslehre.* Tübingen (trad. W. Dutra "A ciência como vocação"). *Ensaios de Sociologia.* 154-183.

WEIL S. 1949. *L'enracinement. Prélude à une déclaration des devoirs envers l'être humain.* Paris. Gallimard.

————. 1970. *Cahiers, I.* Paris. Gallimard.

————. 1972. *Cahiers, II.* Paris. Gallimard.

————. 1974. *Cahiers, III.* Paris. Gallimard.

————. 1982. *Quaderni I.* Milão. Adelphi.

WEINBERG, S. 1976. *The First Three minutes: A Modern View of the Origin of the Universe.* Nova York. Basic Books.

WEISS, P. 1974. *L'archipel scientifique. Étude sur les fondements et les perspectives de la science.* Paris. Maloine.

WEISS, P.A. *et al.* 1971. *Hierarchically Organized Systems in Theory and Practice.* Nova York. Háfner.

WEIZSÄCKER, C.F.V. 1974. *La imagen física del mundo* (1970). Madri. Editorial Católica.

WELSCH, W. 1988. *Unsere postmoderne Moderne.* Weinheim *apud* Küng (1992): 188, n.7.

WIENER, N. 1948. *Cybernetics, or Control and Communication in the Animal and the Machine.* Nova York. The MIT Press-Wiley. 1961.

WIGNER, E. 1970. *Symetries and Reflections. Scientific Essays.* Cambridge. Cambridge University Press.

WITTGENSTEIN, L. 1921. *Tractatus logico-philosophicus.* Leipzig. Annalen der Naturphilosophie. (Trad. bras. J.A. Giannotti. São Paulo. Editora Nacional/USP. 1968.)

————. L. 1953. *Philosophische Untersuchungen.* Oxford. Basil Blackwell.

————. 1967. *Lezione e conversazioni sull'etica, l'estetica, la psicologia e la credenza religiosa.* Milão. Adelphi.

————. 1969. *On Certainty,* G.H. von Wright e G.E. Anscombe (orgs.). Oxford. Basil Blackwell.

ÍNDICE ONOMÁSTICO